初中学科考试命题研究丛书

浙江省教育厅教研室　组织编写
丛书主编　何东涛

科学命题技术研究

沙琦波 等　编著

浙江教育出版社·杭州

图书在版编目(CIP)数据

科学命题技术研究 / 浙江省教育厅教研室组织编写；沙琦波等编著. —杭州：浙江教育出版社，2024.4(2024.12 重印)
(初中学科考试命题研究丛书 / 何东涛主编)
ISBN 978-7-5722-7761-0

Ⅰ. ①科… Ⅱ. ①浙… ②沙… Ⅲ. ①科学知识—考试—命题—研究—初中 Ⅳ. ①G633.702

中国国家版本馆 CIP 数据核字(2024)第 075603 号

责任编辑 傅文文　　责任印务 陆 江
美术编辑 曾国兴　　封面设计 刘 欣
责任校对 查奕倩

初中学科考试命题研究丛书
科学命题技术研究
CHUZHONG XUEKE KAOSHI MINGTI YANJIU CONGSHU
KEXUE MINGTI JISHU YANJIU
浙江省教育厅教研室 组织编写
丛书主编 何东涛
沙琦波 等 编著

出版发行 浙江教育出版社
(杭州市环城北路 177 号　电话：0571-88909726)
图文制作 杭州奔达图文设计制作有限公司
印　　刷 浙江新华印刷技术有限公司
开　　本 710mm×1000mm　1/16
印　　张 18.25
字　　数 281 000
版　　次 2024 年 4 月第 1 版
印　　次 2024 年 12 月第 2 次印刷
标准书号 ISBN 978-7-5722-7761-0
定　　价 52.00 元

浙 江 省 教 育 厅 教 研 室 教 学 用 书

编委会

本书编著人员　沙琦波　黄鹏飞　金京生　苏爱娣

邱武良　张银惠

前言

改进命题技术，促进素养教学

中共中央、国务院印发的《深化新时代教育评价改革总体方案》明确指出："教育评价事关教育发展方向，有什么样的评价指挥棒，就有什么样的办学导向。"考试命题是当前教育评价的重要形式，对办学导向具有重要的引领作用。教育部发布的《关于加强初中学业水平考试命题工作的意见》也强调："考试命题对学校教育教学具有重要引导作用，是健全立德树人落实机制、扭转不科学教育评价导向的关键环节，对于全面贯彻党的教育方针和发展素质教育具有重要意义。"当前，为贯彻培养学生核心素养的教育理念，纸笔测试亟须变革传统的命题内容和形式，需要以素养立意的试题形态来支撑并推进基础教育教学的发展，实现培育"完整的人"的育人目标。

1997 年，原浙江省教委决定将中考命题权下放到地市，经过三年过渡，到 2000 年，全省各地市的中考均实施自主命题。浙江省教育厅委托浙江省教育厅教研室（以下简称"省教研室"）开展各地市中考试卷质量评价工作，这既是对考试命题工作的管理，又是对考试命题的研究与指导。省教研室一直把提高中考命题质量作为指导初中教学、推动教学改革的着力点，每年举办一次中考试卷质量评价与中考命题人员培训活动，坚持至今。

在多年的工作研究中，我们积累了大量的中考试卷质量评价的资料，积极发展基于实践的学科命题理论。特别是自2012年起，省教研室改进了命题人员的培训方式，采用以“做中学”“伙伴学”为特征，包括两轮实战磨卷和关于命题技术的生成性讨论的“实践研修模式”，提高了命题研究的水平，加强了全省命题队伍的建设。在随后的几年中，浙江省将试卷质量评价、命题人员研修、教学导向分析、考试说明修订以及命题技术研究等工作系统地结合在一起，形成了具有浙江特色、对提升初中教育教学质量产生重要影响的命题培训方式。

我们真切感受到一线学科教师对命题指导的迫切需求，努力尝试提高命题能力的研修模式。为将我们的思考和研究惠及广大学科教师，从更广泛的层面提高学科命题水平，改进教学检测和评价，2016年，省教研室启动初中学科评价研究项目，组织相关教研员和骨干教师研究编写了“初中学科考试命题研究丛书”，希望能够深入浅出、理论联系实际地阐述检测与评价原理，帮助广大一线学科教师掌握命题基本技能，促使区域性的大规模考试和学校教学检测都能更加科学有效，积极促进教师的教和学生的学。丛书出版后，得到了省内外广大学科教师的肯定和支持，有效提高了相应学科教师的命题水平，促进了各地试卷命题质量的提升。

2022年4月，教育部颁布新版义务教育课程方案和学科课程标准，这为素养命题提供了依据，使素养试题研究走向了深入。各学科教研员带领骨干教师努力研究基于核心素养考查的试题内容和形式，获得了很多可喜成果。我们基于这些经验和成果，在各地市中考命题和各地期末考试实践验证的基础上，明确并提出了素养命题的内涵和特征，这也标志着浙江省初中素养命题的研究和实践已渐趋成熟。

于是，我们决定再次修订这套丛书，努力以核心素养为考查目标，通过命题技术的改进来全面提升试题质量，达成新课程标准要求的“教—学—评”一致性。经过数次修改，这套基于多年实践研究、新修订的各学科的检测与评价著作终于呈现在大家面前。“初中学科考试命题研究丛书”包括语文、数学、英语、科学和社会科五册。在丛书的构思与研制中，我们希望能体现以下特点：

第一，方向性。教学检测必须呼应课改方向，助推课堂教学改革。本套丛书体现“基于标准，素养立意；易而不死，活而不难”的命题原则，强调各学科要突出基础性、应用性和工具性，使考试评价与学生生活及现代社会相联系，考查学生在真实情境中分析问题、解决问题的素养水平。

第二，专业性。本套丛书分学科编写，力求体现学科特性。同时，丛书编写立足于2022年版义务教育课程标准，严格按照学业质量标准的相关要求，在阐述命题理论和进行命题实践时，努力指向中国学生发展核心素养和各学科核心素养的内容。

第三，实践性。本套丛书的最大特点是来自实践，并指导实践。丛书基于这些年来浙江省各地市学业考试中被广泛认可的优秀试题，以及各地期末考试中的优秀试题，深入阐释学科原理，注重命题技能实训，以满足一线教师研习命题技术之所需。

第四，实用性。丛书编写坚持以读者为中心，充分考虑读者需求，突出“如何命题”的程序性知识。我们在运用相关理论对优秀试题进行命题技术解析时，力求做到让学科教师看得懂、学得会。

第五，前瞻性。本套丛书充分学习借鉴了当代中国教育评价改革的优秀成果和PISA（国际学生评估项目）测评、SOLO（可观察的学习成果结构）分层评价等经典测评理论和方法，用以分析试题，科学评判价值，引领一线教师按照素养导向要求提高命题技术，助推教育教学改革。

我们认为，合格的教师必须学会设计作业，优秀的教师肯定能命制高质量的试卷。《义务教育课程方案（2022年版）》指出，要“全面推进基于核心素养的考试评价，强化考试评价与课程标准、教学的一致性，促进‘教—学—评’有机衔接。增强日常考试评价的育人意识……提高作业设计质量”，从而有效减轻学生过重的学业负担。这就要求各地重视一线命题研究与辅导，积极推广基于自主命题的校本研修，让教师在真实的命题实践中提高命题以及把握教学标准的能力。本套丛书正是呼应这一需求而推出的学科命题研究成果。衷心希望这套丛书能带给读者多样化、深层次和成长性的启发，切实引导广大教师的命题观念更新及行为转变，促进广大教师的专业发展。

尽管我们在本套丛书的编写和修订过程中一直本着严谨的态度，但难免还会有纰漏之处，恳请各位专家和教师不吝赐教。

浙江省教育厅教研室丛书编写组

2024年3月

目　录　MULU

第一章　科学考试命题概述

在教育活动中，考试是动力机制和评价方式，同时也是育人手段和导向机制。凯诺尔（Carroll J.B.，1968）对考试的定义是：教育考试是一个设计的过程，该过程要诱使考生表现出某种行为，根据这些行为，可以对考生的某些个人心理特征作出推测。华中师范大学的王后雄把教育考试界定为根据教育教学及特定的社会要求，对学生的科学文化和相应素质进行的有组织、有目的的测试或甄别活动。

高质量的命题和考试，是符合教育和人的发展规律的，是社会对一定年龄段的人才培育标准的转化和体现。这样的命题和考试能为受教育者创设达标、争优的机会和条件，使受教育者的成长处于提高素质、发展智能的动态性竞争状态。规模考试更是推动了受教育者合理地分流分层，使他们进入恰当的受教育渠道。通过一系列的教育考试，受教育者在不断的竞争中逐渐成长，趋向社会要求的人才标准。通过考试还可以检测、监控教育质量的高低，以使教育主管部门、学校和教师更好地掌控教学进程、教育质量和教育标准。

大规模教育考试对学校的教育教学有着重要的影响。它不但影响学校的教育教学内容和目标，还影响学校领导、教师、学生的价值判断，以及教育教学方法策略的选择。因此，研究考试命题，改进并创新教育质量评价的理念和工具，不仅是命题专家的分内工作，也应是一线教师的专业追求。在新课程理念下，科学考试命题呈现出新的发展动态，对教师也提出了新的要求。教师只有主动学习教育评价基本理论，掌握考试和命题技术，才能更好地改进教学、有效指导学生学习，充分发挥其对课程教学和学生学习的正向引导作用，让教与学相辅相成，互相促进。

第一节　科学考试命题的原则和依据

课程评价的依据是学业质量标准，考试是评价的一种方式，是对学习结果的检测。因此，科学考试要以核心素养为主要维度，结合课程内容，考查学生对科学观念、科学思维、探究实践和相应的态度责任等方面素养目标的达成情况。这些考试内容需要通过专业人员（教师）精心命制的试题才能得以呈现。

一、科学考试命题的原则

"命题"就是指教师根据学习内容和学习要求，组织一定的材料，拟定题目，以检测学生对所学知识、技能和方法的掌握情况，以及学科能力、学科态度的培育情况。作为教育活动中的关键一环，教育评价的内容与方式，一定程度上会影响着教育发展的方向。因此，科学考试命题就显得尤为重要。在试题编制时，要注意以下几个基本原则。

（一）素养立意

命题要体现导向性，考试评价的根本目的是促进学生的素养发展。科学课程中要培养学生的科学观念、科学思维、探究实践、态度责任等素养，因此，科学考试命题也应围绕核心素养的这些方面展开。试题的命制，既要明晰评价哪种具体的能力或素养，又要注重该素养的发展水平。一份试卷中，试题的内容既要突出重点，又要注意扩大覆盖面，注意点与面的结合；试题的难度和容量要适当，既要考虑大多数学生的实际水平，又要使不同程度学生的成绩有一定的区分度；试题的类型应多种多样，从主观题、客观题等多角度考查学生的科学能力。就评价内容而言，不仅要关注学生对科学学科知识、技能的掌握情况，而且要关心学生是否具备适应现代社会生活和终身学习发展所必需的科学素养，要立足现实，面向未来，重在应用和实践，实现对学生核心素养的整体刻画。

（二）真实有效

命题要体现科学性，试题应有较高的信度和效度，要能准确地测出学生识记、理解、运用、分析、评价的真实程度。科学教师应以严谨的态度设计和编制测验，确保测验的准确性和有效性，让测验为教学提供有价值的信息，真正提高学生的科学能力。试题的编排，要注意从易到难，分低、中、高三档，成梯度上升。在命题时，要注重运用教育测量理论和命题技术；要关注科学学科质量检测体系，包括检测工具、模板、手段的制作，通过技术分析提高试题的信度和效度；要思考命题如何设定适当的区分度和难度系数，怎样的题更能考查学生的素质和能力，各种题型如何搭配等命题中常见的问题，为命题提供更科学、更具操作性的帮助。

（三）符合标准

命题要体现规范性，任何类型考试形式的命题都要依据《义务教育科学课程标准（2022 年版）》（以下简称《课程标准》），坚持立德树人，符合《课程标准》所提出的内容要求和学业质量要求，把学习的精力引向全面完成《课程标准》规定所要完成的任务上，实现课程育人。考试的命题不仅要反映学生完成学习内容后的学业成就表现，也要反映核心素养的培养要求。

二、科学考试命题的依据

科学课程评价应准确反映学生的学习水平和学习状况，体现学业质量标准，全面落实科学课程目标。考试命题评价的内容直接影响师生教与学的内容、深度、难度和策略。因此，科学考试的命题需面向全体学生，严格依据《课程标准》和教材。

（一）《课程标准》所明确的课程性质和理念

《课程标准》是确定一定学段的课程水平及课程结构的纲领性文件，是教材编写、教学、评价和考试命题的依据。科学学科考试命题都必须在《课程标准》的框架内实施。

从科学课程性质来看，义务教育科学课程是一门体现科学本质的综合性基础课程，具有实践性。科学课程的性质，要求科学考试命题要体现基础性、综合性和实践性等特点。《课程标准》里的学业质量标准，特别强调整合的思维，即在复杂现实问题面前，学生对学科素养中的知识、技能、方法、观念是怎么整合地表现在问题解决过程中的。因此，我们要深刻理解《课程标准》里的学业质量标准，它有两大特征：素养导向与综合性。素养本身也是综合的。因此，科学试题要呈现给学生自然界中真实的、综合的情境，引导学生对问题情境的分析和解决，检测核心素养目标的达成情况，将科学观念、科学思维、探究实践、态度责任等作为整体，并内化为受教育者的理念和行为。

从科学课程理念来看，科学课程要面向全体学生，立足素养发展；要聚焦核心概念，精选课程内容；要科学安排进阶，形成有序结构；要激发学习动机，加强探究实践；要重视综合评价，促进学生发展。考试评价作为课程实施的重要环节，要深入贯彻以上理念。科学学科考试评价要与课程的特点相一致，要导向学生核心素养的整体培育；要引导学生灵活运用相关的知识和技能来解释一些常见的自然现象，解决一些综合性的实际问题；要让学生在对问题的探究过程中，体现出对科学探究的理解水平和科学探究的能力。

（二）《课程标准》所明确的课程目标和内容

从科学课程目标来看，科学课程要培养的学生核心素养，主要指学生在学习科学课程的过程中，逐步形成的适应个人终身发展和社会发展所需要的正确价值观、必备品格和关键能力，是科学课程育人价值的集中体现，包括科学观念、科学思维、探究实践和态度责任等方面。因此，科学考试命题要刻画出学生是否掌握基本的科学知识，形成初步的科学观念；是否掌握基本的思维方法，具有初步的科学思维能力；是否掌握基本的科学方法，具有初步的探究实践能力；能否树立基本的科学态度，具有正确的价值观和社会责任感。

从课程内容来看，科学课程以 13 个学科核心概念精心提炼和组织课程内容，在此基础上，通过对学科核心概念的学习，理解物质与能量、结构与功能、系统与模型、稳定与变化 4 个跨学科概念，将核心素养的培养有机融入学科核心概念的学习过程中。因此，科学考试命题要强调通过13个学科核心概念学习任务的完成去培育学生核心素养，让学生学会运用主题或单元知识去解决问题。

《课程标准》不仅对13个核心概念提出内容要求，也明确了相应的学业要求。这些学业要求是课程目标的具体化，是融入主题或单元内容的素养要求，同时也是这些主题或单元教学和评价的直接依据。因此，科学考试命题要以核心概念为依托，既要考虑科学观念、科学思维、探究实践、态度责任等各个素养要素的考查，又要考虑它们的相互联系；要注重从整体上评价学生对科学内容的理解与应用，着重评价学生对科学概念和原理等科学课程核心内容的领会、掌握和应用情况，以及学生分析、综合等思维能力的发展状况。

（三）《课程标准》所明确的学业质量标准

学业质量是学生在完成课程阶段性学习后的学业成就表现，反映核心素养要求。学业质量标准是以核心素养为主要维度，结合课程内容，对学生学业成就具体表现特征的整体刻画。

学业质量是依据一定的核心素养发展模型，对学生完成课程阶段性学习任务后学业成就的典型表现进行整体刻画，为教师在教学和评价中分析、解释学生的成就表现，整体把握学生的核心素养发展水平提供了直接依据。

学生的学业成就表现，就是在一定情境中像学科从业者那样思考和行动的典型特征。例如，7～9年级科学思维的典型表现包括“能根据所要解决的真实问题的需要建构模型，分析、解释模型所涉及的各个要素及结构”、能“解释并模拟相关的科学现象和过程，展示对相关概念、原理、系统的理解，表达事物整体与局部的关系”、“针对真实情境中的简单问题，能基于一定的事实与证据，利用分析、比较、抽象和概括等思维方法建构简单模型”、能“解释常见的现象，解决常见的问题”等。在进行日常教学评价时，教师可以通过观察学生在学习过程中是否具有上述典型表现，来分析判断学生的科学思维水平；在学业水平考试时，教师可通过命制相应的试题来考查学生能否运用模型方法分析问题、解决问题。

(四)科学教材

科学教材是以《课程标准》为依据，实现全面课程目标的重要载体，是《课程标准》基本思想的实现，是支撑教师教学和促进学生学习的主要课程资源。教材的各个栏目，都承载着一定的课程内容和有着独特的育人功能，无论是一幅图、一张表、一段文字，还是一道题目，无一不是编者精心编制的结果，努力体现社会主义核心价值观，落实立德树人根本任务，充分发挥科学课程的育人功能，培养学生的核心素养。因此，科学教材是考试命题的直接依据。

无论是作为单元及期末测试的形成性评价或诊断性评价，还是作为学业水平考试的终结性评价，考试命题都要与教材内容相适宜。考试评价是为了检查、验证、改进教师教学和学生学习的情况，因此它必须遵循“教考一致”的原则。学业水平测试对教学具有非常重要的指导意义，分析学业水平测试试卷能够指导各个年级的教学，但绝对不能简单地将学业水平测试试卷内容等同于科学教学内容。在初中科学教材中，科学课程内容以统一的科学概念为主线，由浅入深、由局部到整体地分布，其中探究实践能力、科学方法的培养，以及科学概念的建构是一项系统的工程，采用螺旋式的结构安排在各册教材中。每一册教材都有一个主题，在每个主题中安排各领域的内容，其思维要求由低到高逐渐深入。因此，每一部分的教学内容都有其教学目标，不应盲目拔高要求，更不应直接采用综合性的学业水平考试试题来考查学生的阶段学习情况。因此，深入分析教材、研究教材，是一线教师和命题人员都必须做的功课。

第二节　科学评价的主要形式及其命题要点

《课程标准》指出，要“以课程目标和学业质量标准为依据，构建素养导向的综合评价体系，发挥评价与考试的导向功能、诊断功能和教学改进功能”。《课程标准》对过程性评价和学业水平考试也作出了细致的评价建议，并指出：“教学活动的环节很多，要发挥过程评价的效益，应重点关注课堂评价、作业评价，以及单元与期末评价”。考试评价可作为一种反馈矫正系统和甄别选拔系统，在教学的不同阶段，有不同的功能和特点，教师需要根据每一阶段的进度与学生学习的状况，及时进行评价，形成“教学—评价”的良性循环系统。作为考试评价反馈矫正系统，一般可以根据考试的目的和频率，分为教学活动前对学生掌握情况的预测、教学过程中对学生学习情况的把握以及教学结束后对教学质量的检测。作为甄别选拔系统的考试评价，需根据一定的要求拟定考试内容和命题。总之，应在教学活动过程中和阶段性学习结束时开展有效的、形式多样的评价活动，并利用评价结果改进教师的教学行为和学生的学习方式。

根据教学环节的不同，科学评价可以分为过程性评价和学业质量评价等。过程性评价的主要环节有课堂评价、作业评价、单元与期末评价等。本节主要介绍教学活动中需要通过命题开展的评价，如作业评价、单元与期末评价、学业质量评价，并对非纸笔测试的表现性评价作一定的介绍。

一、科学作业评价

(一) 科学作业评价的界定

作业是学生为完成学习方面的既定任务而进行的活动，对学生巩固知识、形成能力有重要作用，对教师改进教学也具有重要价值。作业可以分为课堂作业和课外作业。狭义的作业指课外作业，是课堂教学的补充与延伸，是教师教学和学生学习生活的重要组成部分。

(二)科学作业评价的命题要点

作业对学生巩固知识、形成能力、培养习惯，以及对教师检测教学效果、精准分析学情、改进教学方法，具有重要的价值。2021 年 4 月 8 日，教育部办公厅下发的《关于加强义务教育学校管理的通知》明确了义务教育学校作业管理的相关要求，强调学校应严格控制书面作业总量，创新作业类型，提高作业设计质量。

1. 作业内容要体现适切性

作业内容要瞄准本节课的教学目标进行精准设计，作业容量上要考虑量力性和差异性。要根据教学内容和目标设计作业，要紧扣课堂学习的内容和目标，针对不同学生的发展水平和学习的不同阶段，设计不同层次的作业，如理解性、应用性、综合性、探究性和创新性等不同认知层次的作业。这样既不加重学生学习负担，又尽可能发挥学生的潜能。对学有余力或对科学学科有特别兴趣的学生可以设计不同形式的作业。还可以尝试分层次设计和布置作业，既考虑学生的兴趣爱好，又考虑学生的智能因素。作业框架内容要包括：基础性作业（全体学生）＋选择性作业（学有余力学生）＋自主作业（对科学学科特别有兴趣的学生）。

作业内容的设计要突出开放性和探究性。在注重理解和应用的基础上，适当增加综合性、探究性和创新性作业，甚至不确定性的作业，即学生解答问题时要有一定的思考性、实践性和探究性，答案要有一定的迁移性、开放性，以满足学生个人高阶思维培育和社会高层次人才培育的需求。

例1 在杭州动物园，一位教师利用如图 1–2–1 所示装置称大象，他采用的横梁长 12 米，支点定在横梁中间，离支点 4 厘米（A 点）处吊着一只质量为 0.6 吨的铁笼子，里面关着大象；另一端离支点 6 米处（B 点）吊着一个大弹簧测力计，弹簧测力计示数为 200 牛。请你和他一起解决以下几个问题：

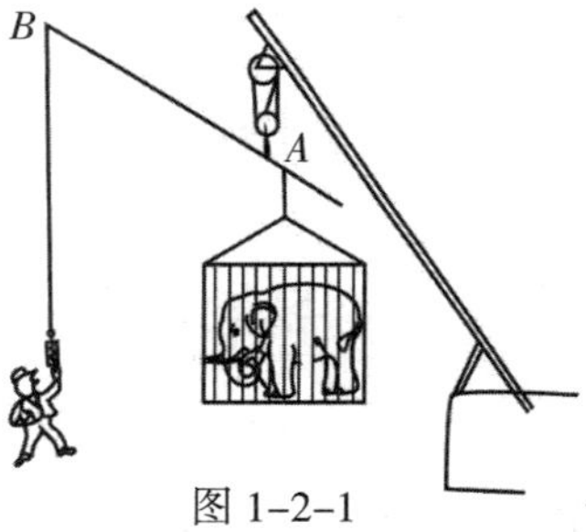

图 1–2–1

（1）测算一下，大象质量约多大？（g 取 10N/kg）

（2）怎样改进实验，可以使人拉起来更省力？

（3）如果一直竖直向下拉弹簧测力计，那么随着大象的抬升，弹簧测力计示数有变化吗？

答案 （1）2.4 吨 （2）缩短 OA 距离，或延长 OB 距离，或使拉力方向与 AB 垂直向下 （3）没有变化

【评析】 该题情境取材于杭州动物园中发生的真实事件，利用物理教师称大象的新闻，设计作业命题，在学生学习简单机械知识后进行形成性评价。三个小题的设问紧扣教学要求，指向杠杆平衡条件的理解与应用，涉及计算、评价、反思与创新等高阶思维能力，既与课堂教学内容紧密衔接，又跳出教材既定情境，让学生在新的情境中运用知识，解决问题。

2. 作业形式要体现多样性

作业形式要体现新颖性和多样性。改变传统单一的书面作业形式，可以布置一些操作、实验、口头完成的作业。作业可以在课堂内完成，也可以在课外完成。作业可以由个人独立完成，也可以小组合作完成。教师可以按照学生实际和学习内容布置系统性、多样性、趣味性的书面作业、实践性作业和探究性作业，积极探索布置跨学科综合性作业，强化基础性、个性化、分层弹性作业设计，加强综合性、项目式、主题式、大单元作业设计，适当布置科学探究、工程实践类等非书面作业。

探索跨学科作业，将两个或两个以上学科中的观点和思维方式整合起来，突出学科知识与真实问题的关联，并以此为基础设计相关学习任务。跨学科作业强调情境性、开放性、综合性。与抄写、背诵、书面练习等传统作业相比较，跨学科作业更注重促进学生在实践中逐渐形成正确的价值观、问题解决能力、元认知能力、批判思维、责任心和合作能力等。

例2 桐乡市现代实验学校八年级寒假主题式实践作业超市

科学主题式假期实践作业超市		
一、整理归纳型 1. 列出本册书中用到"控制变量法"的几个实验。 2. 梳理人体生命活动的调节方式，画出思维导图。 3. 对比天气与气候，列举影响气候的因素。 4. 整理浮力计算方法，并写出适用情景。 5. 整理基础电学探究实验，找出其共性和差异。	**二、科学探究型** 1. 利用浮力原理测量盐水的密度。 2. 对比苏打和食盐在同一温度下的溶解性。 3. 研究扫地机器人的工作原理。 4. 制作水果电池并探究水果电池电压大小的影响因素。 5. 测量一段铅丝的电阻。	**三、工程实践型** 1. 制作天气瓶。 2. 制作浮沉子和潜水艇。 3. 利用细口瓶和玻璃导管制作简易气压计。 4. 制作简易密度计。 5. 利用浮力原理制作密度秤。 6. 利用电压表制作一个简易体重计。

【评析】 这份八年级"主题式"寒假作业超市，是教师根据八年级上册教学内容，基于核心素养目标，精选教材核心概念、主干知识技能，统筹几个课时或几个章节的内容，融合多项学科知识，结合学生学习、生活实际所设计的开放性作业群。"作业超市"的方式给予学生自主选择作业的权利，激发学生作业的兴趣和能动性。在作业形式上，体现了多样性、实践性，无论是科学探究型作业还是工程实践型作业，都要求学生动手实践，通过科

学探究得出结论，或者通过工程实践创作学习工具。在创作工具的过程中，运用科学知识原理，并通过对制作的学习工具的使用和研究，进一步展现科学知识与原理，真正体现学做合一，实现工程与技术教育，以及学生自主学习能力的提升和核心素养的发展。

二、科学单元与期末评价

(一) 科学单元与期末评价的界定

科学单元评价是为了诊断学生一个单元的学习情况，期末评价是为了诊断学生一个学期科学的学习情况，两者都是为改进和完善教学活动，保证教学目标实现的一种形成性评价。作为与“对学习结果进行的评价”相对应的评价方式，科学单元与期末评价更注重过程，关注教学的反馈，对中小学教学与评价产生了重要影响。其目的是让教师能够及时了解学生的学习效果、学习困难，考查学生实现课程目标的程度，通过发现问题，进而解决问题，反馈于教学，改进教学内容和教学方法，同时促进学生的科学学习。

因此，对教师来说，科学单元和期末评价更像“教师安装在学生身上的‘全球定位系统’(GPS)”，能做到及时监控、诊断、反馈。教师通过对考试结果的分析，可以发现学生是否掌握了该阶段的学习重点和难点，学生在哪些知识点上需要得到重点关注，教学方法是否有效，教学的序列性把握是否得当等。通过测评、诊断、分析、反馈、修正，教师可以对学生普遍存在的问题进行统一教学，对个别问题予以特别辅导，有效调整下一阶段的教学目标和教学任务。对学生而言，形成性评价正如一个探测仪，学生可以及时了解自己在学习时存在的知识漏洞，有利于自主调整学习重点，为后续学习指明方向。形成性评价还让学生学会自我分析、自我归因，避免错误重犯，也促进了自主学习。

(二) 科学单元与期末评价的命题要点

单元评价与期末评价是过程性评价的重要方式，试卷一般都由一线教师在教学过程中命制实施，要充分发挥科学评价导向、诊断、矫正、激励等功能，需要注意以下几点：

1. 命题内容的基础性

无论单元评价还是期末评价，命制试题时，宜根据当前的教学内容、教学目标来安排测试内容，要注重基础，不宜超前滞后，难度适宜。要紧扣教材，聚焦核心概念，以主干的、学生终身发展和继续学习必须掌握的知识为基础设计试题，突出对核心素养的考查。要紧扣教学要求，与课堂教学内容紧密衔接，避免简单机械地重复，避免僵化的记忆性考查，让考试与教学相得益彰。如果命题偏离了本阶段的教学目标，就不能准确反映学生真实的学习状况，好比射击时子弹偏了靶子，评价就失去测试的意义，反而会起误导作用，不利于学生学习习惯的养成，也容易使学生失去学习的动力和信心。

在命制试题时，要避免"拿来主义"，一些看起来很"美"的题目，却不一定适合该阶段的教学内容，无法检测学生真实的能力，更可能误导学生进入歧途，导致教学中的过度训练。考试如果过度的形式化，就会偏离正常的轨道，使评价的内容失去基本的信度和效度，进而违背形成性评价的初衷。因此，教师在日常的教学中，要注意搜集、整理与教学相关的材料、内容。平日里花时较少的积累，可能有助于命制出反映教学内容的试题。此外，命制的试题要避免庞杂繁多、面面俱到，使学生陷于题海之中。

例3　汽车尾气处理系统中安装催化转化器，可将污染物 CO、NO 转化为无毒的 CO_2 和 N_2。反应的化学方程式为：$2CO+2NO \xlongequal{催化剂} 2CO_2+N_2$，反应过程的模型如图 1–2–2 所示。

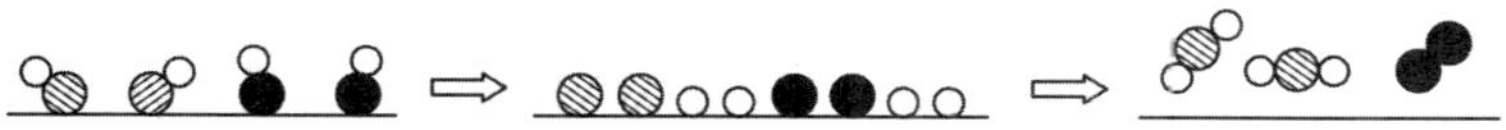

图 1–2–2

(1) CO、NO、CO_2 和 N_2 四种物质中，属于单质的是______。

(2) 图中"○"表示的是______原子。

答案　(1) N_2　(2) 氧

【评析】　该题采用一个新的化学反应情境，考查学生对化学方程式及物质分类等基本概念和模型的理解情况，要求学生深入理解化学反应的宏观—微观—符号三重表征，在此基础上解读反应过程中的微观模型，并在微观模型和符号两个层次上理解“单质”概念，且加以识别。在科学观念上，本题考查了学生对化学反应方程式和单质概念的理解；在科学思维上，本题考查了学生的模型理解与识别能力。

2. 命题内容的实践性

科学课程是具有实践性的综合课程，单元与期末评价是教学程序的一部分，学生应该有多种机会开展实践，去体现他们的学习成果，并得到改进和提高。在命制试题时，应该注重命题内容的实践性，可以开发教材中的建议、实验探究活动、习题等，可以采用图文等形式还原探究思路，通过深挖数据处理和结论得出，评估和优化实验方案，拓展结论应用等方式，引导教师关注实验，真正地带领学生去做实验，关注实验中的异常现象，分析实验成败的原因，在实验中深化活动体验，获得关于探究的理性认识和培养严谨求实的科学精神。

例4 某班同学在实验室探究平面镜成像规律。

（1）在忘记带刻度尺的情况下，小科选用下面的______（填序号）三种器材也能进行实验探究。

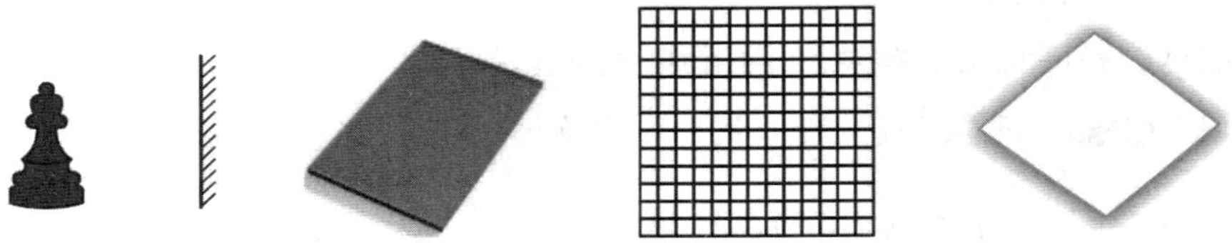

①棋子 ②平面镜 ③茶色玻璃 ④方格纸 ⑤白纸

图 1–2–3

（2）下表数据是小敏同学测得的四组像和物体到玻璃板的距离。

实验序号	1	2	3	4
物到玻璃板的距离/cm	15.30	23.02	25.60	28.50
像到玻璃板的距离/cm	15.30	23.15	25.60	28.50

实验中刻度尺的使用以及读数均正确，但是分析数据时发现第二组的数据有较大的偏差，造成这个偏差的原因可能是______。

A. 选用的玻璃板太厚

B. 选用的玻璃板太薄

C. 蜡烛 B 与蜡烛 A 的像没有完全重合

（3）小思同学完成实验后，她根据结论推测：若图中人的位置保持不变，把镜子沿中间曲线截成两半，并分别在竖直方向上向上、向下移一段距离，则该人通过上、下两半面镜子______。

图 1-2-4

A. 都不能成像

B. 各成半个像，合起来成一个完整的像

C. 都成完整的像，且两个像在同一位置

D. 都成完整的像，且两个像在不同位置

【评析】 该题再现了教材经典的平面镜成像实验探究活动，挖掘了实验器材选择、实验数据分析和探究结论拓展应用方面的探究能力点。其中第(2)题选项A 和 B 都是指向玻璃板的厚度。选项 A 认为选用的玻璃板太厚，选项 B 认为选用的玻璃板太薄。学生可能会认为这两个选项的意思相反，其中一项应该是正确答案。此外，在课堂的探究活动中，我们强调选用的玻璃板不能太厚，否则会造成影像重叠的干扰。因此，许多学生会选择 B。但是仔细阅读表格，可以发现其他组数据并没有出来类似偏差，说明第二组的偏差不是由于器材带来的系统误差，因此选项 A 和 B 都是错误的。这个小题考查了学生对数据和误差的分析能力，引导教师在教学中应让学生开展真实的探究，并在探究过程中开展深度学习。第(3)题给予学生一个新的情境，让学生应用平面镜成像规律这一个探究结论对问题进行判断，考查了学生对结论的理解程度。

这样的试题在课堂与评价之间搭建了桥梁，立足锻炼学生的思维，指导学生解决问题的策略与方法，培养学生的思维能力，让考试评价不是高高在上或格格不入，而是通过分层次分步骤的引导，使评价常态化，实现教—学—评一致性，真正促进学生科学学习能力和科学素养的提升。

3. 命题内容的层次性

单元与期末评价都是为了诊断学生的学习情况，以检测教学效果，精准分析学情，改进教学方法。因此，单元评价的命题，一般宜对一个基本的学习目标设计一个能够反映学生核心素养目标达成情况的练习；而期末评价的命题，则应突出教材中核心概念，围绕相应核心素养目标进行设计，使试题具有代表性、典型性，通过分析学生对问题解答的情况可以了解教学目标的达成情况。通过适切的命题，建立一个认知水平的参照系，使学生在解决问题的过程中暴露出来的思维缺陷能准确地对应到相应层次。教师可以从学生对某一问题的解答，判断学生对该学习内容对应的目标达成程度，由此分析学生没有达标的原因，从而明确教学改进策略。运用 SOLO 分层评价，能较好地区分学生的核心素养层次。通过 SOLO 分层评价，教师可以明确学生的认知处于哪个层次，需要在哪些方面进行进一步的训练和巩固，为后续的教学提供方向，让评价更有针对性和方向性。

例5 1911 年，卢瑟福为了探究原子的内部结构，做了“α 粒子散射实验”，用一束带正电、质量比电子大得多的高速运动的 α 粒子轰击金箔，发现：

(1) 大多数 α 粒子能穿透金箔而不改变原来的运动方向。

(2) 一小部分 α 粒子改变了原来的运动方向。

(3) 有极少部分 α 粒子被弹了回来。

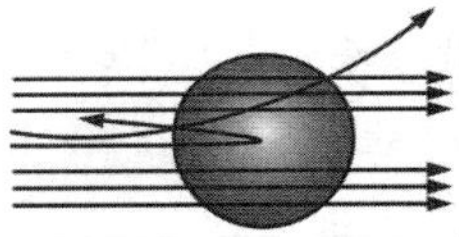
金原子

图 1-2-5

分析上述实验现象，得出的结论是(　　)

A. 原子核不带电

B. 原子是实心的球体

C. 原子内正电荷集中在原子核上

D. 原子核由质子和中子构成

答案　C

【评析】 该试题源于教材，给出 α 粒子轰击金箔后的三种现象，要求学生分析现象，得出结论。学生需要综合三种现象，采集证据进行推理，从而得出原子内部结构的相应观点，因此，本题考查了学生基于证据得出结论的思维能力。在选项中，A 和 B 是错误的描述，在 SOLO 分层评价中属于前结构层次水平，而 C、D 两个选项是关于原子结构的正确描述，但题目所给现象(即证据)，只能推理出 C，而不能推理出 D。C 这个结论的得出，要求学生的思维水平达到关联结构层次。学生在回答问题时，要联想三个现象，并将这三个要点联系起来，整合成一个连贯一致的整体，说明学生真正理解了这个问题。若学生错误地选了 D，说明他对原子核结构的知识有了一定的了解，但是缺乏对事实的分析、推断和判断的推理能力，在教学中需要加强科学思维的训练。

三、科学学业水平考试

(一)科学学业水平考试的界定

科学学业水平考试是由省级或地方教育行政部门组织实施,依据学业质量标准,对学生学完本课程后课程目标达成度进行的终结性评价。学业水平考试的目的主要是检测学生在义务教育阶段结束时的学业成就,为高一级学校招生录取提供重要依据,为评价区域和学校教学质量提供参考,为改进教学提供指导。正如布卢姆所说:"终结性评价的首要目标是给学生评定成绩或者为学生作证明,或者是评定教育方案的有效性。"学生通过学业水平考试可以发现学习上的薄弱环节,为下一阶段的学习做好有针对性的准备。

(二)学业水平考试的命题要点

科学学业水平考试是学生在义务教育阶段结束后,对其学业成就进行的全面评价。反馈的结果可以反映教师的教学效果,起到评价教学、改进教学的作用,从而发挥评价促进学生发展、教师提高和改进教学实践的功能,同时为各级决策人员提供参考依据。因此,学业水平考试的命题应努力将《课程标准》、教学与评价一体化,努力实现"评价即教学""评价助教学",遵循科学的学科规律,关注学生的日常表现,改变学生的学习方式,提高科学的综合素养,真正促进和提升学生学习的潜能。

1. 学业水平考试命题要依据《课程标准》命制

学业水平考试命题要基于《课程标准》,考试目标"一般要根据《课程标准》的内容和要求、学生使用的教材和学生学习的实际情况而定","在具体命题过程中,相关知识范围可根据教学进度情况和规定来确定,各知识点的把握可根据《课程标准》的要求来确定"。同时试题要注意把握难度,严格按照《课程标准》的要求,难度适中,不宜人为拔高,也不宜随意降低难度。以中等题为主,有效考出学生的真实水平,暴露学生日常学习中的不足,普通学生不会因为难度过低而得意扬扬,也不会因为难度过大而垂头丧气。

2. 学业水平考试命题要突出核心素养导向

科学学业水平考试作为检测学生在义务教育阶段结束时的学业成就的终结性考试，必须能检测出学生是否达成该阶段核心素养目标，即能否体现 7～9 年级核心素养的学段特征。因此，学业水平考试命题要突出核心素养导向。科学课程要培养的学生核心素养主要包括科学观念、科学思维、探究实践、态度责任 4 个一级指标，这些指标及其构成是建构命题框架的依据，对核心素养的内涵及学业质量标准的理解则是组卷命题的关键。

核心素养导向的命题，不是考查学生是否了解或掌握某个科学概念或者原理，而是需要以解决现实问题为指向，在解决现实问题过程中，将科学的知识、技能、方法、观念变成解决现实问题的资源，即转化成各种工具、思维、框架等。要通过创设的源于现实生活中、贴近学生的经验的真实情境，创设具有现实意义的任务或问题，考查学生运用科学概念、科学思维、科学方法等对现实中的情境进行分析、判断、解释，并解决真实情境中综合问题的能力。这样的命题具有实践性，能体现学生在科学学科上理解的程度，以及运用科学概念、原理、方法来解释、论证、预测周边现实世界的能力。

3. 学业水平考试命题要注重原创性

初中学业水平考试是教育行政部门组织的大规模、高利害性质的考试。在保证命题科学性的前提下，学业水平考试要注意试题的原创性，不要照搬陈题，考查内容既源于教学又能灵活迁移，在具体的语境中考查学生的理解、分析、表达、归纳、整合、评价等多种能力，充分发挥评价的诊断功能，给学生和教师提供自我反思和自我调控的信息，促进教与学的共同发展。原创性试题对命题者提出了高要求，也能更真实地考查学生的多项能力，避免了部分教师猜题、大量机械练习等不良导向，给学生增加了额外的负担，并扼杀学生对学习的兴趣。当然，致力于追求试题原创性的同时，也不要“盲目追求方法上的新异性和多样性，或一味迎合学生的兴趣”，试题“要在调动学生考试积极性、减轻考试负担与确保考试的信效度之间找到合适的平衡”。同时要注意的是，考查的内容要针对教学，教考不分离，让考试有理有据，成为日常教学中密不可分的环节。

例6 图 1-2-6 甲是显微镜下观察到的油菜(如图乙)三个部位的切片的一部分。

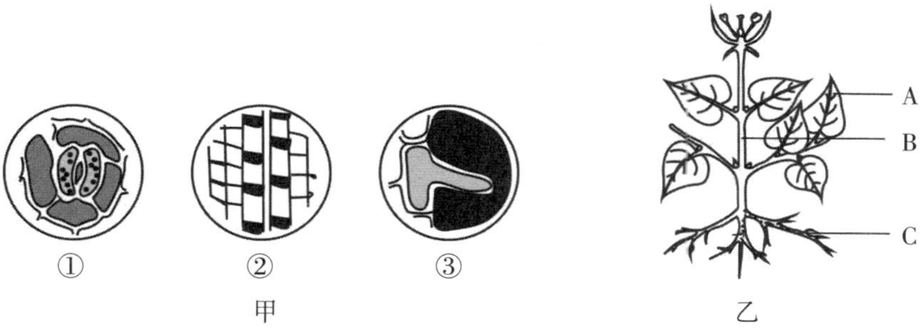

图 1-2-6

（1）①取自图 1-2-6 乙中的______（填序号）。

（2）观察切片③时，想在视野中同时观察到更多的细胞，接着的操作应是______。

答案　（1）A　（2）换用放大倍数小的目镜和物镜

【评析】 本题采用直观图像为情境材料，考查学生对植物生理结构的显微观察和理解记忆，以及相关的实验操作技能。第（1）题考查的是学生对显微图像的理解记忆力，同时隐含了对“生物体的结构与其功能相适应”这一生命科学领域重要核心理念的考查。三幅图来自教材图片或活动中通过显微镜观察到的图像。教学过程中，如果忽视教材上的文本图片和相关活动，学生就无法获得强烈的感性认识，会记忆模糊。同时，如果教学中没有渗透“结构与功能相适应”这一概念，那么学生势必无法真正理解这些知识，从而导致多个知识点混淆不清，产生错误。第（2）题考查的是对显微镜的实验操作技能和表达能力，要结合具体情境从高倍到低倍调节显微镜，并且简明扼要地表达这一操作。

该题启发我们在教学中不仅要做好实验，而且要引导学生掌握实验技能，对相关知识进行理性梳理，突出学科核心概念，规范语言表达。在复习时要回归教材，跳出题海战术。

本题的特点是以图代文，直观生动，既考查了学生的相关知识技能，又引导学生将知识形象化、具体化。难度系数第（1）题为 0.7，第（2）题为 0.5 左右。本题的缺点是，第（2）题考查的操作是由高倍到低倍调节显微镜，颠倒了显微镜操作的正常顺序，不符合实际的操作应用情境。

四、表现性评价

（一）表现性评价的界定

早在20世纪80年代初，许多教育专家就将表现性评价看作为教育改革的一个有价值的工具（Linn，1993；Resnick，1992）。表现性评价的一个潜在假设是：它可以促进学生改进学习，提高学业水平；能够鼓励教师改进教学策略，培养学生的推理、问题解决和交际能力（Frederiksen & Collins，1989；National Council on Education Standards and Testing，1992）。它通常要求学生在生产生活情境中，运用先前所获得的知识解决某个问题或创造出符合某种特定标准的成果，以考查学生问题解决、交流合作和批判性思考等多种复杂能力的发展状况。表现性评价强调被评价者的主体性，注重评价的过程性和开放性，重视评价任务的真实性，着眼于学生的成长和教与学的改进，是目前在国内正逐渐被关注和使用的一种重要评价思想和评价方式。

表现性评价的目的不只在于考查学生掌握了多少知识和技能，还在于了解学生运用已学知识技能解决实际问题的能力，从而反馈和促进教与学的改进。它注重考查学生复杂的认知技能和情意表现，代表学生重要的学习结果，如创造性、批判性思考能力、探究能力与问题解决能力等。

与传统的纸笔测验相比，表现性评价不仅能检测学生对科学知识的理解和运用，还能深入考查学生的创造思维能力和实践操作能力，考查学生在面对复杂问题时所表现的参与精神和团队合作能力，让学生在评价过程中进一步学习和发展，吻合新课程对学生综合运用所学知识解决实际问题能力培养的要求，体现了新课程改革倡导的发展理念，凸显评价的教育功能。

（二）表现性评价的命题要点

表现性评价可以要求学生从事一项活动，如进行科学实验，做调查研究；可以要求学生做出自己的应答，评价学生高端思维能力和解决问题的技能，要求学生在新的真实环境中应用问题解决策略等，如许多纸笔考试中的主观题等。表现性评价注重评价学生的表现过程和产生的结果（Lane

& Stone,2006)。命制试题时应从知识立意转向能力立意,并进一步向素养立意挺进,让学生在测试过程中受到积极情感态度价值观的熏陶。

1. 考查学生的科学理解与表达能力

学生通过学习理解和掌握了一定的科学知识与方法,但是静态的知识与方法只有在特定的情境中运用才能内化为真正的科学素养。在表现性评价中,主要考查学生能否对情境中的自然现象或实验现象加以科学地描述,并利用科学知识加以解释和预测,考查学生能否运用图表、模型等方法进行表达,能否基于证据提出自己的科学观点,考查学生能否运用证据进行论证、质疑和反驳,阐明自己观点的合理性并根据实验现象修正自己的观点。

2. 考查学生的科学探究与工程实践能力

让学生在科学探究和工程实践的过程中开展表现性评价,测量学生的科学探究能力和工程实践能力。观测学生的问题意识,考查学生能否在学习和生活实践情境中发现和辨识可能存在的问题,提出可研究的科学问题,对问题的主要特征作出适当的界定,并建立合理的猜想。考查学生在问题解决的过程中表现的探究能力和方法:能否采用适当的科学方法设计合理的方案,具备相应的操作技能,正确使用仪器开展实验,收集和处理信息,得出结论;能否运用所学的学科核心概念和跨学科概念,根据需求提出发明方案,解决简单的实际问题;能否制作把科学原理转化为技术产品的简单装置,应用形象的实物模型演示抽象的科学原理;能否基于所学科学原理,应用创造性思维的基本方法提出多种设计方案,对设计方案进行模拟分析和预测,运用计算思维和批判性思维,选择并优化设计方案等。

3. 考查学生的参与精神与合作能力

《课程标准》要求学生“不断提高对科学的兴趣”“初步养成善于与人交流、分享与协作的习惯,形成良好的相互尊重的人际关系”。表现性评价试题中,有的要求学生独立完成,有的要求学生团队合作,为测量学生在团队中的社会技能提供良好的机会,由此考查学生在团队中表现出的参与精神,对科学的兴趣与态度,以及交流与协作能力,即能否在独立思考的基础上参与团队合作,对任务进行合理分工,服从团队,善于听取不同的意见,为团队工作贡献自己的创造力等。

第三节　科学考试试题的结构与题型

科学试题作为考试评价的一个重要载体，在教学反馈和甄别选拔过程中发挥着非常重要的作用。它是命题者根据一定的考核目标命制出来的，包括目标、情境和任务设计三个要素。测试目标是试题的灵魂，是对考核内容的方向思考，也体现试题对教学的导向；情境是试题的载体，往往体现着试题的立意，是进行任务设计的原料；任务设计是试题的核心，体现了试题的立意，要求学生在解答过程中能体现出相应的核心素养。科学试题的题型包括客观性试题和主观性试题两大类。客观性试题在初中阶段的考试中，特别是期末评价或学业水平考试中，主要是选择题。主观性试题主要分为填空题、实验探究题、解答题等，近年来又出现一些新的题型，如说理题、项目化试题等。

一、科学考试试题的结构

试题是构成试卷的要素，它又由若干结构所构成。一道完整的试题应具备三大要素：考核目标（立意）＋刺激情境（线索材料）＋任务设计（答题指令）。考核目标即确立的意图，是试题的基本要素，其隐含的“立意”是试题的要素。采用真实的自然背景作为问题情境，是检验学生运用学科知识解决实际问题能力的一种有效方法。在真实的情境中设问，可以让学生体验到知识与生活是紧密联系的，明白知识源于生活，并服务于生活。而任务设计的“设问”是对试题要素构成的一个基本判断。目前的初中阶段测试题中，不仅有“设问”，还有“探究”“实验”“制作图表”等，因此，如果以“完成任务”来代替“设问”，可能比单纯提“设问”更加全面，更加开放。另外，就测评而言，没有参考答案及学生的应答，就不能推测他们对知识的掌握、能力、素养的发展状况以及隐藏在内的思维水平，所以有的研究者也会把参考答案作为试题的第四个要素。

试题结构有时候也是指一份试卷中各个题目之间的关系和安排方式。它包括以下几个方面：考查内容的覆盖范围，试题结构应该覆盖整个考试所要求的知识点、技能和能力等；题型的设置，试题结构应该根据考试的目的和内容特点，合理设置选择题、填空题、实验探究题、解答题等不同类型的题目，以达到评价学生全面素质的目的；难度的分布，试题结构应该根据考试目标和难度要求，合理分配难易程度，保证试题难度分布的科学性，避免试卷难度过高或过低的情况出现；分值的设置，试题结构应该合理设置每种类型题目的分值，保证各种题型的分值相对平衡；相关度的协调，试题结构应该在题目的相关度上进行协调，避免出现题目之间相关性过强或过弱的情况；时间的控制，试题结构应该合理控制时间分配，确保考生有足够的时间来完成试卷。合理的试题结构能够确保考试的公平性、有效性和可靠性。

二、科学考试试题的基本题型

考试是教学的延伸，是对教学成果的体现，所以考试试题题型的多样性是对日常教学环节手段的体现与浓缩。不同的题型可以达到不同的检测目的，不同的题型有不同的命题特点和要求，学生需要根据题目的类型和题干的表述，合理判断并分析题目的命题思路。例如，在选择题中，学生需要根据选项的情况，判断正确答案；在填空题中，学生需要根据题目的限制条件，填入符合要求的答案；在实验探究题中，学生需要体验科学本质，运用科学方法来解决问题；在解答题中，学生需要具备较强的分析和推理能力，全面合理地解决问题。

下面结合具体的实例，对各种题型作简单的分析。

（一）单项选择题

选择题是最常见的一种考试题型。它通常包括单选题和多选题。在单选题中，考生需要从给定的选项中选择一个正确答案。而在多选题中，考生需要从给定的选项中选择多个正确答案。选择题的优点是简单明了，答案明确，考查的知识点可以涵盖的范围较大，围绕情境四个选项可以考查四个不同方面，甚至更多。初中阶段科学检测中单项选择题较为常见，这类选择题的答案是唯一的，比较符合初中学生的认知水平。

例1　如图 1–3–1 所示，潜水员正潜没在海水中，他携带的气瓶可以

对身上的背心进行充气或放气，以改变背心的体积大小来实现浮沉。下列对潜水员的分析正确的是(　　)

A. 向海底下潜的过程中，受到海水的压强变大

B. 海水中水平游动时，受到海水的压强变小

C. 对背心进行放气后，受到海水的浮力变大

D. 对背心进行充气后，受到海水的浮力变小

图 1-3-1

答案　A

【评析】 该题以实际的生活情境为背景，考查了学生对科学基本规律的理解和应用。本题通过创设一个新的情境，让学生分析、解答，避免学生对知识的死记硬背，强化了知识的应用，体现考查学生基本素养的理念。在新的问题情境中，学生需要体会潜水员水平游动、下潜以及放气和充气的过程，同时有影响浮力大小的因素以及液体压强大小影响因素相关的知识储备，才能有效地把知识规律和实际问题有效地联系起来，解决问题。这样的试题能让考查具有较好的可靠性，能起到考查学生真实知识水平的目的，较好地体现了试题能力立意的命题思路。

(二)填空题

填空题是另一种常见的考试题型。在填空题中，考生需要根据题目的要求，填写适当的词语、短语或句子。填空题的优点是能够考查学生一些核心的科学概念、原理和规律的掌握程度，要求学生对知识点的掌握程度较高。但是，填空题由于受篇幅和设问特点的限制，测量目标比较单一，且容易理解偏差，即学生可能会因为一些细微的差别而得到错误的答案。

例2　实验室用水吸收 HCl 气体时，若用导管直接将 HCl 气体通入水中，由于它溶解快、溶解度大，会造成导管内外压强差，形成倒吸(如图甲)，带来实验安全问题。图乙装置用水吸收 HCl 气体时，可以防止发生倒吸现象。

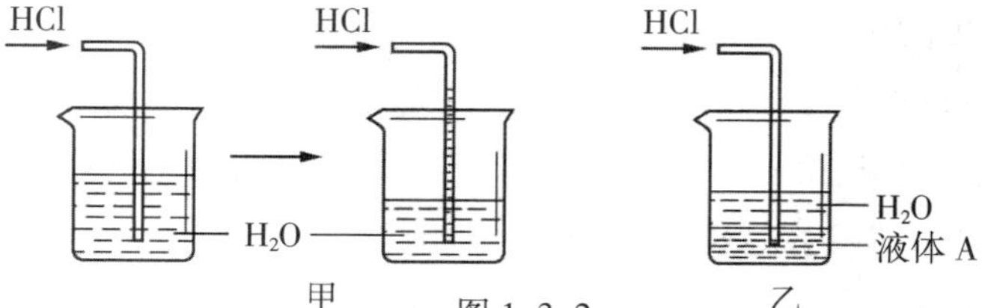

图 1-3-2

（1）结合图乙装置中液体的分层情况，可得液体A的密度______（填“大于”“等于”或“小于”）水的密度。

（2）用图乙装置吸收HCl气体可以防止发生倒吸现象，请分析：选择的液体A还应该具有________的性质。

答案 （1）大于 （2）不易溶解HCl气体，不与HCl气体反应

【评析】 本题考查对倒吸原理的认知与应用，这部分内容对初中学生来说比较陌生，对学生的能力要求较高。题目中设计了两个小问题，第(1)题从图中获取信息，判断液体密度大小，相对比较简单，但学生还应从中分析出液体A与水互不相溶且密度比水大，这两个性质在第(2)题里不能再填写，这要求学生有较好的审题能力。第(2)题难度较大，学生要根据题给信息“溶解快、溶解度大”会倒吸，判断出液体A不易溶解氯化氢气体，且氯化氢气体要在水中被吸收，所以液体A也不与氯化氢反应。第(2)题的设问体现了对学生高阶思维和分析能力的考查，能力立意在第(2)题中更加凸显，这样的设问兼顾到了知识目标和能力目标的要求，正是填空题的一大优势。

（三）实验探究题

实验探究是科学学科的一大特色，也是学生科学学习的一项重要内容。实验探究能力是学生科学素养提升的重要指标。实验探究题是一种特殊的考试题型，通常只出现在科学学科的考试中。对于科学探究能力的考查，着眼点是在知识能力和应用的基础上考查科学探究的过程，这是考查科学探究能力的试题不同于一般试题的地方。提出问题、建立猜想与假设、设计实验方案、获取事实与证据、得出结论、交流与评价等要素都是考查内容，也是试题的命题立意所在。要做到真正考查学生的探究能力，试题应促学生答题时有探究行为，学生的探究行为应以《课程标准》中的“科学探究能力的基本要求”为根据，重点考查学生的思维品质。

例3 某项目化学习小组从课堂中了解到盐溶液也能导电。小组成员拿了一根弹性很好的乳胶管，里面灌满一定浓度的盐水，两端用金属圆片电极密封，形成一段封闭的盐水柱，长度为20厘米。在老师的指导下，学习小组成员选用了下列器材，对盐水柱的电阻进行探究（过程中盐水柱温度

变化和化学变化不计):

[器材选择]学生电源 12 伏,电流表(0~5 毫安),电压表(0~3 伏,0~15 伏),滑动变阻器(0~10 千欧)。

[电路连接]小组设计了电路图,根据电路图连接实物。

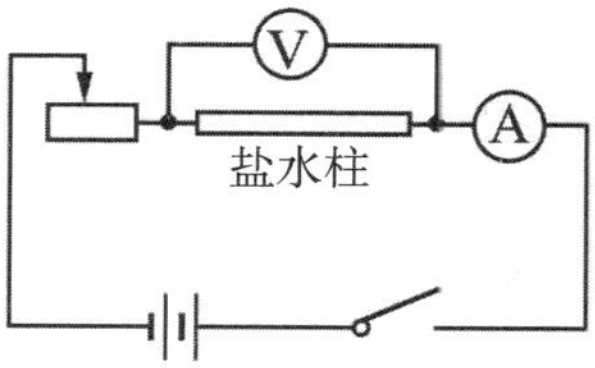

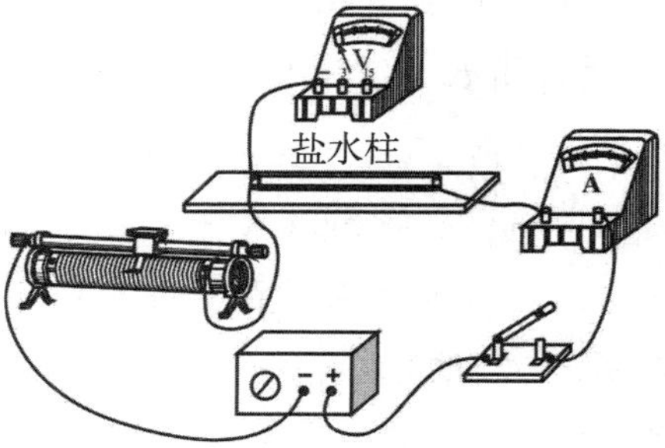

图 1–3–3

(1) 根据实验要求,用笔画线作为导线完成实物图的连接。

[实验数据]正确连接电路后,闭合开关,调节滑动变阻器,测得多组数据如下表。

实验记录表

实验序号	1	2	3
电压表示数/伏	3.6	7.2	10.2
电流表示数/毫安	1.25	2.40	3.48
盐水柱电阻/千欧		3.00	2.93

(2) 分析表中三组数据,该盐水柱的电阻为______千欧。(结果保留两位小数)

(3) 有小组成员提出,金属丝的电阻与金属丝的长度、横截面积、材料有关,盐水柱的电阻是否也与这些因素有关呢?

[实验方案设计]

①探究盐水柱的电阻与长度的关系。小组成员利用乳胶管弹性好的特性,用拉长乳胶管的方式来改变盐水柱长度,进行探究。你觉得此设计是否合理?______。请说明理由:________________________________。

②探究盐水柱的电阻与横截面积的关系……

③探究盐水柱的电阻与盐水浓度的关系……

答案 （1）

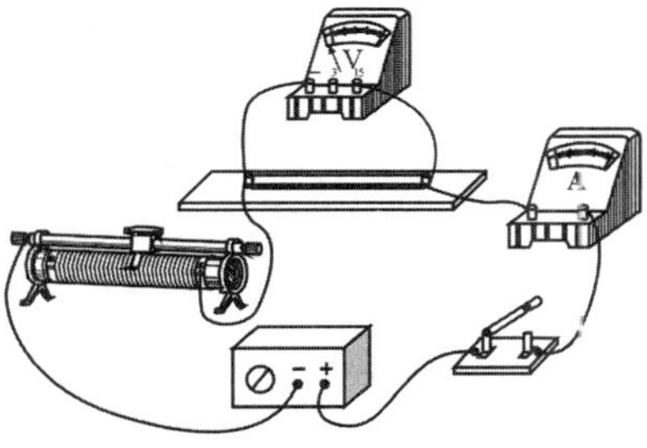

图 1-3-4

（2）2.94 （3）不合理 在拉长盐水柱长度时，盐水柱的横截面积也会相应发生变化，未控制单一变量

【评析】 本题借用教材中测金属导体电阻的实验来探究盐水柱电阻，主要目的有：一是可以让学生重温这一探究过程，二是在新的探究过程中了解新情境往往也会带来新的问题与挑战。第(1)题要求学生完成电路图的连接，考查学生基本的电路设计与连接能力。第(2)题利用表格数据，计算电阻值，学会取平均值以减小误差的方法，同时注意小数点后数的位数。第(3)题利用乳胶管的弹性，用拉长乳胶管的方式改变盐水柱长度这个因素会导致新的影响因素的变化，从而产生连锁变化，不能满足控制变量法的要求。像这类来源于教材又不同于教材情境的试题，是科学命题的一大特色，能考查学生在学习过程中有没有把科学探究落到实处，在学习过程中有没有真正的探究。这类试题仅靠记忆是解答不出来的，能考查学生的思维品质。

（四）解答题

解答题是考试中相对具有挑战性的一种题型。它分为几种类型：有以公式应用、数学应用和原理迁移等技能解决实际应用的分析计算题，有以作图、补线等方式构建模型的作图题，有用多个科学原理或规律、用作图、概括和表达等多种手段解释一个现象的说理题等。多种形式的题型组合可较全面地考查学生的多种能力水平。在解答题中，考生需要根据题目的要求，对所学的知识进行深入的分析和阐述，并综合运用所学的知识，解决较为复杂的问题。解答题能够考查学生的思维能力和综合运用知识的能力，能够培养学生的综合思维能力。

例4 科技小组开展设计一款多功能电饭煲的项目活动，过程如下：

[明确问题] 科技小组成员们讨论后认为，电饭煲应具有以下基本功能，并给出具体标准：①工作电压 220V，煮饭模式功率 880W，保温模式功率 88W；②电饭煲达到设定温度后能自动切换到保温模式。

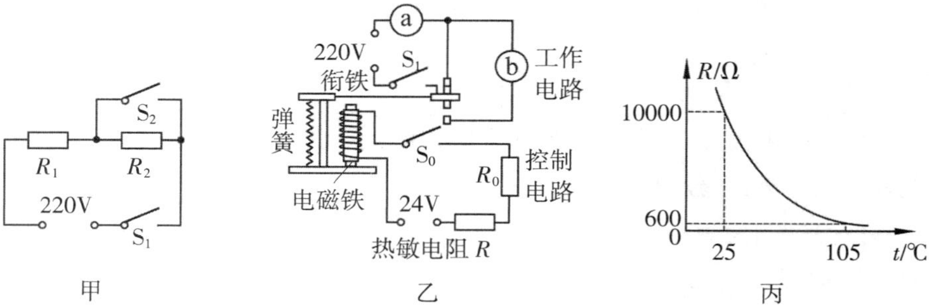

图 1-3-5

[方案设计] 根据制订的标准，小组成员讨论后，初步设计了如图甲所示的方案。图中开关 S_1、S_2 都闭合时，电饭煲处于煮饭模式，功率为 880W。发热电阻 R_1 的阻值为多少欧？

[方案优化] 有小组成员认为甲方案不能实现自动切换功能，于是有人利用电磁继电器与热敏电阻，设计了如图乙所示的方案。

①工作电路中的发热电阻 R_1 应设计在______（填“a”或“b”）处。

②为了确保安全，当电饭煲内温度达到设定温度 105℃时，工作电路自动切换到保温模式，其中热敏电阻 R 的阻值与温度关系如图丙。控制电路的电源电压为 24V，当电流达到 0.03A 时，电磁铁会吸下衔铁，工作电路自动切换到保温模式。选用的定值电阻 R_0 阻值应为多少欧？（电磁铁线圈阻值不计）

答案 [方案设计] $R_1=\frac{U^2}{P}=\frac{(220\text{V})^2}{880\text{W}}=55\Omega$ [方案优化] ①a ②通过图丙可知，当电饭煲内温度达到设定温度 105℃时，热敏电阻的阻值为：600Ω。控制电路中的电流达到 0.03A 时，电路的总电阻为：$R_{总}=\frac{U}{I}=\frac{24\text{V}}{0.03\text{A}}=800\Omega$。选用的定值电阻 R_0 阻值为：$R_0=R_{总}-R=800\Omega-600\Omega=200\Omega$。

【评析】 本题以设计一款多功能电饭煲的项目活动为情境，引导学生关注生活现象及其背后的科学知识。试题中通过甲方案不能实现自动切换功能，很自然地引入了电磁继电器，要求学生能根据热敏电阻与温度的关系图，判断出电阻的变化规律，然后根据电路、欧姆定律等一系列知识解决问题。此题考查了学生学科的综合分析能力。这类试题基于“STEM”理念，注重系统思考和多元整合，能促进学生对生活中的现象进行整体的认知和全面地判断，有利于培养学生的科学核心素养，特别是对技术、工程与社会这一核心概念的渗透能起很大的作用。

三、科学考试的新题型

近几年，浙江省初中科学学业水平考试试卷中出现了一些新型的题型，这类试题具有一般主观题的特点，同时开放度更大，更突出对高阶思维的考查，注重 SOLO 评价的应用。科学新型试题都以科学情境为背景，基于《课程标准》，给学生的思维空间更大，鼓励学生积极探索，深入研究，思考问题要更全面，更综合。这类试题有利于对高阶思维能力的评价，对课堂上高质量的教学行为和学生深度学习具有很好的导向作用。

（一）说理题

说理题的命制通常以生活中的自然现象、科学知识在生活的典型应用实例为情境，提供恰当、明确的信息，让学生进行分析，找到正确的思维落脚点，运用已有的知识和科学方法，进行论证和解释。这类试题一般都采用 SOLO 分类理论进行评价，重点考查学生对科学知识的理解和应用水平，对信息的获取和分析能力，以及学生的思维结构和素养水平。

例5 新疆地处干旱地区，土壤盐碱化较严重。盐碱地经大量灌水后，可暂时减轻表层土壤的盐碱化程度，但随着表层土壤水分蒸发，深层土壤中的盐分会逐渐到达表层土壤，使表层土壤盐碱化更严重，同时造成土壤易板结，且土壤含水量较高时易发生虫害。这一系列因素影响了棉花的出苗率（出苗率是指钻出地面的幼苗数与播种的种子数的比值）。科技团队在

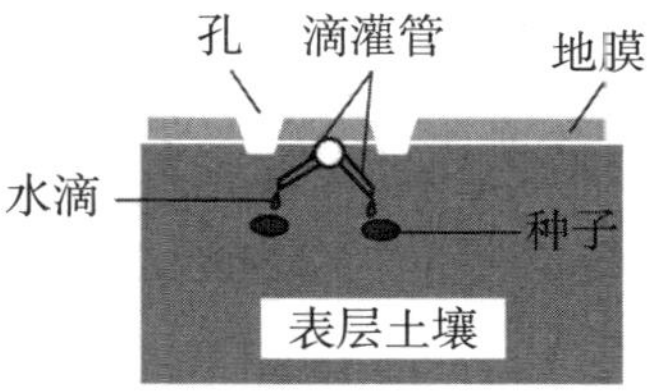

图 1-3-6

新疆某地用“干播湿出”技术对传统种植技术进行改良。两种种植技术介绍如下表。

传统种植技术	“干播湿出”技术
播种前，对适度改良的棉田大量灌水，待温度适宜时，在表层土壤播种并盖上地膜，使种子距离地面3～4厘米。	播种前，对适度改良的棉田铺设地膜和滴灌管，在地膜上挖孔，将棉花种子播在孔的下方，使种子距离地面1～2厘米(如图1-3-6)；待温度适宜时，进行膜下滴灌(即通过滴灌管将少量水缓慢滴加在种子处)。

根据上述信息以及所学知识，解释相对于传统种植技术，“干播湿出”技术能提高棉花出苗率的原因。

答案 高水平回答：能综合6个要素，系统地对“干播湿出”技术能提高棉花出苗率，作出符合原理、符合逻辑的解释。

示例：播种前铺上地膜有利于土壤保温、保湿；待温度适宜时在种子处滴灌，使种子有充足的水分、适宜的温度；滴灌使土壤不易板结、透气性好，使种子萌发有充足的空气，从而提高种子萌发率。滴灌使种子周围土壤含水量少，不易发生虫害，又能减缓表层土壤盐分升高，有利于幼苗吸水；种子播种深度浅等条件有利于幼苗出土。

中上水平回答：至少能结合4个要素，作出符合原理、符合逻辑的解释。

示例：播种前铺上地膜有利于保温、保湿；在种子处滴灌使种子有充足的水分；土壤不易板结、透气性好，使种子有充足的空气，有利于种子萌发。滴灌可以减缓表层土壤盐分升高，有利于幼苗吸水和出土。

中下水平回答：至少能结合2个要素作出解释。

示例：在种子处滴灌使种子有充足的水分；土壤不易板结、透气性好，使种子有充足空气，有利于种子萌发。

低水平回答：不能运用相关科学知识作出解释。

示例：铺上地膜有利于种子萌发。

【评析】 本题参考答案与评分细则的编制按照SOLO分类评价理论设计评价方法，根据高水平答题所需要的6个要点，对不同结构层次的回答作出了明确的预期分析和示例，阅卷人员将学生的答题情况与此评分细则进行对比，然后对学生的解答情况进行分类，依据结构层次进行赋分，这样既确保了测试的效度和信度，又保证了阅卷的可操作性。

（二）项目化试题

项目化学习是近年来初中学业水平考试科学试卷中新出现的一种题型，在实验探究题或解答题中出现得较多。项目化试题作为一种新的考查方式，通过创设真实、复杂的驱动性任务，将单一的、细碎的、去情境的知识点转化为结构化、体系化、生活化的知识，进而解决问题，形成思维方法、价值观念等，能充分体现跨学科学习、综合学习成果。项目可以是生活中接触到的一个生活用品的设计和优化，也可以是课堂上或实验中遇到的真实问题，还可以是热门的社会话题。确定项目后，学生通过自主计划，构思方案，连环追问，以多种角度、多种方法、多种形式不断提出问题并解决问题，最后对解决问题的方案或设计的作品进行量化评价。

例6 项目学习小组实验发现，装在筒内的电动机带动风叶转动时，电动机转动方向改变，气流方向也改变，如图甲所示。于是小组成员想利用带风叶的电动机制作一种“书桌神器”，这种“书桌神器”既能收集书桌上的小纸屑，又能吹风纳凉。他们制订的产品评价表如下：

评价指标	评价等级		
	优秀	合格	待改进
指标一	能吸纸屑、吹风且风速可调。	能吸纸屑、吹风，风速不可调。	只能吸纸屑或只能吹风。
指标二	吸纸屑后，吹风时无纸屑吹出。	吸纸屑后，吹风时有部分纸屑吹出。	吸纸屑后，吹风时全部纸屑吹出。

小组成员设计如图乙所示的电路，利用带风叶的电动机、电池、旋钮式电阻等材料制作模型，其工作原理示意图如图丙。

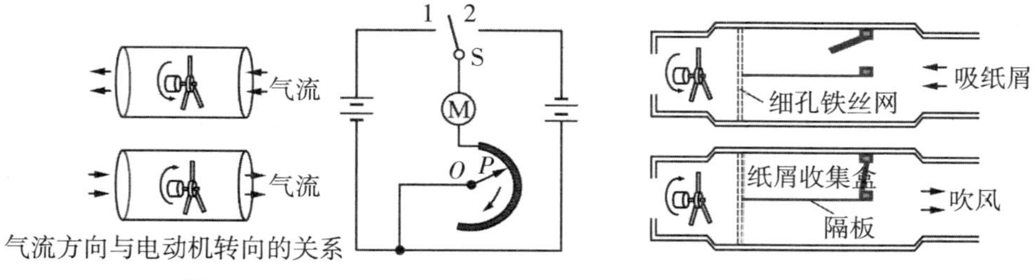

甲　　乙　　丙

图 1-3-7

(1) 图乙中,通过切换开关 S,可以改变电动机转向,原因是__________

__________。

(2)将开关 S 与“1”连接,旋钮 OP 绕 O 点沿箭头方向转动时,电动机转速如何变化? ________。

(3)对模型测试时,其“指标一”为优秀。结合评价表,判断该模型的“指标二”评价等级为________。

答案 (1) 改变通过电动机中的电流方向 (2) 变小 (3) 合格

【评析】 本题以利月带风叶的电动机制作一款“书桌神器”为项目活动任务,要求既能收集书桌上的小纸屑,又能吹风纳凉。在完成项目活动的过程中要运用相应的科学知识,包括电路的连接、滑动变阻器的使用以及单向阀门的使用等知识。第(1)(2)题分别考查的是改变电动机转向和转速的方法,第(3)题考查项目活动评价量表。项目化活动试题往往贴近生活实际,试题多来源于生活, 旨在考查学生在实际生活中运用科学知识解决问题的能力,强调实践操作,培养创新思维。本题中第(3)题要求对活动小组设计的方案进行评价,是此类试题考查方向的很好示范,充分体现了试题的能力立意,较好地渗透了技术和工程方面的科学素养, 这也是项目化试题的一大考查优势。

第四节 科学考试命题的一般流程

考试的形式与考试的目的密切相关。正式命题前要明确考试类型。不同的测试,考查范围不同,命题要点不同,最终体现的价值和作用也有所不同。例如,初中学业水平考试是关系到千家万户的高利害考试,它维系着社会的公平和公正,这一目的和性质决定了初中学业水平考试必须具有比较高的效度和信度。为了达到考试的效度和信度的平衡,一般教育考试需要采用不同的题型,如主、客观试题,并且使主、客观题保持一定的比例。考试命题要基于标准,考试目标要具有切实的可行性,内在的体系结构合乎逻辑,符合学科特点、学生认知,体现教育功能等。一般来说,在明确考试类型和考试对象后,命制一份试卷有以下几个流程:

一、命题规划

（一）制订命题框架

为了让考试的取样对教学有较好的导向作用，对教学内容、教学目标的实现具有代表性，反映内容与认知层次的相对比重，保证考试的质量，必须设计命题框架。命题框架主要包括评价目标、内容范围和素养水平等。

1. 明确评价目标

维度一为评价目标，包括科学观念、科学思维、探究实践、态度责任。命题时要依据目标所包含的核心素养来规划相应试题的比例。科学观念包括观念理解和观念应用，即既包括科学、技术与工程领域的一些具体观念，也包括对科学本质的认识，对人与自然关系的认识，以及对科学、技术、社会、环境之间关系的认识，还包括科学观念在解释自然现象、解决实际问题中的应用。科学思维包括模型建构（含理解和模型建构）、科学推理、科学论证和创新思维。探究实践主要考查科学探究能力（含提出问题、获取证据、科学解释、表达交流），技术与工程实践能力主要放在工程实践中考查。态度责任主要包括科学态度（含探究兴趣、实事求是、质疑创新、合作分享）和社会责任（含珍爱生命、保护环境、价值判断、伦理道德、家国情怀）。

2. 明确评价的内容范围

维度二为内容范围。作为义务教育阶段结束的初中学业水平考试，要依据 13 个学科核心概念来规划相应试题的比例，同时体现对 4 个跨学科概念考查的要求。13 个学科核心概念为物质的结构与性质、物质的变化与化学反应、物质的运动与相互作用、能的转化与能量守恒、生命系统的构成层次、生物体的稳态与调节、生物与环境的相互关系、生命的延续与进化、宇宙中的地球、地球系统、人类活动与环境、技术工程与社会、工程设计与物化等。其中技术工程与社会和工程设计与物化主要在技术与工程实践中考查。因此，学业水平考试的内容范围主要包括前 11 个核心概念。物质与能量、结构与功能、系统与模型、稳定与变化等 4 个跨学科概念的考查可以融入前 11 个核心概念中，也可以通过跨学科的方式考查。

3. 明确评价的素养水平

维度三为素养水平，也即学业质量水平。核心素养是综合应用知识解决真实情境问题的能力和品格，而学业质量是学生在完成本学科课程学习后的学业成就表现，也就是核心素养达成水平。根据学业质量标准，试题的认知水平取决于情境的复杂性、知识的抽象性、应用的综合性，并据此可以分成低、中、高三级。低级水平：运用一个认知过程，如基本事实、术语、概念或者原理，或者从图表中读取一个信息。中级水平：运用概念描述或解释现象，在需要两个或两个以上步骤的认知过程中设计适宜的程序，组织并展示数据，解释或运用数据以及图表等。高级水平：分析复杂的过程或数据，整合或评价证据，确定各种不同信息资源的合理性，制订解决问题的计划或规划，以及方法、步骤、程序等。根据学业水平考试所需要达成的素养水平，来规划低、中、高三级水平试题的比例。

（二）规划试卷结构

1. 题型和题量的确定

常见的考试题型有主观题和客观题两类，根据科学学科的特点，不同的能力点需要不同的题型测试加以展现。客观题答案一般非常规范、明确，评分可靠、容易，而主观题能更多展示学生解答的过程来体现其思维层次，两者应结合使用。在平时的形成性测试中，可以适当增加主观题的比重，以多了解学生的知识掌握程度和过程思路，更好地指引教学。

题量的确定受到很多因素的影响，如测试的时间、题型、难度、学生认知水平、文字量等。因此，题量和主客观题的比例、测试时间的推算、书写的文字量的确定都息息相关。一般来说，根据测试的时间确定总题量时，以中下等水平学生完成一个得分点所需要的时间来进行折算，尽可能给学生较为宽裕的时间进行答题，发挥其真实水平。因此，根据反复实践，初中学业水平考试的试卷题量一般以不超过 34 道题为宜。

2. 试题赋分与期望分的预估

试题赋分指每一题所给予的满分值。不同的分值代表着不同的权重，即试题越重要，分值也一般较高。赋分也会直接影响学生答题的时间和精力。因此，教师在命题时，要根据题目的能力点合理分配分值，通过不同试题和不同的赋分体现命题者命制试题的意图，真正反映学生的认知水平和能力。

主观题在赋分时，要充分考虑认知反映水平。可以参考 SOLO 分类评价，通过可观察的认知反映水平的结构，对学生的水平进行分类赋分。客观题的赋分一般都设置相同的分值，初中学业水平考试中，客观题在整份试卷总分值中所占比分一般为 30%左右。

通过试题的难度预估与试卷的分值，可以估算出测试的平均期望得分。在命制试卷的过程中，可以通过期望分的预估，对试卷的难度和赋分进行适当微调，提高整份试卷的整体质量，以达到预期的目标。

3. 试题的平均难度和难度分布的确定

难度预估值是教师在命制试题必须考量的重要指标。测试过难或过易，都无法反映学生的真实水平。根据认知水平，一般识记类试题比较容易，理解、分析类试题较难，应用甚至创造性的综合应用试题难度最大。命题时，设问要呈阶梯状，先易后难，过渡自然合理，不要在一开始就设置难度较大的题目，给学生造成困扰，影响后面的答题。难度的分布要合理，一般来说，大部分试题的难度应当在 0.4 至 0.8 之间，可以设置少量的容易题和较难题，大部分以中等难度题为主。

试题的难度也与题型相关。因为选择题提供了备选答案，降低了表述的难度，所以当考查的认知水平相当时，选择题比主观题更容易些。难度的预估一般与经验相关，命题者要对学生的认知能力、试题考查的能力有足够的把握。当然，也可以通过预测，计算出试题的平均难度。

不同的考试类型，试题平均难度是不同的。形成性考试难度系数一般在 0.8 左右，这样的试题能让教师及时了解学生完成课程目标的程度，为下一阶段学习提供方向，学生也不因为试题过难而丧失学习的信心。终结性考试，如期末测试等，考试难度系数一般在 0.75 左右，以保证检测不同层次学生的能力水平，做好分析和评价工作。

二、命制试题

（一）命制试题的基本环节

命题过程要确立核心素养目标（立意）、情境材料和任务设计三要素。理解核心素养的内涵、确立核心素养目标（立意）是命题的前提条件，是试题的灵魂，是对考核内容的方向性思考和把握，也体现出试题对教学的导向作用。素养导向的评价是要通过学生在应对真实复杂的情境，开展相应的探究学习活动，以解释情境中的相关现象或解决情境中相关问题的过程中的外在表现为证据，开展核心素养目标达成度的评价。因此，真实情境是试题的土壤和载体，是科学知识与实际生活的联结点，其隐含的问题是体现试题立意、进行任务设计的原料。任务设计是试题的核心，它一方面体现了试题的立意，另一方面又根植于试题情境，让学生在完成任务的过程中表现出相应的科学素养。

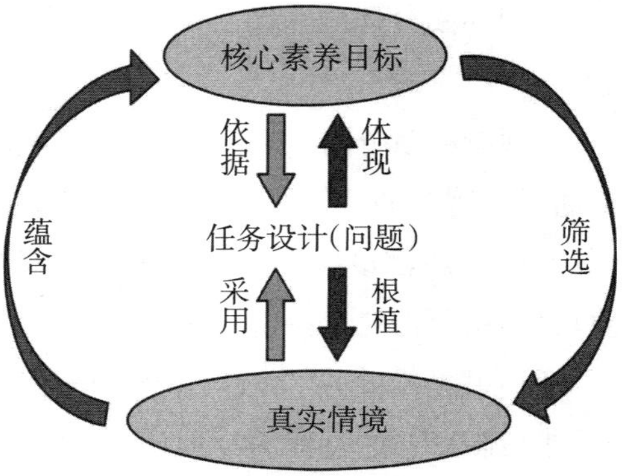

命题基本环节示意图

图 1–4–1

1. 命制真实的试题情境

（1）采集真实的情境材料。

核心素养导向的评价强调要在真实的情境中评价学生所习得的知识技能、能力方法和科学态度。当完全真实的情境难以呈现，不得不需要模拟时，要尽量使之“最大限度地接近真实”。其原因如下：一方面，采用真实的自然背景作为问题情境，是检验学生运用学科知识解决实际问题能力的一种有效的方法。让学生把学会的科学知识迁移到现实的问题情境中，测试隐含在情境中或与情境相关的科学知识、能力和态度，从而考查学生是否具备运用科学知识技能解决现实问题的能力，以及相应的科学态度和精神。学生只有在真实的情境中体现出来的能力，才是他们可以应对未来生活的真正能力。另一方面，从真实的情境中设问，可以让学生体验到知识与生活的联结，明白知识产生于生活，并服务于生活。让试题所反映的来自现实世界的科学问题，启发学生如何从日常生活中提出科学问题并进行探究，培养学生的问题意识。

采编真实的情境要关注以下 3 个方面的要求：

一是情境要与学生生活和学习经验相匹配。情境材料应该适用于评价目标对象，要以学生为主体，关注学生的生活背景和学习经验，即情境所隐含的问题要处于大多数学生思维和能力的最近发展区，是大多数学生能够运用他们所掌握的知识技能得以解决的问题情境。过于简单和复杂的情境，都难以考查学生真实的科学素养。

情境材料取材多种多样，为了确保真实性和适度的复杂性，一般避免从现成的教材、习题等直接取材。它可以来源于报纸、杂志等媒体，如蕴含学生学习内容的前沿科技信息、大众新闻材料等；它可以是学生生活中发现的各种物质变化及变化过程中呈现的自然现象，如雨、雾、霾等大气现象中的科学问题；它也可以是学生学习过程中产生的问题，如实验中发现的新问题等；它还可以是影视、游戏等娱乐活动中的问题情境，如福尔摩斯探案中的片段等。

二是情境的选择要关注地域文化差异与公平。为了使试题具有某一年级学生评价的普适性，情境的选择要关注地域文化差异与公平问题。波帕姆认为，公平就是克服评价对某一特定群体的偏见。在评价中，既不能使某些学生受到冒犯或不公平的对待，也不能使某些学生有特殊的优势。因此，命题时一要避免从任何一个版本的教材或其他资源中直接选择情境材料，以免某些学生具有作答优势；二要避免潜在的争议性话题（如宗教、政治、暴力和种族主义等）和负面内容（如吸毒、酗酒或其他有害信息），让试题给予学生正面的、积极向上的情感态度价值观的熏陶；三要避免有明显季节性和地域性局限的情境；四要避免有明显的不同社会阶层色彩生活背景的情境，使参与考试的学生不会因自己的家庭社会经济地位和生活背景而表现出差异。

三是情境的选择要兼顾不同类型的分布。目前，对情境分类的本土研究还比较少。参照国际学生评价项目（PISA），可以将来自现实世界里的科学情境分为三个层次：个人的（自我、家庭和群体）、社会的（社区）和全球的（世界范围内的生存）。这些科学情境按具体内容又划分为健康、自然资源、环境、危害和科技前沿等五大领域。三个层次和五大领域相互交叉，形成了一共 15 种科学情境。对于在学习过程中开展的表现性评价，或者在一定的阶段中要求学生完成的表现性评价试题，应该在情境的选择上兼顾不同类型的分布，以拓展学生的视野，更好地体现 STSE 教育理念。

（2）编制试题情境。

一要对情境进行适度的整理与简化。自然现象的产生往往是多因素作用的结果，因此，真实的情境往往是复杂的、多变量的、模糊的，如果不加以适度的简化和抽象，那么问题就会过于开放而指向不明。而真实的问题情境，又是考查学生运用学习的科学知识技能解决实际问题的关键载体。因此，无论是在日常教学中，还是诊断测试中，命题都需要让问题情境呈现良好的结构性。一个不良结构的问题情境，会让学生无所适从，无法考查或体现学生的学习状态或结果，这样的试题，学生在解答的过程中往往找不到突破口。总之，如果问题情境过于复杂和多维，学生不可能获得清晰的思路来解决问题，也不可能在短时间内提出真正能解决问题的方案，那么他们无论在解题的过程还是在解题之后，都会很纠结，不能获得解决问题后的喜悦感。

因此，为了使试题符合初中学生的认知水平，需要对情境进行适度的整理与简化。要以现实生活中真实存在的背景为基本材料，对信息进行适度的抽象与简化，去除一些无关信息，使情境和学生的学习结果产生关联，同时又适当保留真实情境中一些复杂的干扰信息，以检测学生面对复杂任务时的表现。

二要穿插图表，增强可读性和吸引力。一张图表既可以形象地展示微观细节，也可以简洁抽象地展示各种复杂的关系。题目中穿插表格、图片等，可以使试题情境形式多样地呈现出来。这样既可以契合学生的阅读水平，增强可读性和吸引力，又可以考查学生对图表信息的获取能力。另外，试题情境的语言表达要言简意赅，通俗易懂，要规范普通话，排除学生审题时可能遇到的不必要的困难。

2. 根据立意和情境设计任务

任务的设计，既要体现立意，又要围绕情境，要根据科学素养界定中的过程要素进行设计，指向试题所要考核的科学知识、技能和方法能力。任务要嵌入在情境中，依据一定的情境而提出。情境为任务的完成提供必要的线索，但又不能给予学生现成的答案，让学生仅通过习题情境中的知识而顺利回答题目。任务与情境相互依托，相互支持，从而实现考查学生在特定情境中解决问题能力的目的。

每一个任务都要根植于情境，在试题立意的指导下，进行不同维度的设计。任务的设计，既要指向明确，又要新颖灵活。设问要清晰，使考查的内容指向明确，学生有思考与实践的方向。每一道题目要对应于一种或者多种认知过程，既要符合学生的认知水平，又要体现思维品质。不同的设问之间要有合理的梯度，在思维和能力要求上要由浅入深。内容上要从不同维度设问，防止学生因为某个问题上解答失败而导致一连串的失败。

任务的设计既要鼓励开放与创新，又要避免过于开放、多元。对初中生来说，面对开放性任务所进行的思维活动大多比较粗浅。如果试题给予的参考答案比较多元和粗浅，就会出现只要学生尝试回答就能得分的现象，由此试题的效度和区分度会大大降低。

最后，要预估学生的解题思路，审视问题的提出是否严密，有无歧义，要估计试题难度，思索学生可能给出的答案。

3. 制定评分细则

试题命制与评分细则相辅相成，教师如果要观察和评估学生的学习成果，了解完成任务的过程，就需要一个简明合理的评分细则，在学生完成检测后，以可观察可参考的方式对学生的成果进行评价。

命题的同时应该同步拟出各题的参考答案和评分细则，为将来的评卷提供依据，同时也可以更好地提高评分的信度。客观题因为答案唯一，具有排他性，所以评分细则比较简单。主观题的评分标准比较复杂，要注意答案与评分细则的一致性。论述题可以依据 SOLO 分类评价的理论进行分类，并提供编码指南。

（1）选择题参考答案和评分标准的命制。

选择题是科学考试中常见的一种题型，具体而言，初中科学考试中常见的选择题有单项、不定项两种类型。单项选择题的正确答案是“单项”，每题只有一个正确选项。单项选择题评分标准较简单，大多数情况下选择正确答案得分，不选、错选或多选均不得分。不定项选择题包括单项选择题与多项选择题，在科学试题中的填空题、实验探究题和解答题均可能出现，其正确答案是“不定项”，即正确选项数不确定，每题至少有一个正确选项。不定项选择题的评分标准规定答全答对得全部分，少答得部分分，不答和出现错选均不得分。

（2）填空题参考答案的命制。

命制填空题的答案时要注意答案的科学性、准确性、规范性，力求简洁，同时考虑学生可能出现的与参考答案相近、相似的答案，对于这些答案，只要是正确的，都应该同样给分。对于回答不全面或略有偏差的答案，可以酌情赋分，特别是填写的专业术语中出现的错别字应该予以扣除相应的分数。例如，“液化”写成“液华”等，应该扣除一半的分数，这对培养学生严谨细致的态度有帮助。

（3）实验探究题参考答案的命制。

实验探究题主要包括基本实验技能和实验探究、方案设计等的考查，命制答案时要注意答案表述的严谨性、规范性、合理性和多样性，尽可能多地考虑不同表述但意思一样的答案的赋分标准。对于需要较多文字表述的答案，要关注其思维性和过程性，给予分步赋分或酌情赋分。

例1 人们都说：“被 100℃的水蒸气烫伤，要比被 100℃的热水烫伤严重得多”。小柯认为这是因为 100℃的水蒸气和 100℃的热水温度虽然一样，但 100℃的水蒸气变成 100℃的热水时，还要放出热量。对此，小柯设计了以下实验证明自己的观点。

【实验过程】（实验中热损失及热胀冷缩对实验的影响忽略不计）

①将一定量温度为 t_1 的冷水装入一个双层玻璃真空保温杯中，液面如图甲所示位置，标记为 A。

②插入导管，将 100℃水蒸气通入保温杯的冷水中（水蒸气全部被吸收），杯中水面明显上升。

③一段时间后，停止通入水蒸气，移去导管，杯中液面位置如图乙所示，标记为 B。测得杯中水的温度为 t_2，比较后发现 t_2 高于 t_1。

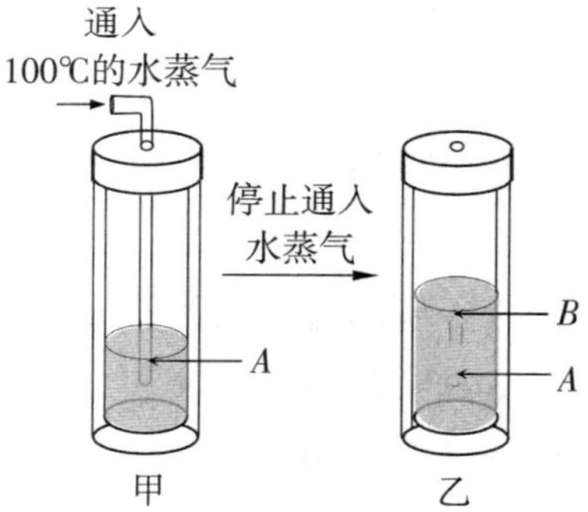

图 1-4-2

（1）杯中水面上升是通入的水蒸气发生________的结果。

（2）t_2 高于 t_1 的原因是________。

(3) 小江认为因未设置对照，小柯的实验还不足以证明他的观点。请你在原实验的基础上，帮助小柯设计后续实验方案(要求简要表述实验过程和证明小柯观点正确的实验结果)：________。

答案 (1) 液化或凝结 (2) 水蒸气液化放热和液化产生的100℃热水降温放热 (3) 另取一个与小柯实验时相同的真空保温杯，倒入与小柯实验时相同体积、同温度的冷水，再向保温杯的冷水中倒入100℃的热水，直至总水量与小柯实验时保温杯中热水的水量相等，混合均匀后立即测出此时杯中水的温度t_3。t_3低于t_2，即可证明小柯的观点正确。

【评析】 本题是在教材中的问题“为什么被100℃的水蒸气烫伤，要比被100℃的水烫伤严重得多”的基础上的拓展、延伸，其中第(2)题考查学生思维的严密性和发散性，试题设置了液化放热和高温热水降温放热两个影响因素，但答题中漏答一个因素的学生非常普遍，能够将两个因素全部写出来的学生表现出了他们良好的思维品质。第(3)题考查学生实验方案的设计能力和思维的逻辑性。答题中逻辑缜密的学生能够采用简约、严谨的语言表达出相关方案，特别是能够厘清要证明小柯观点正确的实验结果，即t_3低于t_2的实验现象。本题这种用好教材、能力立意的命题理念，对引导教与学回归教材、重视深层次的思考与探究、重视科学探究能力的培养，具有很好的示范作用。当然，在命题时间高度紧张的初中学业水平考试试题命制中，有时也会存在一些低质量的甚至是无法考核学生思维能力的瑕疵试题。例如，第(3)题答案的编制可以有多种表达，除了上述给出的答案外，还可以有：方法一，另取一个与小柯实验时相同的真空保温杯，在同样位置处标记A、B，先倒入t_1温度的冷水至A处，再向保温杯的冷水中倒入100℃的热水，直至总水量达到B处，混合均匀后立即测出此时杯中水的温度t_3，若t_3低于t_2，则可证明小柯观点正确。方法二，先倒出保温杯中的热水，待杯子冷却后，倒入t_1温度的冷水至A处，再向保温杯的冷水中倒入100℃的热水，直至总水量达到B处，混合均匀后立即测出此时杯中水的温度t_3，若t_3低于t_2，则可证明小柯观点正确。

(4) 解答题参考答案的命制。

解答题是要求完整地写出解题过程的试题，其特点是容量较大，能考查多个知识点，同时能综合考查多种科学方法和各种能力。

①说理题等开放性试题评分标准的命制。

说理题是初中生最头痛的一种题型，说理题的解答要求学生以所学科学知识为依据，运用文字或语言准确地表达自己的思想，合乎逻辑地阐明科学问题的本质。说理题可以考查学生的逻辑思维、语言表达及分析问题、解决问题等诸多方面的能力。说理题的评分标准通常采用 SOLO 分类评价理论命制，体现分层评价的变革趋势。SOLO 分类评价法根据学生的回答能力、回答思路、回答的一致性和相对收敛程度、整体结构这四个特征，将学生学习结果由低分到高分为 “前结构”“单点结构”“多点结构”“关联结构”“拓展抽象结构”五个不同的层次，具体见下表。命题者根据具体题目和答题要点设置不同思维结构(层次)的评价标准，运用 SOLO 分类评价法，在评价上相对容易拉开学生的差距。

SOLO 分类评价的五个不同层次

结构水平	结构特征
前结构	没有形成对问题的理解，回答问题逻辑混乱，或同义反复。
单点结构	回答问题时，只能联系单一事件，找到一个线索就立即跳到结论上去。
多点结构	回答问题时，能联系多个孤立事件，但未形成相关问题的知识网络。
关联结构	回答问题时，能够联想多个事件，并能将多个事件联系起来。
拓展抽象结构	回答问题时，能够进行抽象概括，结论具有开放性，使得问题本身的意义得到拓展。

例2 在科学拓展性课程学习中，小柯做了如下实验：先在水槽里的架子上放两个小烧杯，一个盛有较多正在萌发的种子，另一个装有适量 NaOH 溶液，再往水槽内注入一定量的水，最后用一个大烧杯罩住两个小烧杯(如图 1-4-3)。持续一段时间后，观察到大烧杯内的水面上升，大烧杯外的水面下降。为什么杯外的水会进入杯内呢？请分析实验过程，并结合所学知识解释产生这种现象的具体原因。

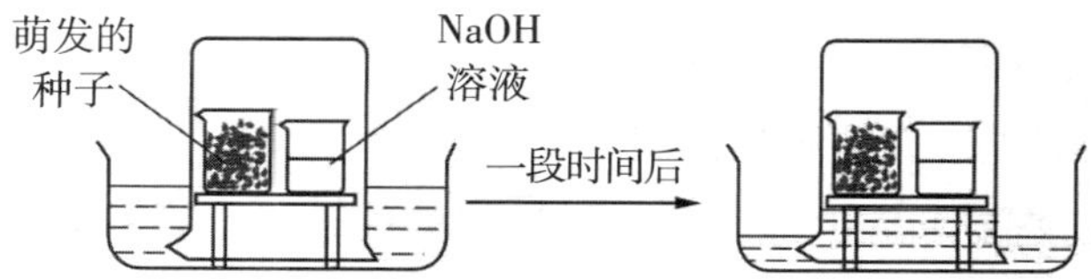

图 1-4-3

答案

答题要点:①种子的呼吸作用需要消耗氧气;②种子的呼吸作用会产生二氧化碳;③NaOH 溶液会吸收二氧化碳;④杯内外气体压强的比较。

得 4 分的答案:答出 4 点,且逻辑关系合理。

示例:正在萌发的种子要进行呼吸作用,呼吸作用消耗了杯内氧气,产生了二氧化碳气体。产生的二氧化碳气体被 NaOH 溶液吸收。杯内气体减少,导致杯内气体压强减小,使杯内气体压强小于外界大气压强,杯外的水被外界大气压入杯内,使杯内水面上升,杯外水面下降。

得 3 分的答案:答出 3 点,且逻辑关系合理。

示例:正在萌发的种子要进行呼吸作用,产生了二氧化碳气体。产生的二氧化碳气体被 NaOH 溶液吸收。杯内气体减少,导致杯内气体压强减小,使杯内气体压强小于外界大气压强,杯外的水被外界大气压入杯内,使杯内水面上升,杯外水面下降。

得 2 分的答案:答出 2 点,且逻辑关系合理。

示例:正在萌发的种子要进行呼吸作用,呼吸作用消耗了杯内氧气。杯内气体减少,导致杯内气体压强减小,使杯内气体压强小于外界大气压强,杯外的水被外界大气压入杯内,使杯内水面上升,杯外水面下降。

得 1 分的答案:答出 1 点。

示例:杯内气体压强小于外界大气压强,杯外的水被外界大气压入杯内,使杯内水面上升,杯外水面下降。

得 0 分的答案:没有回答或回答完全错误。

【评析】 本题以“种子呼吸作用”为情境,考查学生对“植物呼吸作用的原理、碱的性质、大气压的应用”的理解,有效地考查了学生理论联系实际能力、处理信息能力和逻辑推理能力,有效地考查了学生的思维层次。题目立意新颖,引导教师教学要重视教材、重视学生严密逻辑思维能力的训练。

题目赋分标准很好地体现了 SOLO 评价要求。0 分对应前结构,1~2 分对应单点结构,3~4 分对应多点结构,5 分对应关联结构,很好地区分了学生的思维。评分标准中的示例表述具体,给教师阅卷评价也提供了参考。

通过对学生思维的分层,将分数量化细化,能更客观地评价学生的写作能力、表达能力和思维能力。可见,制定合理、规范、具体、科学的评分细则是命题质量的保障,也是测试学生前最后一道关卡。若一份试卷的细目表、试题和评分细则能环环相扣,一一对应,基于标准命题,就能命制出一份高质量的试卷,更好地测试学生真正的能力和水平。

②计算题评分标准的命制。

计算题是解答题的重要题型之一,按步赋分是命制计算题评分标准的基础,规范是计算题赋分的核心。对于一个主观计算题,可以按照列式、代入、计算、结果四部分赋分,要求列式清楚规范、数字带入正确合理、计算体现过程、结果准确无误。具体表现为列式中所含的符号及公式是规范的、标准的、专业的,带单位代入数字遵循典范明文规定的原则,计算过程符合约定俗成的过程,结果正确符合题意。命制评分标准还要特别注意每个步骤学生需要具备的思维含量,综合其他因素设置相应分值。

例❸ 重 15000 牛的小汽车受到发动机 800 牛的牵引力作用,在水平地面上做匀速直线运动,其路程随时间变化如图 1–4–4 所示。求:

(1) 小汽车的速度。

(2) 10 秒内重力对小车做的功。

(3) 10 秒内发动机对小汽车做的功和发动机的功率。(本题 6 分)

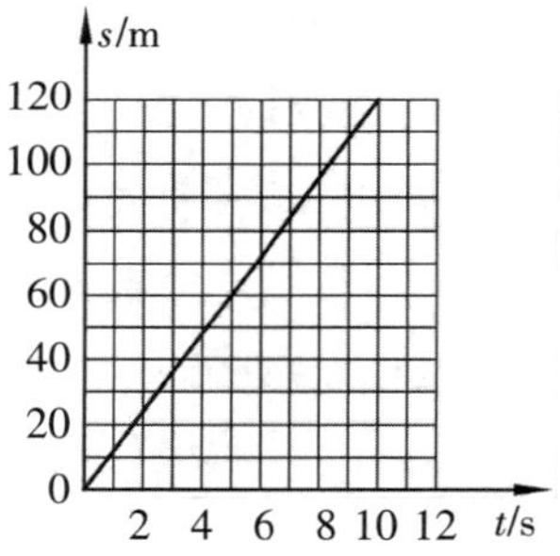

图 1–4–4

答案 (1) $v=\frac{s}{t}=\frac{120\text{ 米}}{10\text{ 秒}}=12\text{ 米/秒}$ ……………………(2 分)

(2) 0 焦 ……………………………………………………(2 分)

(3) $W=Fs=800\text{ 牛}\times120\text{ 米}=9.6\times10^4\text{ 焦}$ ……………………(1 分)

$P=\frac{W}{t}=\frac{9.6\times10^4\text{ 焦}}{10\text{ 秒}}=9.6\times10^3\text{ 瓦}$ ……………………(1 分)

【评析】 本题通过“数图”结合的形式提供给学生相关信息,考查学生对“速度”“功”和“功率”等基本概念的理解、应用和有关计算,采用分步赋分的原则,体现了评分标准的公平、公正和人性化。

（二）试题的编排组合

在科学试卷各试题的整体编排上，要符合一定的呈现规律。一般地，要从试题的难度结构、考试要求、考试内容等方面考虑，力求体现从易到难，从分块到综合，从简单到复杂的思想。将拟好的试题进行合理的组合。一般按照不同的题型进行编排，具体要求如下：①同一题型在编排上归为一类，可以给出一次性的指令，为学生的思考提供相对稳定的条件；②按照试题测试的不同认知能力编排，从识记性、理解性、运用创造性等多种不同层次能力角度编排，便于检查学生不同层次的能力；③在同一题型的试题编排中，要注意遵循考查知识点从单一到综合、能力从低到高、思维由浅入深的规律进行问题的设置和排列。

第五节　科学考试命题的质量标准

《课程标准》对学业水平考试提出了导向性、科学性和规范性三个基本命题原则。这也是评价试题质量的主要标准。导向性包括育人导向和教学导向两个方面；科学性包括符合标准、方法科学和信度效度三个方面；规范性涉及命题人员的选择、命题流程的确定、试题质量的评估、监测机制的建立，以及确保试题质量和考试真实有效等。

学业水平考试是义务教育阶段的终结性考试，目的是全面、准确地反映初中毕业生在科学学习目标方面所达到的水平，为学生的初中科学毕业升学提供客观、公正的依据。因此，学业水平考试是对学生进行学业成就评价的重要内容和方式。学业水平考试的内容需要包括整个初中学段的学习内容，题量相应地比较多，题型多样。每个学生都需要参加学业水平考试。显然，这种考试是相对高利害的考试，对其效度、信度都需要有比较高的要求。试卷质量的高低，直接影响到评价的有效性，也将对教学产生较大的导向作用。因此，学业水平考试试卷的质量常会引起各方面的关注和重视。对学业水平考试试卷的质量进行评价，旨在促进学业水平考试试卷质量的进一步提升。试题质量的评价指标一般应从试题的导向性、科学性、适标性、有效性、规范性等方面去衡量。

一、试题的导向性

科学学业水平考试是义务教育阶段的终结性考试,力求考查初中毕业生在科学学习目标方面所达到的水平。开展这样的评价,对平时的教学也起到重要的、正确的导向作用。在教育部颁布的《课程标准》中,将导向性原则作为评价的第一条原则,以求更好地促进教学活动,甄别教学成效,提供教学决策。试卷的导向性是评价试题质量的重要指标,在评价试题的导向性时应从以下几个方面考虑。

(一)试题是否体现素养立意

素养立意,是本次课程改革的重要方向和思路,以反映科学课程育人价值的核心素养为统领,确定课程目标,选择课程内容,研制学业质量标准,引领育人方式的转变和考试评价的改革。因此,素养立意是试题命制的前提,是体现教考一体的基本要求,是试题重要的导向性。对基础知识的考查应立足于具体的情境,不是简单地停留在知识的再现和记忆上,强调考查学生灵活地运用基本知识进行分析问题与解决问题的能力。强化核心概念的考查,通过考试进一步引导教学,更好地把握学科的核心内容,促进学生具备后续学习的扎实基础。这些基本要求,都是试题评价时首先要关注的内容。

(二)试题是否注重情境创设

试题要紧密联系学生的生活和社会实际,努力创设符合学生的认知水平、能引起学生兴趣的实际情境。这也为学生的学习指明了方向:不要死记硬背,要紧密联系社会实际、当地实际、生活实际,强调学以致用。试题要注重体现学科的综合性和开放性,要求学生从整体上认识事物,从科学本质上分析现象和把握规律。在科学统一性视野下提升学生的核心素养,引导学生从科学学科的视角来思考问题,整合学科知识,体现综合的特点。关注生活实际,关注学科的综合性,关注问题的开放性,通过试题评价对这些方面的关注，必将对平时的教学产生较好的引导作用。

（三）试题是否强化思维考查

试题要关注学生的思维过程，提倡在新的情境中考查学生的探究能力，避免将科学探究分解为生搬硬套的知识和按部就班的程序进行考查的倾向。在科学探究活动、实验过程设计、实验结果预测、实验方案评价等的考查中，让学生充分展现其思维的过程，强调较为严密、规范的科学思维能力的培养，努力体现学科本质，积极关注科学思维。引导学生用科学的语言来表达科学的问题，关注科学本质，强化科学素养。对实验探究与科学本质方面的考查，是科学学科特色的体现，这是试题评价的一个重点内容。

二、试题的科学性

试题的科学性是指试题应符合学科知识体系的正确性，具有严密的逻辑性，没有与初中科学知识相悖的考试内容。具体地说，试题的科学性应包含两个方面：一是试题内容本身是正确的、可解的，没有知识性错误；二是试题的表述是明确的、规范的，不存在理解上的歧义。其基本要求一般包括：试题内容无政治性、科学性错误；试题表述准确，题意明确；参考答案与评分标准科学合理，易于操作。

毫无疑义，科学性是命好题的首要条件，是试题的立足之本。科学性是试题的基础，也是试题的灵魂。只有确保了科学性的试题和试卷，才能发挥考试的基本职能，才谈得上考试的信度和效度。出现任何的科学性瑕疵，对试题的伤害都是致命的，再有创意的试题也会黯然失色。因此，在学业水平考试命题中，必须高度重视试题的科学性，以严谨科学、求真务实的态度，认真对待试题中的每一份情境材料，每一个问题，确保观点正确、内容科学、设问合理、逻辑顺畅、表述准确，守住试题和试卷质量的底线。

具体地说，在评价试题的科学性时，一般要重点关注以下几个方面。

（一）知识呈现有无错误

试题所涉及的知识内容要符合初中科学知识体系，没有与科学知识体系存在矛盾的内容，没有与初中科学知识相悖的考试内容。试题要做到观点正确，知识无误，这是科学性的基本要求。一般说来，初中学业水平考试的试题，对学科知识的广度和深度的要求都不是很高，在观点和知识上出差错的概率也比较小。但初中科学学科是综合性很强的学科，涉及的学科专业知识相对广博，受教师专业知识的局限，在命题中确保试题科学无误，并不是轻而易举的事。事实上，在以往的一些考试中，在观点和知识上出纰漏的情况也偶有发生。

（二）逻辑关系是否严密

命题创设情境、设置问题时，要符合逻辑关系，遵循思维发展规律。在一些考试中，出现问题最多的，也恰恰是试题的逻辑性不够严密。在命题时，尤其要重视题干与选项、情境与设问之间关系的推敲，注意正确区分原因与结果、可能与必然、普遍与特殊、现象与本质、内容与形式、充分与必要等区别，避免以偏概全、自相矛盾、前后提示、循环论证、模棱两可、生搬硬套等逻辑性错误。

（三）评分标准是否合理

科学、合理的评分标准也是命题质量的重要体现。评分标准决定了各部分内容在考试中的地位，直接影响教学和学生答题的得分情况，决定试题的统计难度和评分误差，反映教学和学习中存在的问题。无论是客观题还是主观题，都涉及答案合理性的问题。制定合理的评分标准，是提高考试的信度和效度的重要手段之一。评价试卷时，要关注试题答案的明确性、合理性，这里除了逻辑顺畅的要求外，答案还需要切合问题的整体要求。同时，还要考虑评分标准的可操作性。有些试题的问题设置过于开放，提供的评分答案十分宽泛，这样就不易把握评分标准，降低了试题的科学性。

三、试题的适标性

学业水平考试的命题依据和试题评价依据都是教育部颁布的《课程标准》和教材。要准确理解《课程标准》中各部分的关系，吃透学业质量标准这一重要命题依据，真正实现依标命题。

（一）科学观念维度

在科学观念维度，要求7～9年级的学生能理解学过的13个核心概念，以及4个跨学科概念，初步形成基本的科学观念，并能解决真实情境中的综合问题。

（二）科学思维维度

在科学思维维度，要求7～9年级的学生具有模型建构能力、推理论证能力和创新思维能力。模型建构能力的要求是：能根据所要解决的真实问题的需要建构模型，分析、解释涉及的各个要素及结构，解释并模拟相关的科学现象和过程，展示对相关概念、原理、系统的理解，表达事物整体与局部的关系；针对真实情境中的简单问题，能基于一定的事实与证据，利用分析、比较、抽象和概括等思维方法建构简单模型，并能解释常见的现象，解决常见的问题。推理论证能力的要求是：面对真实的情境和问题，能灵活地用二维方式表达三维空间的物体，形成事物动态变化的图景；能在科学探究、技术与工程实践和真实问题的解决中，辩证地看待问题，使用分析与综合、比较与分类、抽象与概括、归纳与演绎等思维方法，根据研究问题的需要和讨论交流的情境，提出科学假设和观点；基于证据与逻辑，检验假设，得出结论，阐述自己观点的合理性，开展基于证据的反驳；确定、分析和评价科学实验中的变量控制。创新思维能力的要求是：能根据创意设计的基本要求，应用创造性思维的基本方法，突破思维定式，基于所形成的科学概念和科学方法，从多角度提出具有新颖性和合理性的观点。

（三）探究实践维度

在探究实践维度，要求7～9年级的学生具有科学探究能力、技术工程实践能力和自主学习能力。科学探究能力的要求是：能基于所学的知识，从真实的情境中识别可以探究的科学问题和研究变量，并提出合理的研究假设，制订较完整的探究方案，能设计控制变量的实验文案，能根据探究文案使用常用器材，通过观察、实验等各种方法，获得数据，用科学语言、概念图、统计图表等对数据进行整理分析，并运用所学思维方法和数学方法处理数据，得出结论，判断结论与假设是否一致；能完成所学知识和方法相适应的、简单的探究报告，自觉地对探究过程和结果进行反思与评价。

（四）态度责任维度

在态度责任维度，要求7～9年级的学生具有科学态度和社会责任。科学态度的要求是：乐于思考科学现象的发生原因、规律及理论问题，对实践具有理论兴趣；勇于质疑别人的观点，并在尊重证据的前提下，坚持正确的观点，当多人观察、实验结果不一致时，坚持两次观察、实验，以事实为依据作出判断；喜欢提出创造性的想法，乐于与他人合作与交流，利用小组合作的方式解决科学问题和开展创新活动。社会责任的要求是：关注并正确评价与科学技术有关的热点问题，能辩证地看待科学技术成果的使用对人类和社会造成的影响；遵守科技活动中的伦理和道德要求，热爱自然、珍爱生命，并参与保护环境和推动可持续发展的活动。

四、试题的有效性

试卷的有效性（亦可称为可靠性）是各类考试都必须关注的基本要素，初中学业水平考试也是如此。试卷的有效性一般是指试卷具有较好的信度和效度，以及合理的难度和区分度，通过考试能反映出学生的真实水平。可靠性也就是试卷的可信程度，体现考试的公平性。

研究考试的有效性，既要考查单道试题的有效性，也要探讨整份试卷的有效性。虽然单道试题的有效性是整份试卷有效性的基础，但将有效性都较好的单道试题组织在一起，并不一定能够实现整份试卷的有效性。就一份试卷而言，试卷结构简约、题量（阅读量）适当、梯度合理，以及各道试题的代表性较好，体现科学学科特色和科学本质，试卷总体对能力的考查全面、恰当，都是试卷有效性的要求。具体到一道试题，设计新颖、情境合理、素材真实，避免繁、难、偏、旧，是保证其有效性的基本要求。试卷的有效性与其信度、效度、难度和区分度等指标有关。

（一）信度

信度，是测验结果的可信程度，体现测验的可靠性、一致性和稳定性的程度。在大规模教育考试中，除了考试要测量的能力之外，还有许多因素影响考生在考试中的表现，这些因素就是测量的误差来源。考生在考试中的表现可能会受到考试条件差别、疲劳、焦虑等因素的影响，因此，在不同情况下，考生获得的分数可能会不一致。每一次的测量都可能具有一定的误差，但是如果每次误差都很小，那么测量的结果必然是稳定的。在考试的测量中，由于对象的特殊性，被试者的动机和情绪、施测环境、完成时限等因素都可能影响到测量的结果。信度的追求，就是对这种随机误差的控制。如果测验本身抗干扰能力强，实施过程各方面误差因素控制得好，多次测试所得分数一致性就高，信度就高。这个测试结果可靠性就高。因此，测验信度是对测验工具以及操作的整体质量的一种量度，是测验性能的重要质量指标。

信度检验是最常用、最重要的统计检验。从统计方法看，信度之间的计算都是针对特定的一组数据而言的，数据变了，计算出来的指标就不同。因此，任何一份考试卷第一次使用时的信度是好的，不能保证第二次使用的信度一定好，必须重新检验。一般来说，时间间隔越长，被测者的遗忘程度、情境的改变等因素会使信度降低；时间间隔越短，信度可能越高。

（二）效度

《教育与心理测试标准》中给效度的定义是："在测试目标要求之下，证据和理论能够支持对测试成绩进行解释的程度。"如果一次测量能测出其所要测的特性，那么这个测验或者量表就是有效的。效度始终是针对一定测量目的而言的，它只是程度上的差异，在正常的情况下，不会完全无效或完全有效。一项测试中真正有效的其实并不是测试结果本身，而是对这一结果的应用、解读和要求。也许一些证据可以说明，对一个测试结果特定的应用会得到较高的效度；然而，同样的一个测试结果如果用于其他的目的，就可能毫无效度可言。因此，在编制试卷时，要努力追求高的效度，否则试卷就失去了存在的价值。在许多测评项目中，针对效度的此种观点可以这样理解：即要求考试开发者对学生需要在考试中掌握的知识和技能作出清晰、明确的解释，从而确保测试的可靠性。假如没有一个清晰、明确的要求，一项测试想要有效地衡量学生的学习水平即使不是完全不可能，却也是相当困难的。在处理信度和效度的关系上，先保证高的效度。

效度是测量质量一个极其重要的因素，在考试中，常见的效度有三种，即内容效度、效标效度和结构效度。内容效度通常使用质的检验方法，邀请专家对考试的目的、标准、目标、内容结构、解答试题的思维过程、应试策略等方面进行讨论，确定试卷的有效性。效标效度是用某一权威的考试作为效标，计算被检验的考试和作为效标的考试结果之间的相关，以此作为被检验的考试的效标指标。采用这种方法时，注意作为效标考试和被检验考试必须目的相同、性质特点相同，才能进行这样的检验。例如，把学业水平考试试卷作为平时测验的效标，是不恰当的。结构效度的检验方法有两种，简单的方法是用双向细目表来检验试卷考试内容、能力要求、题型题量等各方面的分布的合理性。严格的量化方法是用验证性因素分析确定试卷实测数据与预设的结构模型之间的吻合度，后一种方法相对比较复杂，在平时的校内测验中不常见。

在评价试题的有效性时，要重点关注试题是否公平可靠。试题素材使用公平是指描述试题所用的素材内容对所有参加考试的考生都是公平的，不会对某个或某些特定的群体产生与考试目的无关的过激反应，从而影响考试质量。与某些被试群体经验不相干的题目是必须避免的。尤其要关注性别不公、城乡差异、家庭条件、家庭结构等，不要让受试群体感觉到冒犯或不公平的对待。在评价试题的有效性时，分析试题是否公平可靠，是评价试题信度、效度的一个基本指标。要确保试卷的公平可靠，必须做到试题的原创性。因此，试题的新颖性、原创性是一个重要的评价依据。在初中学业水平考试中拒绝使用陈题、原题。在新的问题情境中考查学生对知识的运用能力，才能有效地考查出学生的真实水平和能力。试题的原创性是保证试题信度的基础工程。如果考试使用陈题，学生都已可能做过，甚至不止一次做过，那么考试时学生只是对原来做题过程的再认或再现，与试题原本的测试目的和功能无关。另外，陈题很有可能只是部分同学做过，那么对没有做过这一陈题的学生来说，就显得不公平了。因此，在初中学业水平考试中，必须坚持试题的原创性。命题时可以借鉴、改编一些试题，但绝不能照搬照抄已公开的自己和别人使用过的试题。只有这样，才能确保试题真实衡量学生的学业水平。

此外，还应关注试题提供的情境是否存在较大的区域差异，试题设置的问题是否明确合理，设定的评分标准是否科学全面，等等，这些都会影响到考试的公平性。这些方面也是对试题有效性评价的重要视角。

（三）难度

难度反映考试或试题相对被试者的难易程度。一般分为绝对难度和相对难度。绝对难度又称认知难度，是测试本身固有的难度；相对难度又称统计难度，是学生实测后经计算得到的难度指标。统计难度常用的计算方式有两种方法：选择题和判断题等采用二值计分的方法，计算公式为 $P=\frac{\text{答对该题目的人数}}{\text{总人数来计算}}$；问答题、填空题、论述题等采用多值计分题目的方法，计算公式为 $P=\frac{\text{某题的平均分}}{\text{该题的满分值}}$。难度为 0 表示无人答对，难度为 1 表示人人都答对。一般而言，人们把难度值为 0～0.3 的题目称为难题，难度值为 0.3～0.7 的题目称为中等题，难度值为 0.8～1.0 的题目称为容易题。各种常见的测验整卷的难度值一般为 0.6～0.8，测验的选拔性越高，整卷的难度也越高。

试卷的难度结构（也称难度分布）是指试卷的整体难度如何，各题的难度是怎样安排的，各个难度档次的试题分别占有多大的比例，等等。试卷难度同时体现了试题的“适标性”和“有效性”要求，初中学业水平考试一般要求难度在 0.75 左右。把控好这样的难易度，对保证适当的区分度是至关重要的。

试卷的难度结构的安排与设置要科学合理，评价一份试卷的难度结构既要与考生群体的实际相结合，又要考虑考试的时间与试卷的长度，还要考虑考试的性质和目标要求。初中学业水平考试试卷的难度结构应按相关要求，合理分布，容易题和稍难题所占的比例接近于 90%，使学生获得较为满意的成绩。这不仅能有效地检测教学效果，还能激发学生的兴趣与信心，把教学引向良性循环，既检测了初中毕业生学业水平，又为高一级学校选拔人才服务。

如果测试的目的是区别学生能力或成就的高低，教师所期望的难度系数以接近 0.5 较为理想，这种试题最能区别学生水平的高低。一般地，在形成性测试中，测试的目的是检验学生是否已到达教学目标，教师所期望的是学生都能够在教学之后掌握所有的教学内容，试题的难度系数自然需要上升，甚至某些试题的答对率要接近于1.00；期末测试等终结性评价的难度系数约为0.75，容易题、中等题和难题的比例为7∶2∶1或者6∶2∶2。命题时，难度的控制可由改变题型、铺设台阶、调节分值等方式进行调整。

（四）区分度

良好的区分度是命题者的一个理想试卷质量追求。区分度是测验对学生特性的区别程度。它反映的是考试或试题在鉴别被试者的水平差异方面的本领或精确的程度。对于大规模考试而言，它比难度系数更难于把控，因为它要求命题者对学生的学习水平和层次要有准确的判断和甄别的能力。区分度同时也是筛选试题的重要指标。区分度高的考试或试题能有效地区别不同水平的学生，使高水平被测试者得高分，低水平被测试者得低分。而区分度低的题目则不能有效区别不同水平的学生，高水平被测试者无法得高分，低水平被测试者得分并不低。这样的试题或考试无法实现测试目标，对学生学习水平的判断和人才的甄选起干扰的作用。可见，题目的区分度是测试性能的一个重要指标，体现试题的有效程度。

一般的测试可以用极端分组法来算区分度，即考虑高分组和低分组的得分率的差值。但是这种方法没有使用全部数据，分析不够科学。在大规模标准化测试中，通常不采用这种方法，而采用相关分析法，即以试题与总分的相关系数作为区分度的指标，相关性越高，区分能力越好。在区分度的分析过程中，首先必须找一个标准，以确定被测试者实际水平的高低。只有被测试者水平高低弄清楚了，才能判定测验题目对被测试者的区分是否恰当。目前，一般都把考生在整个测试上所得的总分当成考生的实际水平。理由是：测试都是经过一番设计，全卷总分比起个别试题的得分来说，更接近考生的实际水平。以总分为标准，也有利于增强测试试题间的同质性，从而有利于提高整个测验的信度。同时，为了提高结果的区分性，要避免“社会认可效应”，即被测试者依照社会价值标准作答，而非提供真实答案。

对于不同的测验题型，区分度的计算也有所区别。

对于客观型试题而言，试题区分度的简便计算公式是：

$D=PH-PL$

D：区分度；PH：高分组通过该题的人数占高分组总人数百分比；PL：低分组通过该题的人数占低分组总人数百分比。也即：

$$D=\frac{\text{高分组答对此题的人数}-\text{低分组答对此题的人数}}{\text{一个组的人数}}$$

对于主观性试题，区分度可以这样计算：

$$D=\frac{MH-ML}{N(H-L)}$$

D：区分度；MH：高分组（总分最高的27%的学生）全体考生该题得分之和；ML：低分组（总分最低的27%的学生）全体考生该题得分之和；N：所有考生总人数的27%；H：该题的最高得分；L：该题的最低得分。

项目区分度多高合适也和测试目的密切相关。就学绩测试而言，一般要求项目与总分的相关达到0.20以上，高分组与低分组通过率之差达到0.15～0.20。一般地，一道试题，$D>0.40$，该题区分度非常好；$D<0.19$，该题必须淘汰。但是这一标准也不是绝对的。如果一个测试用于选拔，其区分度应该高一些；如果一个测试只是用于考查学生的掌握情况，可不考虑区分度，即使区分度为0，只要该项内容是重要的，今后仍可继续使用。

难度和区分度是一对关系密切的量，在考试分数分布呈正态分布的情况下，难度居中时区分度最高，难度过高或过低都会导致区分度下降。从整体上看，难度值中等的试卷和试题，有较好的区分度。但一份试卷也不能全部由中等题目构成，需要恰当的难度分布。有时候不仅要求试卷整体的区分度高，还要求某些试题对特定的分数段有较高的区分度，这时难度和区分度的关系就比较复杂，最好是用试题得分分布曲线具体地加以讨论。形成性测试以教学目标为依据，但也需要有适当的难度和区分度，必须根据实际情况加以界定。从试卷命制的角度看，无论是什么类型的考试，区分度和难度都应该在一定的范围内均衡分布。1965年，美国测验专家艾贝尔（R.L.Ebel）根据长期经验提出了用鉴别指数评价题目性能的标准，如下表所示：

区分度值	评价	区分度值	评价
0.40及以上	优良	0.20～0.29	尚可，需修改
0.30～0.39	较好	0.19及以下	一般要淘汰

由此可见，在教育测量研究中，难度系数和区分度对测试卷的信度和效度有直接影响。

五、试题的规范性

试题的规范性是试卷质量评价的一个重要方面，一份优秀的试卷，其试题的呈现要符合一般的认知规律，符合考试的命题要求。例如，题型的选择、各题型的编写，以及试题文字表述、图表呈现、版面编排等，均要体现规范性的要求。

（一）语言表述是否精练、准确

试题的编写必须符合各题型的编写原则。在命题的过程中，对规范性的要求主要是试题编写符合教育测量学的要求，包括：题型选用得当，各种题型编写符合编写原则，格式符合规范化要求；语言表述要精练准确，每道试题清楚地提出一个或几个独立而明确的问题，学生阅读题干后能够明确命题人的要求，即不存在理解题意的障碍；试题文字叙述做到语句通顺、意思明确，又简洁精练、表达准确；以图表形式呈现的信息，做到清晰准确，符合初中学生的认知水平和要求；试卷整体的版面编排上，力求清晰简洁、美观协调，不能人为地增加学生答题的难度。初中学业水平考试试卷一般都有阅读量的要求，为了不影响学生读题，试题文字的简洁精练就成为评价的一个重要指标。

此外，试题的语言表述还要严谨规范，要采用通用的学科语言来表述问题，而非不尽规范的口头语言，试题文句在语法和标点的使用上应该正确无误。对于初中科学学科而言，还强调一点，即按法定要求规范地使用计量单位、公式的名称及其符号。

（二）图表呈现是否清晰、规范

有些试题信息需要通过图像、表格来呈现，这样的呈现方式，可以增加试卷形式的多样性和新颖性，但要关注通过图表呈现的信息是否完整全面、清晰准确。例如，图像、表格的标注是否清晰、规范，是否清楚地说明题号或内容；图像、表格的使用是否合理、必要。配上图表可以增加试题的信息量，也可以丰富试题的呈现形式，但也要避免过多的图表，更要杜绝为了追求试卷版面的花哨，而人为增加图表的现象。不必要的图像、表格，只会给学生的答题造成干扰。

试卷中的图表要标注有关需要说明的信息，如药品、仪器的名称，坐标、图像的标度，以及题号、单位、字母等，如图 1–5–1 所示。

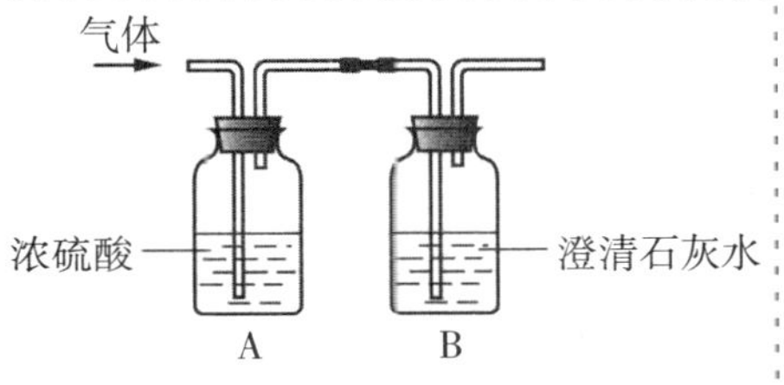

图 1–5–1

(三)试卷的编排是否合理、美观

试卷编排是否合理、美观，也常作为评价试卷质量的一个方面。一般地，一份试卷编排上有一些常规要求：题型选用合理；一道试题最好编排在同一页上，尽量不要换页，以免给学生读题带来不必要的麻烦；整份试卷有一定的页数要求，不要超过一定的页码数量，要避免由于试题篇幅超过规定页码数量，而将部分试题移到答题卷上的做法；整份试卷中，文字的行间距力求统一，试题正文的字体、字号力求一致。具体要求与示例如下：

1. 试卷标题

试卷标题中要清楚、规范地表述本次考试的性质、名称和时间等基本要素。

2. 卷首说明

在试卷卷首一般有一个说明或提醒，注明一些答题要求，提供一些常用数据，同时也为提醒考生一些重要信息等，如图 1–5–2。

注意事项：

1. 本试题卷包括卷Ⅰ(选择题)和卷Ⅱ(非选择题)，考试时间 120 分钟。
2. 本卷共 8 页，有 4 大题，32 小题，满分为 160 分。
3. 本卷可能用到的相对原子质量：H—1　C—12　N—14　O—16　S—32　Cl—35.5　Ca—40　Fe—56　Ba—137
4. 答题时请仔细阅读答题卷上的注意事项，认真审题，细心答题。

图 1–5–2

3. 题型说明

一般科学试卷，包括选择题、填空题、实验探究题、解答题等题型。在说明中，要注明题量、分值等信息，如图 1-5-3。

二、填空题（本题有 9 小题 20 空格，每空格 2 分，共 40 分）

图 1-5-3

4. 正文格式

试卷正文要符合一些基本的格式要求，正文一般用五号宋体，行间距可以根据页面总体情况调整，题号文字对齐方式常采用一定字符的悬挂缩进的方式，数字、字母等常用“Times New Roman”字体。有选择性填空的，格式要统一规范，如图 1-5-4。

3. “基因型身份证”主要是利用先进的 DNA 指纹技术，选取人体细胞中若干个固定的遗传基因作为人的身份信息，从而用以鉴定不同人的身份。这样的身份信息主要来自人体细胞结构中的（　　）

A. 细胞膜　　B. 细胞质　　C. 细胞膜和细胞质　　D. 细胞核

4. 长江是我国第一大河，长江全长 S，源头海拔 H，全年平均水流量为 Q。长江蕴藏着丰富的水力资源，假定不考虑支流并入及途中损失的水量，则长江蕴藏的水力资源为________瓦。（水的密度用 $\rho_{水}$ 表示）

图 1-5-4

5. 题号编排

初中学业水平考试卷中，一般采用连续编写题号的方式。在数字序号使用时，也要符合一定的规范要求，如图 1-5-5。

30.

（1）①②③

（2）

（3）

图 1-5-5

第二章　科学客观性试题的命制

客观性试题是让考生从事先拟定的答案中辨认出正确答案的一类试题。这类试题参考答案相对明确，评分标准容易把握，在阅卷评分的过程中不会因阅卷教师的不同理解而出现主观误差。客观性试题也因评分客观而得名。由于客观性试题在阅卷、评分过程中完全避免了阅卷者主观因素的干扰，因此提高了试卷的信度。在大规模考试中，客观性试题常采用电脑阅卷的方式，提高了阅卷效率和准确性。因此，这类试题是各类考试中常见的、重要的题型。本章主要阐述科学客观性试题的特点、命题要求以及命题技术等方面的内容，并结合近年来浙江省各地、市的初中科学学业水平考试及其他一些考试中典型的客观性试题作具体的分析。

第一节　科学客观性试题的特点

客观性试题也称固定应答型试题，常见的客观性试题有选择题、是非判断题、互配连线题等。另外，一些考试中会有少量的选择性填空题，也可归属于客观性试题。在浙江省的初中科学学业水平考试及其他各类考试中，客观性试题主要是选择题，一般不采用是非判断题、互配连线题等题型。因此，下面主要针对选择题进行有关分析。

选择题是指由学生在若干个备选答案中选择正确答案的一种试题，是各类客观性试题中最灵活、最常见的一类试题。选择题一般由一个题干和几个或几组选项（备选择的答案）组成。题干一般是一个问题情境，备选答案中有一个或几个正确答案或最佳答案，其他为错误答案或迷惑答案。因此，选择题又有单项选择题和多项选择题或不定项选择题之分。选项中只有一项正确或符合题意答案的,称为单项选择题。选项中有多项正确或符合题意答案的,称为多项选择题。选项中有一项或多项正确或符合题意答案的,即正确选项的多少是不确定的,称为不定项选择题。初中科学学业水平考试中大多采用单项选择题的形式。

选择题由于其题型结构的特殊性,因此常具有一些明显的特点。

一、科学客观性试题的基本特点

(一)简洁性

从试题的组成结构和问题设置分析,选择题表述比较简洁。一般而言,选择题的题干是一个不完整的陈述句,要求学生通过选择答案构成完整的语句。这就要求语句表述简洁,意思清晰明了,题干的设置不宜用较长的篇幅。另外,选择题的选项更是体现了简洁的特点。选项常是一些重要的概念、规律、结论等,文字表述十分简洁。因此,表述的简洁性是选择题一个十分显著的特点。

例1 我们身上的肚脐是妈妈分娩后脐带断离留下的疤痕。下列动物身上也有肚脐的是(　　)

A. 蛙　　B. 鸡　　C. 鱼　　D. 狗

答案 D

【评析】 本题以学生熟悉的事例为背景设置问题,考查了各类动物的基本特征、生物分类等重要概念。整道题表述简洁清晰,且充分结合身边的事例,能很好地激发学生深入思考,体现了“科学就在身边”,科学学习需要关注身边事物的学习理念和命题导向。

(二)灵活性

从试题的呈现形式分析,选择题的特点是灵活。选择题的试题可用文字形式呈现,可用文字结合图像的形式呈现,也可用表格的形式呈现,还可以用文字结合图形、表格的形式呈现。在一份试卷中,选择题常会采用多种不同的方式来呈现。这增加了试卷的可读性,舒缓考试给学生带来的紧张情绪。灵活多样的呈现形式是选择题一个重要的特点。

例2 细胞是生物体结构与功能的单位。下列都是我们观察过的细胞,其中判断错误的是(　　)

A. 口腔上皮细胞　B. 根尖细胞　C. 蚕豆叶表皮细胞　D. 血细胞

答案　A

【评析】 本题以初中科学中的一些基本实验为素材,借助图片形式呈现真实的实验情境,在考查各类生物细胞的基本结构特点的同时,考查了学生平时的实验观察和分析比较能力,体现了"要多做实验并做好实验"的教学理念,对教学具有良好的导向作用。本题图片结合文字将较多的信息融入其中,这样的呈现形式,既简洁,又内涵丰富,较好地体现了选择题的特点。

(三)多样性

从考查内容分析,选择题具有多样性的特点。选择题考查的内容,可以是科学学科的基本规律、核心概念,也可以是经典实验、重要技能,还可以是实例分析、具体应用等。可以说,选择题可以考查科学学科所涉及的几乎全部内容,知识容量大、测试面广。考查内容的丰富多样是选择题另一个重要特点。

例3 现有锌、氧化铜、硫酸钡和石灰石四种固体,为了区分它们,小嘉参照二歧分类检索表制作了一个物质检索表,如图 2-1-1 所示。下列叙述错误的是(　　)

A. 甲表示石灰石

B. 乙表示锌

C. 表中"▲"应该表示为"黑色固体"

D. 也可根据是否含有氧元素对丙、丁分类

1a 只含一种物质………	2
1b 含有多种物质………	甲
2a 只含一种元素………	乙
2b 含有多种元素………	3
3a ▲……………………	丙
3b 白色固体……………	丁

图 2-1-1

答案　D

【评析】 本题考查了纯净物、混合物、单质、化合物、氧化物以及有关物质性质等重要的核心内容,还考查了物质分类,以及分类思想等重要的

思想方法，同时借助生物二歧分类检索表的编制方法，考查知识迁移应用的能力，从中还积极体现了跨学科融合的教学导向。

（四）多维性

从试题的评价功能上看，选择题主要用于考查学生对知识与技能的掌握情况，有时也可以考查更高层次的思维能力。选择题特别有利于考查学生对陈述性知识的了解情况，以及对概念的辨析、区分和理解。此外，选择题还可以考查一些简单的数学运算或判断推理。因此，选择题适用于对各种不同层次学习结果的测试，考查适用范围较为广泛，不仅能够测量学生对科学知识的识记再现能力，还能测量学生对科学知识的领会、应用、分析和综合的能力。选择题评价功能具有多维性，这也是选择题的又一显著特点。

例4 图 2-1-2 为阳光照射地球、月球的示意图。图中人所在位置的时间及看到的月相为（　　）

A. 黄昏，上弦月

B. 清晨，上弦月

C. 黄昏，下弦月

D. 清晨，下弦月

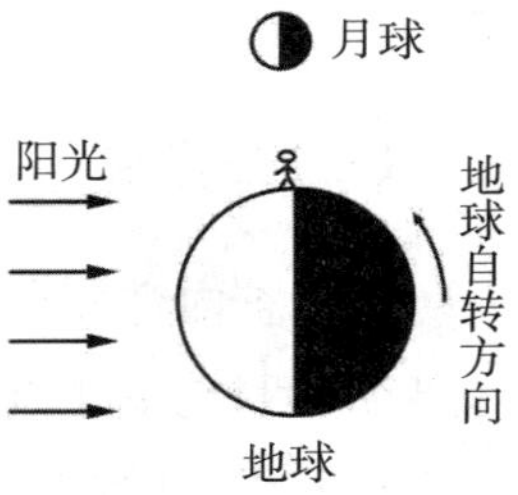

图 2-1-2

答案　D

【评析】　本题融合月相与晨昏线等多个考点，对学生进行了多方面内容与能力的考查。试题要求学生能够构建日、地、月三者位置引起月相及地球晨昏变化的模型，并且对月相及地球昼夜现象的成因有深刻的理解。从评价功能上分析，本题的创新设计，避免了对相关内容简单机械记忆的考查。试题考查不单单是停留在基本知识层面，而是融合了多个概念，达到综合考查能力的目的，实现了由低阶思维上升到高阶思维的考查。

二、科学客观性试题的变化趋势

除了上述基本特点外，近年来，科学客观性试题特别是选择题也呈现出一些新的变化趋势。

(一)彰显核心素养的基本要求

从评价导向分析,科学客观性试题进一步彰显了核心素养和立德树人的基本要求。例如,选择题的考查中,力求更全面地从科学观念、科学思维、探究实践及态度责任等方面来考查学生的核心素养。

例5 小到细胞,大到生态系统,从物理运动到化学变化都处于相对平衡状态。你在剧烈运动后,会汗流浃背。此时大量流汗是为了维持人体的(　　)

A. 体温平衡　　B. 血糖平衡　　C. 氧气平衡　　D. 水分平衡

答案 A

【评析】 本题立足于"生物体的稳态与调节"这一学科核心概念,考查人体的产热与散热平衡,渗透了生物学中生命活动的对立统一的观念,体现了关注科学观念的命题意图和教学导向。

例6 如图2-1-3所示为小嘉构建的甲、乙、丙、丁四种不同物质的关系图,"—"表示相邻的两种物质能发生反应。若甲为铁,乙、丙、丁分别是稀H_2SO_4、$CuCl_2$溶液、NaOH溶液中的任意一种,则下列判断错误的是(　　)

A. 乙可能是$CuCl_2$溶液

B. 丙一定是NaOH溶液

C. 丁一定是稀H_2SO_4

D. 丙不可能是稀H_2SO_4

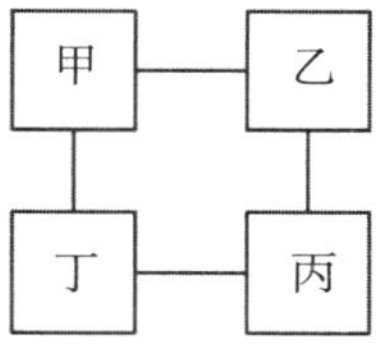

图2-1-3

答案 C

【评析】 本题以物质的性质及相互之间关系为问题背景,在物质推断的基础上考查了推理论证的思想,强化了科学思维的要求。

例7 用如图2-1-4所示的装置研究二力平衡时,在轻质塑料片两端的细绳上挂等重的钩码,手放开塑料片后,可观察到塑料片将(　　)

A. 向左下运动　　B. 向右上运动

C. 仍静止不动　　D. 转过一定角度

答案 C

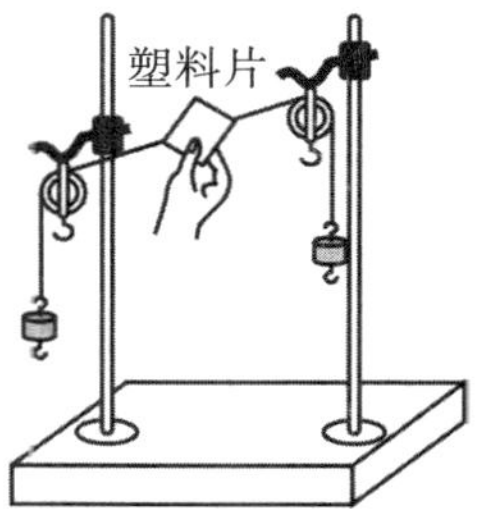

图2-1-4

【评析】 本题以探究二力平衡条件的实验为背景，在教材实验的基础上进行变式处理，创设了新的实验情境，考查了学生平时的实验观察能力和思维的严谨性，从中也较好地体现了核心素养中强化探究实践的评价导向。

例8 二氧化碳气体既是温室效应的元凶，又是一种潜在的碳资源。实验室里，科学家已成功利用二氧化碳与环氧丙烷(一种简单有机物)在催化剂的作用下合成“二氧化碳塑料”。该新型塑料在投入工业生产前，以下问题不是科学家重点考虑的是(　　)

A. 如何提高催化剂的催化效率　　B. 新型塑料是否可降解

C. 新型塑料的化学性质是否稳定　D. 新型塑料生产是否影响碳循环

答案 D

【评析】 本题以“温室效应”这一社会热点问题为情境，对有关物质制取、物质性质、物质循环等内容进行考查。试题的素材和内涵中体现《课程标准》对态度责任的要求，强化了对态度责任的评价。

(二)强调核心概念的辨析与运用

从评价功能分析，科学客观性试题更加强调核心概念的辨析与运用。《课程标准》凸显了核心素养的要求，也进一步体现了关注核心概念的基本教学思想。核心素养导向下的命题实践中，应进一步强化核心概念的辨析与运用。与其他题型比较，客观性试题中的选择题能更加充分地体现这一评价功能，更能考查学生对核心概念的辨析、理解水平。强调核心概念的辨析与运用，这也是选择题的基本评价功能。

例9 物体的结构决定其主要性质与功能，科学研究的重要方法是根据其功能或特性，探索结构，逐步了解规律。下面列举的结构与功能不吻合的是(　　)

选项	功能	结构
A	植物吸收水和无机盐	植物根毛区存在大量根毛
B	飞机飞行时需要向上的升力	飞机的机翼上面凸下面平
C	鸟类飞行时要减小空气阻力	鸟类胸肌发达，骨骼中空
D	氢气是一种清洁能源	氢分子由氢原子构成

答案 C

【评析】 本题考查科学跨学科概念——物体的结构决定其主要性质与功能。通过罗列生命科学与物质科学中的四个功能与结构的对应关系，让学生运用所学知识，正确判断结构能否体现功能的关系。这样的命题设计，较好地体现了客观性试题中进一步强调核心概念辨析与运用的评价理念。

（三）优化考试评价的测试方式

从评价技术角度分析，近年来的科学客观性试题，努力尝试通过命题技术和测试方式的改进，优化和完善科学客观性试题的评价功能。相对于主观性试题而言，客观性试题开放性不够，思维指向比较集中，不够发散，对学生不同认知层级及创新思维等的考查功能较弱。因此，近年来，科学客观性试题也积极尝试创新，以努力实现客观性试题评价的优化。以选择题为例，在命制选项时，可以对各个选项设置不同的认知能力要求，同时赋予不同的分值，根据考生所答的不同选项，计算获得的不同分值。这也体现了分层评价的思想。在实际考试评分的实践中，一些体现分层评价思想的主观性试题，其阅卷评分的公正性和工作量常会遇到诸多挑战。但是上面这样的创新设计，为一些主观性试题的分层评分及客观性试题评价功能的完善提供了新的思路。

例10 近年来，因建设“PX”项目而引发的争议时有发生。PX是一种重要的化工原料，从化纤织物到食品包装，从医疗设备到家用电器，都要用到它的合成产物。PX的化学名称为对二甲苯，它是一种低毒化合物，毒性略高于酒精。PX项目之所以会引发各种争议，源于人们对它认识的局限性。结合题干信息，在下列各种观点中，选出你认同的一种观点。______（填字母）。

A. PX是一种重要的化工原料，应该大力发展PX项目

B. 在环保评估可行且监管到位的情况下，可以发展PX项目

C. 化工项目一定会产生污染，应该禁止PX项目

答案 选A得1分，选B得2分，选C或多选均不得分

【评析】 本题是一道解答题中的一个选择性填空题，要求学生根据题干的信息就如何对待PX项目作出价值判断。通过各个选项的设置，力求体现不同的认知水平，并且对不同选项赋予不同的分值，积极实践了分层评价的理念。通过这样的问题设置，较好地落实了核心素养导向下的态度责

任目标的考查。客观性试题的这种命题实践，对命题者提出了更高的要求，但不失为一种积极的探索。

由于选择题具有上述这些特点，且学生答题灵活，可在相对较短时间内完成较多的题目，因此，它是提高考试信度和效度的重要题型。随着各国考试标准化程度的提高，选择题越来越受到重视，如美国的 AT、SAT 考试全部为选择题。在初中学业水平考试中，选择题分值所占比重较大，为 20%～30%。因此，选择题是广大考生十分重视的一类试题。

下面结合具体实例，对各种类型的选择题进行分析：

1. 单项选择题

单项选择题可以考查单一知识以及由简单知识延伸形成的具有简单推断、综合比较的内容，这类选择题的答案是唯一的，比较符合初中学生的认知水平。因此，初中科学学业水平考试中客观性试题采用单项选择题的方式较为合适。

例11 近年，人工智能与人的“人机大战”时有发生。如人工智能 AlphaGo 在与人的围棋赛中获胜。与 AlphaGo 对弈的棋手分析棋局并作出判断的神经结构，属于反射弧中的(　　)

A. 感受器　　B. 神经中枢　　C. 传出神经　　D. 效应器

答案　B

【评析】 本题以实际的生活情境为背景，考查了学生对基本概念的理解。通过新情境的创设，强化了知识的运用，体现了学以致用的思想。在新的问题情境中，学生要能有效地联系所学知识，并将实际问题与所学知识有机地结合起来，这样的考查反映了学生真实的水平和能力，也较好地体现了能力立意、素养导向的命题思想。

本题所考查的有关反射弧的概念，属于初中科学的基本内容和重要概念。题干表述简洁明确，答案唯一，对学生的能力要求适中，完全符合初中科学学业水平考试的要求。

例12 教育部日前发布有关禁烟通知，要求“禁止在中小学幼儿园内吸烟”。“吸烟有害健康”，这已经成为大家的共识，但在现实生活中总是能够听到不同的声音，如“某人抽烟很厉害，但身体却很好”。其实要证明抽烟与健康之间有无关系，除了探寻背后的科学原理外，还可以让数据来说话，

但这个数据不能限于个案，而应该来自充足的统计。对于说明抽烟与健康间的关系，下列统计数据没有价值的是(　　)

A.在人群中，抽烟的人所占的比例

B.在抽烟的人群中，患某种相关疾病的比例

C.在抽烟的人群中，没有患各种相关疾病的比例

D.在不抽烟的人群中，没有患各种相关疾病的比例

答案　A

【评析】　本题以教育部发布的禁烟通知为切入点，以现实生活中还普遍存在的非科学认知与思维为情境，重点考查学生对抽烟与健康相关性统计方法的认识，由此评价学生的基本科学素养(如对照思想，若许多学生选择D，则说明其在面对现实中的真实问题时还是缺少对照这一科学的基本思想方法)，同时又有深刻的现实意义和教育价值。因此，这是一道兼具评价及教育双重功能的好题。试题通过新情境的创设，力求考查学生较高的思维层次，强调学以致用的教学导向，较好地体现初中科学学业水平考试的要求。

此外，在一些考试中也会出现一些组合选择题，即各选项由几个部分组合而成，形式上也属于单项选择题。

例13　凸透镜成像实验中，移动物体到某位置时，能在光屏上成清晰、缩小的像。下列说法正确的是(　　)

①如果将物体靠近凸透镜，仍要在光屏上得到清晰的像，光屏必须远离凸透镜，且光屏移动距离先大于后小于物体移动距离；②同时移动物体与光屏，且移动距离相同，有可能在光屏上成清晰、缩小的像；③换用焦距较小的凸透镜后，仍要在光屏上得到清晰的像，如果只移动光屏，光屏必须靠近凸透镜；④保持物体和光屏位置不变，移动凸透镜，一定可以在光屏上得到另一个清晰的像。

A. ①③　　B. ②④　　C. ②③　　D. ③④

答案　D

【评析】　本题对凸透镜成像实验的有关分析，题干中给出了四种判断，其中有两种情况是正确的，故采用了组合的方式来设置选项，每一选项由两种情况组合而成，所以在形式上仍然属于单项选择题。

2. 多项选择题与不定项选择题

在多项选择题与不定项选择题的考试中，由于答案的不确定性，提高了对学生答题的能力要求，也增加了答题的难度。由于初中学生认知水平相对还不高，因此，多项选择题与不定项选择题不适合在初中科学学业水平考试这样大规模的考试中采用。

例14 如图 2–1–5 所示为磁带录音机原理示意图。录音时，动圈话筒将声音信号转换成电信号送到录音磁头；录音磁头是一个蹄形电磁铁，它的磁性强弱随电信号变化，将电信号转换为磁信号；录音磁带贴着录音磁头移动，上面的磁粉被磁化，声音信号被记录在磁带上。下面关于磁带录音机录音过程的叙述正确的是(　　)

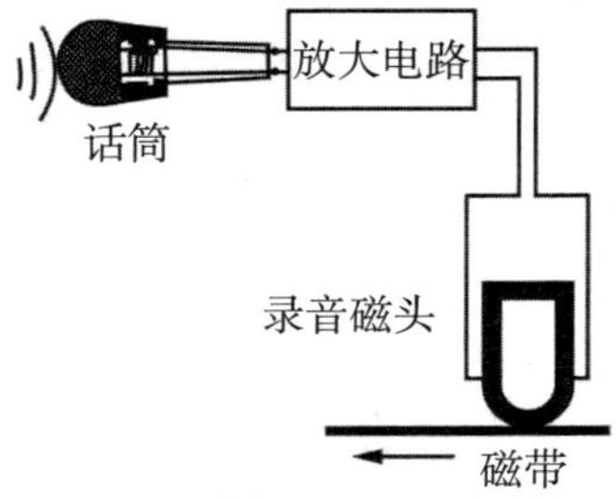

图 2–1–5

A. 话筒将声音信号转换为电信号，利用了电流的磁效应

B. 录音磁头将电信号转换为磁信号，利用了电流的磁效应

C. 话筒将声音信号转换为电信号，利用了电磁感应现象

D. 录音磁头将电信号转换为磁信号，利用了电磁感应现象

答案 B、C

【评析】 本题为多项选择题，相对而言，对学生能力水平的考查和思维要求较高，多项选择题较少为初中学业水平考试所采用。

另外，不定项选择题则由于其答案的不确定性，更增加了考试的难度，就更少用到初中科学的一些考试中。

第二节　科学客观性试题的命题要求

初中科学学业水平考试中的客观性试题主要是选择题，体现素养导向、能力立意是选择题命题的基本要求。选择题由题干和选项组成，对题干和选项又有不同的要求。因此，选择题的命题要求，可以从题干和选项等方面来分析。

一、对题干的要求

选择题的题干可以是直接的提问或不完整的陈述句。多数选择题会有一个问题情境，在新的问题情境中考查学生知识运用的能力，体现学以致用的思想。与此同时，选择题还强调概念之间的理解辨析，体现核心素养的教学导向。选择题要考查的主要内容常常在题干中呈现出来，因此，选择题的题干应具备以下一些基本要求。

（一）要有合适的问题情境

为了提高考试的效度，常需在试题中创设新的问题情境。只有通过创设新的情境材料，才能考查学生高水平的认知能力。在选择题的题干中，创设合适的新情境，将学生置于新情境材料中，让学生对其分析、概括、综合、推测，考查学生的真实水平和能力。否则，仅仅考查只需简单记忆的知识，考试结果就不能反映考生的高水平认知能力。初中科学涉及的知识内容多，且在素养导向、能力立意的命题理念下，更强调在新情境中考查学生的能力，因此，合适的问题情境创设已成为初中科学学业水平考试素养导向对选择题题干的一个基本要求。

例1　科学家到一些边远山村调查各种心血管疾病以及糖尿病等现代慢性病的发病情况，发现当地人的发病率比较低。分析他们的膳食结构，发现村民们吃的植物性食物较多，尤其是各种蔬菜。由此推断，食物中可能对预防心血管疾病的发生具有重要作用的营养素是(　　)

A. 糖类　　B. 蛋白质　　C. 纤维素　　D. 无机盐

答案 C

【评析】 本题的题干较好地创设了一个新的情境，要求学生从这一新情境中提取信息，并与所学知识建立联系，让学生从问题情境中抽象出知识模型，较好地体现了学以致用的思想。这道试题考查的内容原本也是大家认为需要死记硬背的知识，但是有了这么一个真实的情境后，试题就显得灵活了。当然，试题还让学生在答题时感悟膳食平衡与人体健康的关系，强化对核心素养中科学观念的考查。通过这样的考查，能较准确地反映学生的高水平认知能力，也提高了考试的效度。

例2 声音在下列情况下传播速度最快的是(　　)

A. 真空中　　B. 空气中　　C. 水中　　D. 钢铁中

答案 D

【评析】 本题的题干没有合理地创设一个情境，更没有创设新的情境。这样的考查，只需要学生凭借对教材知识的简单记忆就能作答，没有在新的问题情境中考查学生的知识运用能力，很难反映出学生的真实水平和素养导向下对学生的基本要求，考试的效度不高。这样的选择题不符合考试的要求，应尽量避免类似的试题。

(二)要有明确的文字表述

选择题的题干要清楚地表述问题情境和考试内容，要尽可能地简明、精练、准确，无多余或虚假信息。题干情境不能过于复杂，文字不能过多，篇幅不宜过长。如果题干中的一些无关内容，不仅与考查的能力无关，还干扰考生作出正确的选择，就会降低试题测量的有效性和考试的效度。题干所考查科学内容的指向应明确，避免使用相同的修饰项或暗示信息，避免题干对选项的提示作用。如果题干中的材料对选项有提示作用，考生就很容易从中发现某种提示信息，从而作出正确的选择。总之，由于试题功能出现偏差，根据考生考试的结果对考生能力的推测就失去了效用，这将对考试结果的有效性会产生很大的影响。

例3 小明把不慎被踩瘪但没有破裂的乒乓球放入装有热水的杯中(如图 2-2-1)，观察到乒乓球恢复了球形。此过程中，对于球内气体而言，没有发生变化的量是(　　)

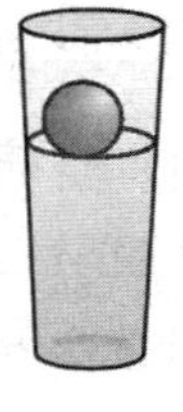

图 2-2-1

A. 温度　　　　B. 质量　　　　C. 密度　　　　D. 体积

答案　B

【评析】 本题取材于教材活动情境，在对原有情境进行简化处理的基础上，提出了考查的问题。题干表述精练、简洁，问题明确、清晰。从试题整体组成分析，比较符合考试、命题的基本要求。

例4 "夸父计划"是我国的一个太阳监测卫星计划，又称为"空间风暴、极光和空间天气"探测计划，由于2012年将是太阳活动高峰年，2012年至2014年太阳活动将会很强烈，因此"夸父计划"三颗卫星计划在这个时间内发射。下列有关太阳及太阳活动的叙述错误的是(　　)

A. 太阳大气从内到外依次是光球层、色球层和日冕层

B. 太阳活动时两极及高纬度地区可能出现极光

C. 太阳活动将诱发台风和火山爆发

D. 太阳活动将可能使无线电短波通信短暂中断

答案　C

【评析】 本题的题干取材于"夸父计划"的有关信息，是一个新的问题情境，但由此引出考查的问题与此并不相关，题干中的有关信息与考查的问题之间联系得不够紧密，多数信息属于无关信息，对于考生答题并无用处，题干的表述也显得不够简洁、精练，因此不符合选择题题干的基本要求。

（三）要有适度的思维要求

考试是根据考生应答的过程和结果，来推测考生的心理结构或能力的活动。对于选择题而言，我们只能看到应答的结果，看不到应答的过程。如果客观性试题的应答过程过于复杂，那么往往会使考生在无需考查的部分发生错误，而真正要考查的部分，考生并不一定答错，这样的试题就不能有效地推测考生的心理结构或能力。由于各类考试的性质和要求不同，选择题所考查的思维层次也应符合这类考试的基本要求，力求体现适宜的思维深度。初中科学学业水平考试的选择题，应以基础题、稍难题为主，偶有少量的较难题，一般不宜出现难度过大的试题。应避免涉及复杂思维过程和计算形式的考查，更不宜出现需要通过较为复杂计算才能作答的情况。

例5 某钢样品的含碳量为0.24%(不考虑其他杂质元素),若碳元素主要以Fe_2C和Fe_3C的形式存在，则该钢样品中Fe_2C和Fe_3C的质量分数(a)的范围是(　　)

A. $0.03\%<a<2\%$　　B. $0.48\%<a<0.72\%$

C. $2.24\%<a<3.36\%$　　D. $2.48\%<a<3.6\%$

答案　D

【评析】 本题需要学生通过计算,比较分析,得出答案,整个思维过程较为复杂,解题过程相对烦琐,不适合在初中科学学业水平考试中采用。

例6 小明制作了如图2–2–2所示的生态瓶,将其置于光照良好的地方,两天后发现瓶内的生物仍生长良好,但瓶中水的pH明显下降。若要让瓶内各种生物存活时间较长,应适当增加(　　)

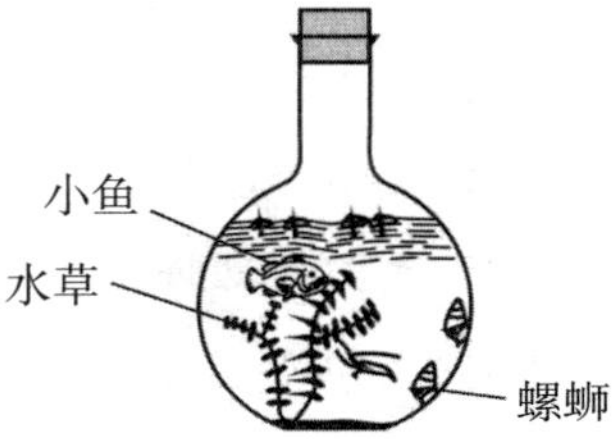

图2–2–2

A. 水草数量　　B. 小鱼数量

C. 螺蛳数量　　D. 微生物数量

答案　A

【评析】 本题在一个新的问题情境中考查有关生态系统的知识,要求学生在新情境中提取有关信息,并与所学知识之间建立起桥梁。本题对学生的考查,不是停留在简单记忆的层面,也没有任意地拔高要求,对学生的思维要求适度,比较符合初中科学学业水平考试的要求。

例7 推理论证需要基于证据。以下实验活动的结果能作为推理证据的是(　　)

A. 用彩色橡皮泥制作细胞模型,推理细胞内部的结构特点

B. 观察熟鸡蛋有蛋黄、蛋白和蛋壳,推理地球内部的结构特点

C. 折断筷子时双手感受到震动,推理地震是由于岩层断裂引起的

D. 由氢氧化钠溶液和氯化铁溶液混合,产生红褐色沉淀,推理发生的变化是化学变化

答案　D

【评析】 本题结合教材的一些重要实验和活动,对学生的推理论证能

力展开了考查,较好地把握了对学生的思维要求。推理论证能力是核心素养目标中科学思维的重要内容,这样的问题设置,较好地体现了强化核心素养目标和科学思维培养的教学导向。

纵观浙江省近年来科学学业水平考试的试题,多数选择题较合理地把握了学生的思维深度,较好地体现了初中科学学业水平考试对学生的思维要求,彰显了强化科学思维的核心素养的目标导向。

(四) 要考查一定的内容领域

考试效度的最大威胁来自与试题测量无关的心理结构。如果一道试题没有确定的行为目标,或者行为目标与预设的测量目标不一致,那么这道试题不但对提高考试的效度无补,反而会降低考试的效度。

每道试题需要考生基于一定科学知识的内容领域完成测试任务,表现出一定的认知能力。如果完成任务过程不能使用一定的科学知识,那么该试题创设的情境也就没有作用,这就是一道无效的试题。因此,选择题必须测量某一认知行为,要涉及一定的科学内容领域,且一道选择题一般只考查一个中心问题,不要涉及不同领域多方面的考试内容和不同的能力要求。

例8 下列叙述正确的是(　　)

A. 今天(农历五月十七)的月相是上弦月

B. 放入磁场中的小磁针静止时N极所指的方向为该处的磁场方向

C. 摩擦力的大小跟接触面积大小有关

D. 能使无色酚酞试液变红的物质是碱

答案 B

例9 下列关于甲、乙、丙、丁四幅图的说法正确的是(　　)

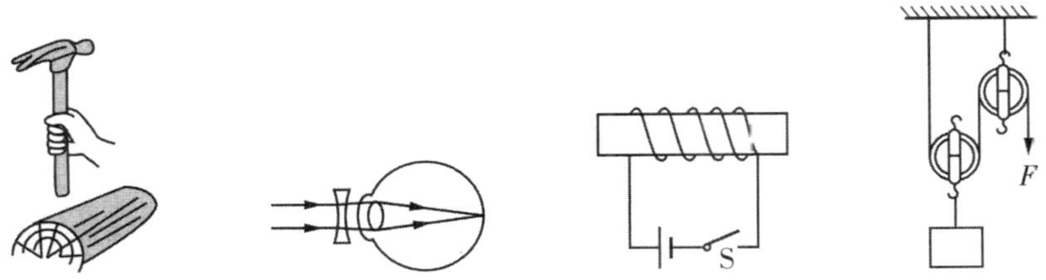

图 2-2-3

A. 撞击锤柄，锤柄停止运动，锤头由于惯性作用继续向下运动便紧套在柄上

B. 近视眼原来成像在视网膜之后，戴凹透镜后得到了矫正

C. 若闭合开关，通电螺线管的左端为N极，右端为S极

D. 每个滑轮重2牛，物体重6牛，不计绳重与摩擦，静止时拉力F为4牛

答案 D

【评析】 例8、例9是两道无效试题，它们的主要问题是没有一个中心的测量目标，没有具体的刺激情境，且考查了不同领域多方面的考试内容。像这种拼盘式的组合，不符合选择题题干的基本要求。

例10 小敏在鉴别氢气、氮气、氧气、二氧化碳四瓶无色气体时，对它们的部分性质进行归纳梳理并编制了检索表(如图2-2-4)。检索表中S代表的是(　　)

A. 氢气　　B. 氮气

C. 氧气　　D. 二氧化碳

检索表

1a 具有可燃性……………………P
1b 不具有可燃性…………………2
2a 能使澄清石灰水变浑浊…………Q
2b 不能使澄清石灰水变浑浊………3
3a 能使带火星的木条复燃…………R
3b 不能使带火星的木条复燃………S

图2-2-4

答案 B

【评析】 本题围绕物质性质这一教学内容，考查了学生对不同物质性质的掌握程度以及对所学知识的总结梳理能力。考查内容相对集中，主题鲜明。同时，试题的问题呈现，巧妙地将生命科学中的二歧分类检索法拓展延伸到物质科学中，突出了跨学科的综合与应用，凸显导向大概念教学的思想。

在近年来浙江省初中科学学业水平考试的选择题中，命题较为规范，大多结合一定的问题情境较好地体现了考查一定科学内容领域的要求，因此试题的有效性较高。

(五) 要考查重要的核心内容

初中科学涉及物质科学、生命科学、地球和宇宙等多方面的教学内容，知识体系庞杂，覆盖面广。新版的《课程标准》更是体现了强化学科核心概念的理念。因此，在初中科学学业水平考试中，强调对学科核心内容的考

查，有利于广大学生把握整个科学知识体系，促进学生核心素养的提高。在选择题中，更应体现考查初中科学核心、主干知识的思想。选择题选择的样本必须具有代表性，即试题涉及的内容领域应该是科学学科的重要内容和核心概念。

此外，选择题要避免考查过于难或过于一般的内容，涉及的内容应该是以考生初中阶段所学的科学知识和具备的能力水平为基础。过于难的内容往往容易超过大多数考生的认知范围，而过于一般的内容考生不经思考就可作答，这样的考查降低了试题的效度。选择题题干的内容应以客观事实、科学原理等方面的材料为基础，而不应纯粹以个人认识或意见为基础，否则会影响考查的效果。这也是初中科学学业水平考试突出主干知识和核心概念这一原则的积极体现。

例11 某校科学兴趣小组的同学想要了解工厂排放的废水对河流水质的影响。图 2-2-5 中表示了 7 个可能的水样采集点（箭头表示水流方向），其中最重要的采集点是(　　)

A. ①③④⑦　　B. ①②⑤⑦

C. ②③④⑥　　D. ②⑤⑥⑦

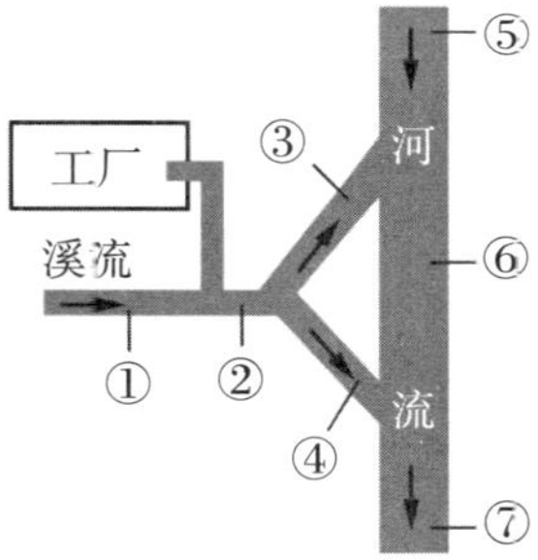

图 2-2-5

答案 B

【评析】 关于水污染的试题这些年在各地的试卷中出现的频率很高，且很多是以探究题的考查方式出现的，但落脚点基本上都是在如何检测污水的成分上，说到底这只是以探究的名义考知识，有一种假探究的感觉。本题落脚点在污水检测的最初操作环节——取样上，取样正确与否，直接关系到最终是否能够得出正确的检测结果。这里真正评价的还是一个对照思想，包括了工厂废水排入溪水前后的对照以及废水随溪水进入河水的前后对照。如果废水的污染性很小，溪水、河水都可以对其稀释净化，那么废水并不会影响河流的水质。有关科学探究的内容是科学学科基本的特点，也是学科重要的核心内容，本题这样的考查角度，较好地体现了关注初中科学的核心、主干知识的命题思想，也强化了探究实践的核心素养的目标导向。

例12 如图 2-2-6 所示是稀硫酸与甲、乙、丙、丁、戊五种常见物质反

应出现的不同现象。下列有关说法正确的是(　　)

A. 甲可能是无色酚酞试液

B. 乙、戊一定是金属单质

C. 稀硫酸与丙生成的白色沉淀不可能属于盐

D. 稀硫酸与丁的反应类型可能是置换反应

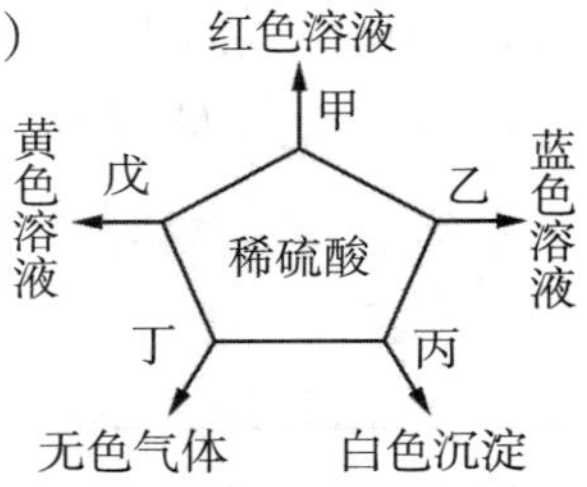

图 2-2-6

答案　D

【评析】　本题围绕“物质的性质”这一核心内容,用直观的模型辅助描述实验方案,考查学生对模型的分析判断,考查学生的比较分析和逻辑推理能力、实验评价和设计能力等。试题信息容量较大,学生的思维层次能得到有效区分,体现了能力立意的命题思想。试题有利于引导教师在注重基础知识的同时,加强学生利用模型来梳理知识,使知识结构化,形成系统化的科学思维训练,发挥了良好的教学导向作用。

二、对选项的要求

初中科学各类考试的选择题中,与题干对应的选项一般为四个,单项选择题中有一个正确或符合题意的选项,其他的选项称之为迷惑选项或干扰选项。选项应具备以下一些基本要求。

(一) 选项应具备较好的迷惑性

选择题是让学生从几个备选答案中选出正确答案的一类客观性试题,因此,选项之间应具有较好的迷惑性。只有让学生运用所学知识,通过深入思考、充分比较后,才能作出正确选择,这样的选择题才能真正体现其价值。否则,错误答案或正确答案一目了然,学生不需多加思索就能作答,这样的试题降低了考试的效度。命制的选择题要让正确选项隐藏在错误选项之中,各个选项之间相互干扰,干扰项(错误项)能反映考生的典型错误,且看上去似乎有理,不要错得太明显,要尽可能地增大干扰选项的迷惑性,同时又要与正确选项有实质性差异,备选答案不应有任何暗示。选项应具备较好的迷惑性,是对选择题选项的一个基本要求。

例13　小明利用所学知识并结合下表信息,对太阳系中的行星运行周期进行了推理,其中合理的是(　　)

行星	直径/千米	自转周期(以地球上的“天”为单位)	公转周期(以地球上的“年”为单位)
水星	4878	59	0.24
金星	12104	243	0.62
地球	12756	1	1
火星	6794	1.03	1.9

A. 行星直径越大,自转周期越长

B. 行星直径越大,公转周期越长

C. 行星距离太阳越远,自转周期越长

D. 行星距离太阳越远,公转周期越长

答案 D

【评析】 本题通过学生阅读连续或非连续文本,考查信息获取、数据处理和解决问题的能力,属于稍难题。试题具有原创性,以表格形式呈现太阳系各大行星的直径、自转与公转周期等信息,要求学生在新情境中进行分析、推理,这样的考查既体现了公正公平性,又能较好地导向教学应立足于学生科学能力的发展。本题的选项具有较好的迷惑性,考生只有在深入、全面地分析试题有关信息的基础上,才能作出正确的选择。因此,选择题选项的迷惑性也是试题质量高低的一个基本标志,也是体现素养导向的基本要求。

例14 下列体育项目中,以“速度”这一科学量来评定成绩的是(　　)

A. 跳远　　B. 踢足球　　C. 掷铅球　　D. 短跑

答案 D

【评析】 本题考查了学生对“速度”这一核心概念的理解,但由于干扰选项设置的迷惑性不够,减弱了试题应有的考查功能和考试意义。

(二)选项之间应有较好的同质性

选项在形式和内容上应具有较好的同质性,其表达的文字、数字、图形相近,大体一致,即选项之间表述的主题相同或相似,考查的是同一层次的内容领域和能力水平。正确选项和错误选项长度、结构等应尽量相同,以降低学生猜中正确答案的概率。

例15 小敏阅读教材得知：将铜片和锌片同时插入稀 H_2SO_4，可以组成一个电池（如图甲）。问：该电池的正负极与什么有关呢？对此，小敏做了三组实验，并借助灵敏电流表进行判断（如图乙），发现该电池的正负极与金属活动性强弱有关且存在一定规律。据此判断，下列金属片组合可以使电流表指针向左偏转（如图丙）的是（　　）

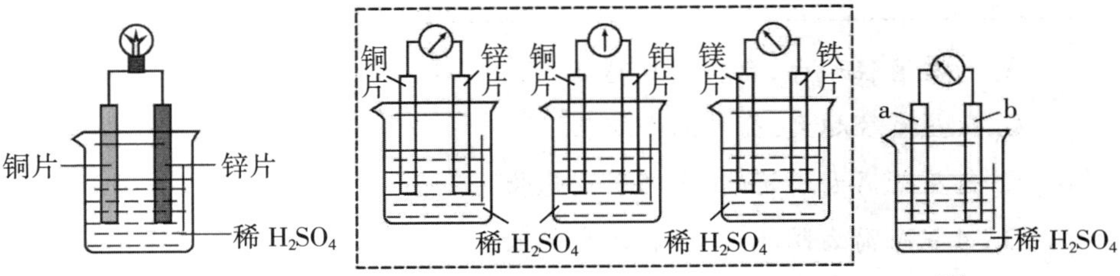

图 2-2-7

A. a 铝片、b 镁片　　　　B. a 铁片、b 锌片

C. a 铁片、b 铜片　　　　D. a 铜片、b 银片

答案　C

例16 人体生命活动所需的各种营养素具有不同的作用。下列各组营养素中，虽不能为人体提供能量，但对人体正常生理活动具有重要作用的是（　　）

A. 水、无机盐和维生素　　　　B. 糖类、无机盐和蛋白质

C. 糖类、脂肪和蛋白质　　　　D. 蛋白质、糖类和维生素

答案　A

【评析】 上述两题均较好地体现了选项同质性的要求。例 15 源于教材阅读材料，考查学生收集处理信息以及比较、归纳、演绎、综合等思维能力，四个选项均是不同金属片的组合，结构形式相同、文字表达相近。例 16 中四个选项都是营养素，只是由不同的营养素组合而成，选项结构形式相同。这样的选项设置就具有较好的同质性和迷惑性，也体现了较高质量选择题的基本要求。

（三）选项之间应有相对的独立性

选择题的各个选项应做到彼此独立，所表达的意思不相互重叠，不相互排斥。只有这样,各选项才都是有效的。如果选项表述的意思相互重叠,就意味着这些选项可能都对或都错。如果选项在意思上相互排斥,就意味着两者之间至少一个是无效的。这样的选项设置,就大大降低了考查的功能。

试题的主要功能是为我们推测考生的心理结构提供依据,即使考生对试题的应答是错误的,我们也希望通过考生的错误应答,获取考生心理结构的相关信息。不同的迷惑项具有较好的独立性,就能反映不同的错误类型。如果不同的迷惑项反映的都是相同的错误类型,那么我们获得的信息量就大大降低了,甚至不能完全得出相对可靠的结论。

例17 去海南旅游时,小明参加潜水活动,在水下看到了许多美丽的海洋生物。观察了一会儿游鱼后,在教练的指导下小明又往下潜了5米,在继续下潜的过程中,他感觉身体越来越不舒服,这是因为在下潜的过程中他所受的( )

A. 浮力增大　　B. 浮力减小　　C. 压强增大　　D. 压强变小

答案 C

【评析】 本题四个选项中,A、B选项,C、D选项各为一组,分别具有相互排斥的特点,而两组选项之间又是两个相对的概念,这样的选项设置就没有较好地体现选项之间相互独立的要求。

另外,选项中一般不要出现"无法确定""上述答案均可"等表述,这样的选项设置使得选项之间相互依存,没有较好地体现选项的独立性。在初中学业水平考试这样大规模的测试中,选项一般不要采用类似的表述。

(四)每个选项应确保有效性

大规模考试中,选择题各个选项的选择率一般不应低于5%。如果某一选项几乎没有学生选择,说明这一选项没有起到迷惑的作用,也就失去了这一选项的价值。选项的有效性与选项的同质性、迷惑性以及试题的难度有着直接的关系。合适的试题难度,选项具有较好的同质性和迷惑性,这些都是确保选项有效性的基础。否则,将大大降低选项的有效性,甚至出现无效选项。

例18 如图2-2-8所示为某种植物茎的横切面,已知某种蝉专门以这

种植物韧皮部中的有机物汁液为食。若要分析该汁液的成分，则应该选取的部位是图中的(　　)

A. 甲　　B. 乙

C. 丙　　D. 丁

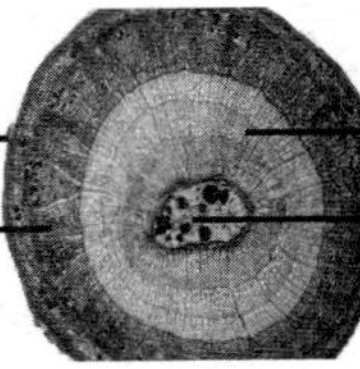

图 2-2-8

答案　B

【评析】　本题是一道初中科学学业水平考试题，据阅卷后的统计数据分析，A、B、C、D 四个选项的选择率分别为 9.7%、73.1%、9.6%、7.6%，迷惑选项选择情况，分布较为均匀，且没有出现某一选项选择率特别低的情况，从中反映出该试题具有较高的有效性。

例19　有关部门曾规定：将在所有室内公共场所、室内工作场所、公共交通工具和其他可能的室外工作场所完全禁止吸烟。从关注人类健康角度看，下列关于吸烟的说法不恰当的是(　　)

A. 吸烟可以诱发心脏病　　B. 烟雾中含有致癌物质

C. 吸烟是时髦的表现　　D. 烟雾中的一氧化碳能使人中毒

答案　C

【评析】　本题阅卷后的统计数据显示 A、D 选项的选择率分别只有 0.9% 和 1.1%，只有少数学生选择这些答案，相反选择正确选项的比例很高，从中反映出该试题的有效性不够高。

(五) 选项与题干之间要有合理的逻辑性

选项与题干在内容和形式上应具有合理的逻辑性，即各选项要与题干在内容和表述上构成合理的逻辑关系。只有这样才能将考生作出的反应与题干产生的刺激作用联系起来，从而实现对考生能力的推测和判断。如果选项与题干没有逻辑关系，就是根据与试题无关环境的反应来推测考生的能力，所做出的推测实际上是无效的。

例20　右表是生活中常见的四种饮料及其主要成分。下列关于这些饮料的组成、性质和用途表述错误的是(　　)

饮料名称	主要成分
雪碧	碳水化合物、水
苏打水(弱碱性)	碳酸氢钠、水
盐汽水	氯化钠、水
柠檬汁	水、碳水化合物、蛋白质、纤维、维生素等

A. 雪碧是一种混合物

B. 四种饮料中，苏打水的 pH 最小

C. 从事高温作业的人员，适宜补充盐汽水

D. 喝适量柠檬汁有助于补充人体的维生素

答案 B

【评析】 本题各个选项与题干信息之间存在较好的逻辑关系，四个选项都是根据题干信息作出的分析，较好地体现了对选择题选项的基本要求。

例21 2022 年诺贝尔生理学或医学奖授予斯万特·帕博，以表彰他在“已灭绝人类基因组和人类演化方面的发现”。其研究成果包括发现了此前不为人知的古人类丹尼索瓦人，并完成对人类已经灭绝的近亲尼安德特人的基因组测序等。智人和已灭绝的古人类的演化关系如图 2-2-9 所示。下列分析正确的是(　　)

A. 黑猩猩由智人演化而来

B. 丹尼索瓦人出现在 700 万年前

C. 生物进化的规律是从高等到低等

D. 智人、尼安德特人有共同的祖先

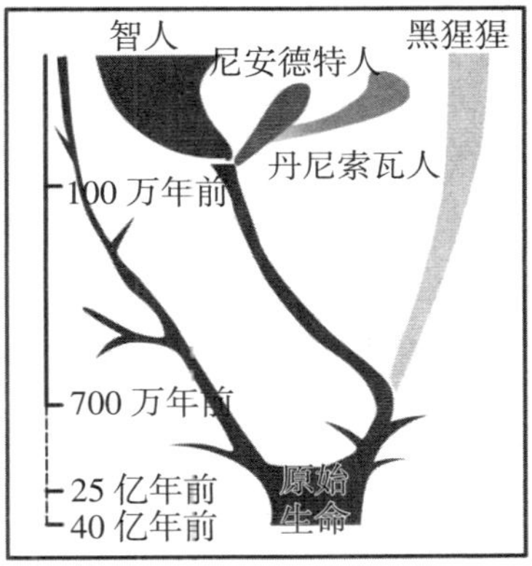

图 2-2-9

答案 D

【评析】 本题以科研成果为情境材料，将生物学与考古学等知识融合在一起进行跨学科考查。解答本题的关键在于读懂图示，而图示正是表征科学现象、阐释科学规律最有效的手段与方法。本题能够基于图示内容，考查事实性或概念性知识，提炼出与“人类起源”相匹配的“遗传与进化”的生物学核心概念，题干信息与选项之间建立了较好的逻辑关系，体现了考查核心素养的基本要求，具有良好的教学导向作用。

例22 在游泳时大家往往有这样的体会：若水超过胸部，会感觉呼吸有些吃力，这是因为(　　)

A. 不会游泳，精神紧张

B. 胸腔容积减小，肺内气压减小，外界空气不易进入

C. 胸腔容积减小，肺内气压增大，外界空气不易进入

D. 胸腔容积增大，肺内气压增大，外界空气不易进入

答案 C

【评析】 本题A选项与题干信息之间没有体现较好的逻辑关系，这是一个不合理的选项，并且A选项与其他三个选项之间不够协调、没有做到同质，多数学生仅仅从选项的形式上及从题干与选项的逻辑关系上分析就很容易将其排除，这样就减弱了该选项的迷惑作用。

三、对选择题呈现形式的要求

对选择题而言，除了上述两大方面的要求外，在呈现形式上也有一些基本要求。在选择题的命题过程中，通过题干与选项的合理搭配，并以合适的方式呈现，才能使之成为一道完整的试题，才能较好地体现试题的价值，达成考试的目标。

在命题时，力求采用多样化的呈现方式，使选择题活泼多样，有利于舒缓学生的紧张心理。同时，多样化的刺激可以充分地调动学生不同层次的思维，利于学生作答。若一份试卷中，各个选择题均以同样的方式呈现，则容易使学生产生疲劳感和倦怠感，学生的思维不易被充分地激活。初中科学学业水平考试中，选择题常见的呈现方式有文字、表格、图形、图像以及几种不同形式的结合。一份试卷中的选择题，需要采用合适、多样的方式来呈现，这是对选择题命题的一项基本要求，也是选择题命题中需要把握的一项重要的命题技术。

（一）文字形式

在选择题中，最为常见的是用纯粹的文字来呈现的形式。用文字呈现，在试卷的编辑处理工作上相对较为简单。

例23 浙江大学制造出一种由碳元素组成的超轻物质，其内部像海绵一样多孔隙，故名“碳海绵”。碳海绵可用于处理海上原油泄漏事件，处理时，先用它吸收浮在水面上的原油，再通过挤压，将碳海绵内的原油进行回收。此过程没有应用到下列“碳海绵”性质中的（　　）

A. 保温性能好　　B. 易被压缩

C. 能吸油但不吸水　　D. 密度很小，能浮于海面上

答案 A

(二)表格形式

采用表格形式来呈现考试内容,也是一种比较常用的方式。通过表格将几个选项的类似特征进行比较,这样的呈现方式清晰明了,便于学生获取信息、分析比较。

例24 古希腊著名学者亚里士多德曾对动物进行分类。下列是他分类的部分动物类型及其主要特征,其中相当于现代动物分类中爬行类的是(　　)

选项	类型	主要特征
A	胎生四肢动物	有毛
B	卵生四肢动物	皮上有鳞
C	卵生二肢动物	有羽毛,能飞
D	卵生无肢动物	有鳞,水栖,用鳃呼吸

答案 B

(三)图像形式

选择题还可结合图像的方式来呈现,将一些重要的信息蕴含在图像中,让学生通过读图获取信息。这样的方式可以使试卷呈现出活泼、变化的特点,也有利于试卷版面的整体布局,增加试卷的整体美感。通过图像,还可以省略一些文字,使试题更加简洁。当然,更重要的是从更广的角度来考查学生多层次的能力。图像形式中,常见的还有坐标图像,一些重要的数据信息、变化规律都蕴含在图像中,让学生通过读图来获得有价值的数据,分析、发现其中的规律。选择题采用图像的形式来呈现时,最为重要的一点是对图像质量的要求较高,图像应该清楚、规范,不能给学生答题带来不必要的麻烦。

例25 以下是某些同学在今年的"测定土壤酸碱性"实验考查中的操作,其中不能得分的是(　　)

A. 加土壤颗粒　B. 加水溶解　C. 振荡试管　D. 用玻璃棒蘸取清液

答案 B

例26 如图 2-2-10，往浴缸中匀速注水直至注满。下列表示此过程中浴缸底部受到水的压强随时间变化的曲线，其中合理的是（　　）

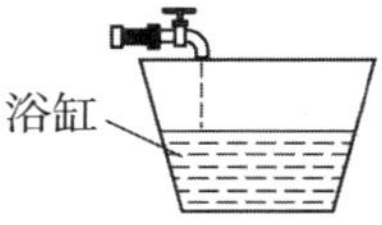

图 2-2-10

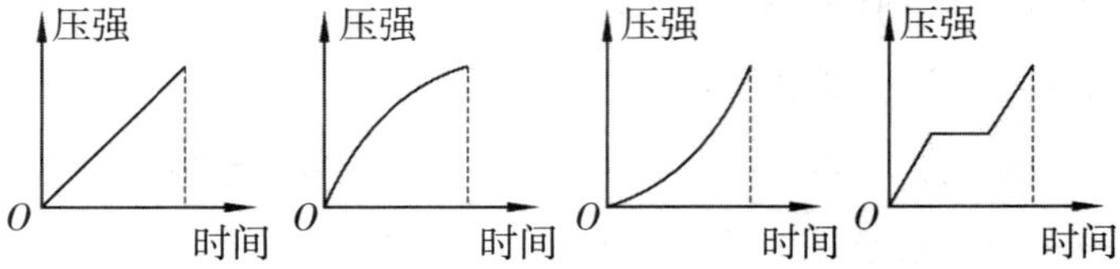

A　　B　　C　　D

答案 B

对选择题题干、选项以及呈现形式等方面的这些要求，都是对选择题的基本要求，在命题实践中，需要综合考虑。

第三节　科学客观性试题的命题技术

初中科学学业水平考试中的客观性试题主要是选择题，因此，本节主要针对选择题来分析客观性试题的命题技术。选择题的命题与其他类型的试题一样，需要经历一般的流程，如考查点的确定、要求的设置、材料的选择、初稿的形成、磨题、审题等环节。但选择题是一类较特殊的题型，它的命题过程还应注意其题型的自身特点，符合其基本要求。在选择题的命题时，一般可从题干与选项两个方面去把握。

一、题干的命制

选择题题干的命制是否科学、合理，是否体现核心素养的基本导向，将直接影响到考试的内容和考试的目标。因此，命题者在命题过程中需要关注上节所述的题干的问题情境和文字表述、考查内容和思维层次等各个方面的要求。在初中科学学业水平考试选择题题干的命制过程中，可以重点关注以下几个问题。

（一）如何创设新颖的问题情境

在选择题的命制过程中，如何创设一个合适的问题情境，也就是如何设置一个合理的题干，是一项十分重要的工作。可以选择一些较为新颖的问题情境，力求在问题情境中考查学生对所学知识的掌握情况，强调学以致用，而非简单、直接地引用教材原话来做题干，这也是初中科学学业水平考试核心素养导向的基本要求。那么，如何创设合适的问题情境呢？一般地，可以从教材资源、学生问题、实验素材、科学史实、重大科技进展、社会热点问题、学生生活实际、中华传统文化、爱国历史题材等方面选取合适的素材，提炼出符合初中科学教学要求的信息，进而命制出一个合适的题干。这也是题干命制过程中，创设情境的常用方法。另外，利用一些较好的试题作情境材料，在此基础上进行改编，也是创设题干情境的一种较为有效的方法。

例1 陶瓷茶杯底部放有一枚硬币，人移动到某一位置时看不见硬币（如图甲），往茶杯中倒入一些水后，又能够看见硬币了（如图乙）。关于“看不见”和“又看见了”两种情况，下列分析正确的是（　　）

图 2-3-1

①“看不见”是由于硬币没有反射光

②“看不见”是由于硬币反射的光没有到达眼睛

③“又看见了”是由于硬币反射的光通过水面的反射到达眼睛

④“又看见了”是由于硬币反射的光通过水面的折射到达眼睛

A. ①③　　B. ①④　　C. ②③　　D. ②④

答案　D

【评析】　本题情境素材“陶瓷茶杯底部的硬币”源自于浙教版《科学》（七年级下册）教材中的练习题，把教材中的封闭性、解释性回答改编为选择题，考查学生对光的折射原理及现象、光的反射现象及光在同一种均匀物质中沿直线传播的理解，引导教师平时教学要重视教材资源的利用，注重培养学生多角度分析问题的发散性思维。

例2 人们对事物的认识常需经历一个不断修正和完善的过程,如对酸的认识就是如此。下列各项是不同时期对酸的认识,其中与我们现在所学酸的定义最相近的是(　　)

A. 有酸味的物质　　B. 只有氢才是酸不可缺少的元素

C. 一切酸中都含有氧　　D. 与碱作用时失去原有性质的物质

答案　B

【评析】 本题的问题情境来源于科学史料。人们对酸的认识与其他事物一样,经历了一个不断修正和完善的过程,选项中的四种表述是不同时期不同科学家对酸的不同认识。以这样的问题作为题干的背景材料,考查了学生的知识运用能力。另外,题干的情境较为简洁,学生容易入手。因此,本题具有较好的教学导向作用。

例3 研究人员近日宣布,他们以裸藻为主要原料成功生产出塑料。裸藻是一类兼具动物和植物特点的单细胞生物,之所以把它称为"裸藻",是因为与其他的藻类细胞相比,它的细胞没有(　　)

A. 细胞壁　　B. 细胞膜　　C. 细胞质　　D. 细胞核

答案　A

【评析】 细胞的结构是基础而重要的学科内容,但是考查时很难避免落入死记硬背的老路,本题放在这样一个真实的情境中考查,一方面很好地克服了这个问题,同时还体现着生物具有多样性这一基本的学科思想。试题看似简单,但立意深远。本情境来源于科技研究的新发现,从材料素材中提炼出与初中科学教学要求相符合的问题情境,就能较好地作为初中科学学业水平考试的选择题材料。

例4 2023年5月10日,搭载天舟六号货运飞船的运载火箭成功发射,进入轨道后天舟六号与我国空间站完成对接形成组合体。下列说法正确的是(　　)

图 2-3-2

A. 加速升空时,天舟六号机械能不变

B. 进入轨道后,天舟六号的惯性消失

C. 对接靠近时,以"天和"舱为参照物,天舟六号是静止的

D. 对接成功后,组合体绕地运行过程中运动状态发生了改变

答案 D

【评析】 本题以我国航天成果为素材，呈现了社会主义建设的新成就，让学生在答题的过程中，产生强烈的自豪感和幸福感。这样的情境素材，能积极体现试题的评价功能和育人价值，较好地发挥科学学科育人的优势，从而让考试评价成为立德树人、内化学生核心素养的一个渠道。

从新的问题情境中提炼出适合初中科学教学要求的考试内容，进而命制成题干，这应该成为初中科学学业水平考试中选择题的主流。当然，从一个情境材料加工成一个合适的题干情境，需要经过反复的提炼和磨题，要符合选择题题干的基本要求，这也是选择题题干要考查一定的学科内容领域要求的具体体现。

（二）如何把握考试的内容和要求

选择题的命题过程中，要深入分析《课程标准》的内容要求和学业要求，认真细致地研读“学业质量标准”，进一步明确考试内容和考试要求，要全面准确地理解素养导向的命题理念，把握好《课程标准》和教材之间的关系，只有这样才能在命题过程中科学合理地把握考试内容和要求。简单地说，《课程标准》是总的纲领，教材是课程标准的具体化。选择题命题过程中，要按初中科学的教学内容和学业要求，认真梳理出学科的主干内容、核心知识，并从学科核心、主干知识的层面上去选择考试的内容。一般不要将较偏的、次要的内容作为选择题的考查内容，命题时更不能随意拔高或延伸，要符合初中阶段对学生科学思维能力的要求。

例5 某同学利用初中科学物质间相互转化的知识，设计了如图 2-3-3 所示的 3 条铜的“旅行路线”，每条路线中的每次转化都是通过一步化学反应来实现的。那么，每条路线中可能都有的化学反应类型是（　　）

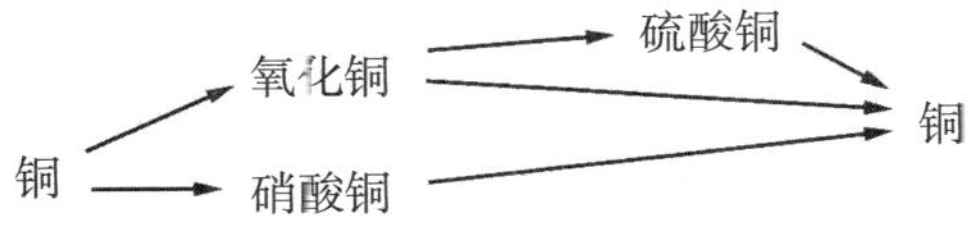

图 2-3-3

A. 化合反应　　B. 分解反应

C. 置换反应　　D. 复分解反应

答案 C

【评析】 本题以铜的“旅行路线”图为载体，将有关信息包含其中，涉及物质间相互转化的一系列化学反应，但从基本化学反应类型的角度来考查学生，体现了关注核心知识的命题思想，较好地把握了考试要求。

例6 科学家发现，灯塔水母是一种不会“死亡”的生物，原因是它发育到性成熟阶段后，又会回复到幼虫。把它切开，甚至打碎，只要有完整的细胞，每个碎片都可以变成一只幼虫。下列关于灯塔水母的说法错误的是(　　)

A. 它是多细胞生物

B. 其细胞具有很强的分化能力

C. 碎片变成幼虫，属于有性生殖

D. 研究它，有助于治疗人体病变或坏死组织

答案 C

【评析】 细胞是认识生物最基础且最重要的知识。本题利用灯塔水母设置新奇的试题情境，在题干中提供水母有关特点和习性，考查了学生获取有效信息、分析处理信息以及对知识的理解和综合应用能力。试题的命制既避免有关细胞考查落入死记硬背的俗套，又体现了科学课程的价值观和应用性。本题难度不大，属于容易题。命题过程中，通过合适情境的创设，较恰当地考查了学生相关的知识和能力，合理把握了考试要求，立意较为深远。

例7 如图 2-3-4，电路中电流 I 大小始终不变，R_0 为定值电阻。闭合开关 S，据电压表示数 U 与电阻箱阻值 R 的大小关系可以绘制 U–R 图线①；断开开关 S，据电压表示数 U 与电阻箱阻值 R 的大小关系可以绘制 U–R 图线②。把 IR_0 记为 U_0，下列能正确表示图线①②的是(　　)

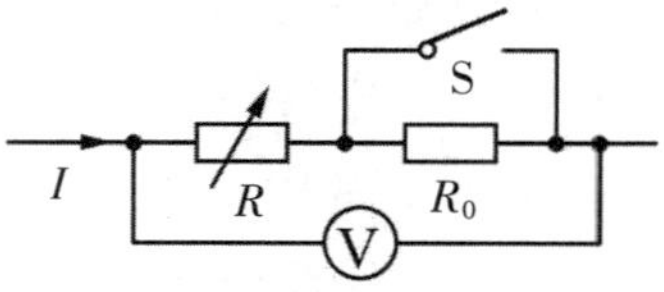

图 2-3-4

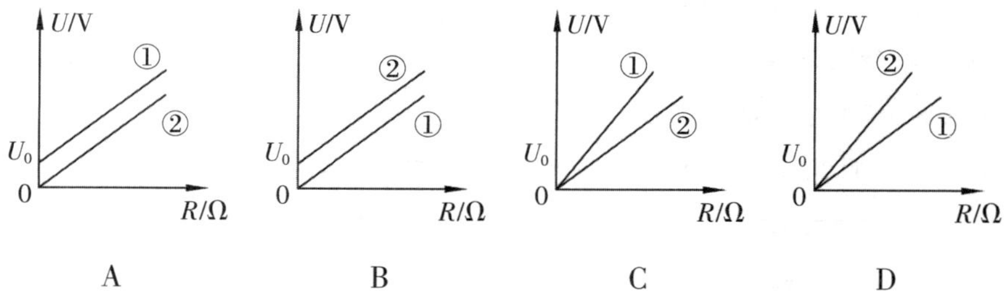

答案 B

【评析】 本题是一道电路模型题，在全新的真实情境中，考查学生对欧姆定律的理解和掌握程度。试题以图文结合的方式呈现，考查学生的非连续性文本阅读及获取信息能力以及分析、综合、建模等高阶思维能力。解答时需先建立电压与电路之间的关系模型，而答案的设置又需将数据模型转化为图像，很好地考查了学生的建模能力及模型理解和运用能力。这样的问题设置，较好地体现了强化科学思维考查的核心素养要求，是一道区分度较好、导向性较强的电学内容综合题，有利于甄别选拔优秀学生，较好地把握了考试的内容和要求。

(三)如何做到表述的准确和简洁

题干表述准确、简洁，这是选择题应体现的基本特点。为了达到这样的要求，命题者在命题时，应使题干包括解题所必需的全部条件，选项不再做条件上的论述。题干应把问题交代清楚，表述完整，题干中不出现与答案无关的线索，题干与选项内容属同一范畴。对于所选情境材料，要进行简化，提炼出有用的关键信息，尽可能地去除多余的无用信息，如新闻报道材料中过多的修饰语句、无关的图片等。

另外，题干慎用否定结构。当然，适当地使用否定结构形式，有益于培养学生的求异思维能力。使用否定结构可在否定用词下加着重号，如“不能”，适当提醒考生，以免在紧张的应答情况下，疏漏了否定结构的关键词。

例8 最佳城市实践区是上海世博会的一大亮点和创新点，我省某乡村成功入选上海世博会的乡村实践案例。今年清明节前，小明所在的学校组织全体学生参观考察该村。在乘车去该村的路上，为了防止太阳光射入，车内都拉上了窗帘，这时小明发现前座同学掉在车厢地上一直静止不动的一个空易拉罐向前滚去，聪明的小明立刻做出正确的判断：此时汽车正(   )

A. 加速向前开　　B. 匀速运动　　C. 减速往前开　　D. 静止

答案 C

【评析】 本题的题干取材于上海世博会的有关信息，但由此引出的考查问题并没有与此相关，题干中多数信息属于无用信息，对于考生答题并无用处。题干表述显得不够简洁、精练，不符合选择题题干的基本要求。

其实在本题的命题过程中，可以大胆删去前面所述的有关信息，如可以将题干简化成“在乘车去曾入选上海世博会乡村实践案例的某某村参观的路上，小明发现前座同学掉在车厢地上一直静止不动的一个空易拉罐向前滚去，聪明的小明立刻做出正确的判断：此时汽车正……”，甚至可以将题干进一步精练简化，如“在乘车去参观某地的路上，小明发现前座同学掉在车厢地上一直静止不动的一个空易拉罐向前滚去，聪明的小明立刻做出正确的判断：此时汽车正……”这样的表述，做到了既简洁、精练，又清晰、明确，符合题干命制的基本要求，也是选择题题干命制过程中需要把握的基本技术。

例9 动物的进化使它们的身体结构和功能更适应环境，下列现象用压强知识解释错误的是（　　）

A. 啄木鸟的喙又尖又长——减小受力面积，增大压强，有利于摄食

B. 狗的犬齿很尖——减小受力面积，增大压强，有利于撕咬食物

C. 鲫鱼的身体呈梭形——增大受力面积，减小压强，有利于水中游行

D. 骆驼的趾特别宽大——增大受力面积，减小压强，有利于沙漠行走

答案 C

【评析】 本题的题干比较简洁，一些重要的解题信息是通过题干与选项的合理搭配，使一些本来需要在题干中说明的文字内容，较好地蕴含在选项中的，让学生阅读试题后从整体上把握考试的内容和要求，较好地体现了选择题命题的基本要求。使题干简洁、精练，除采用类似上述例8的修改方案外，像本例题那样通过题干与选项之间的合理搭配，也可以达到目的，这也是命题时常用到的一种方法。

例10 提起压在容器中水面上方的活塞，容器中的水发生汽化，如图2-3-5所示。

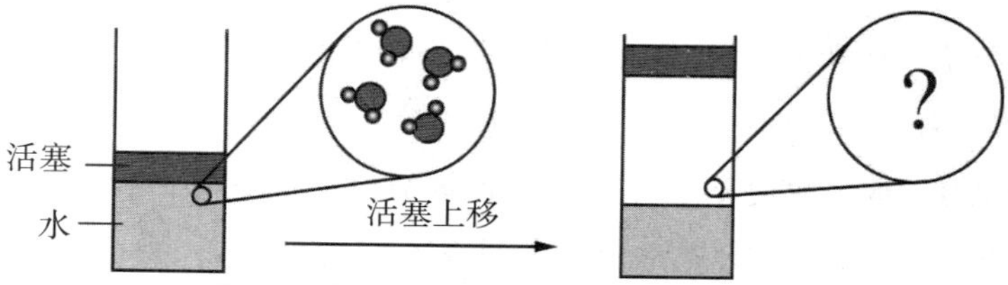

图 2-3-5

下图中，最能表示水汽化后在相同空间内的粒子分布的是(　　)

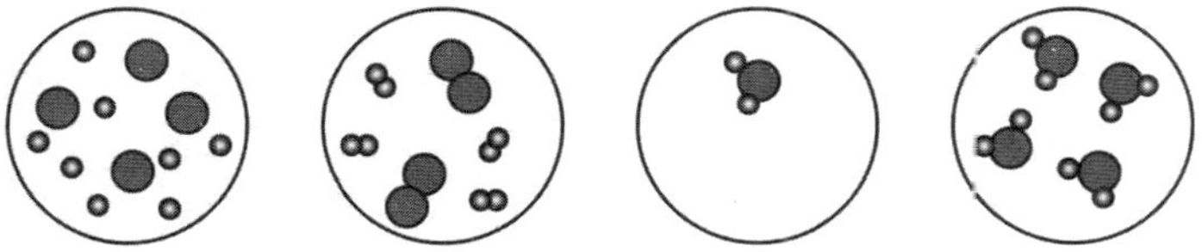

A　　　　B　　　　C　　　　D

答案　C

【评析】 本题的题干采用了文字与图示相结合的方式，既省略了许多文字，又使题干更加简洁、直观。命题时，这样的处理方式也是确保题干表述准确、简洁而常用的方法。

二、选项的命制

选择题中选项的命制将直接影响到学生的答题情况，进而影响到考试的可信度。在命制选项时，可重点关注以下几个方面。

(一) 如何增加选项的迷惑性

在选择题选项的命制过程中，迷惑选项的设置最为关键，也是比较困难的。初中科学学业水平考试的选择题是单项选择题，一般为四个选项。因此，每道选择题要有三个迷惑选项。迷惑选项应该是因错误解答可能得到的结果，而非十分明显不可能的情况。要增加迷惑选项的迷惑性，应使迷惑选项尽可能与题干的某些部分相关，使得每个迷惑选项看起来都是可能的。增加选项的迷惑性，使只有真正理解试题和正确选项的考生才能做出正确的选择。

命题者命题时，可以利用教材上共有的语言或真理性的措辞作为迷惑选项，这也是有经验的教师或命题者常用的方法。教材上的语言或真理性的措辞内容一般都是考生比较熟知的，学生一般不会怀疑其正确性，但其是否能够与试题情境相一致，则需要认真思考。这些教材语言或真理性的措辞往往会迷惑没有真正掌握知识和能力的考生。这样的选项命制，就能很好地起到迷惑作用。

命题者命题时，还可以用学生的典型错误来命制迷惑选项。对于学生平时学习中产生的错误,更能增加迷惑性,这也是命题时增加选项迷惑性的一种常用的有效方法。这样既可以使选项与题干之间保持紧密的逻辑联系,对考生的能力作出有效的推测,又有利于纠正学生的错误。这要求命题者要关注日常教学中、学生学习中有哪些模糊概念,常会犯哪些错误,产生的原因是什么等。把这些积累起来的素材,通过梳理,形成与题干相关的迷惑选项,考生的心理就能得到合理的推测,从而改进教学,这也是考试的意义所在。

此外,在整份试卷中要随机安排正确选项在迷惑选项中的位置,正确选项的排列应避免出现规律性,更应避免相对集中于同一位置。这也是命题时需要把握的增加一份试卷选择题选项迷惑性的一种好方法。

例11 如图 2-3-6 所示电路中,闭合开关 S,灯泡 L_1、L_2 都发光。现将一根导线接在该电路中的某两个接线柱上,会导致两灯同时熄灭的是( )

A. a 和 b　　B. c 和 d

C. e 和 f　　D. g 和 h

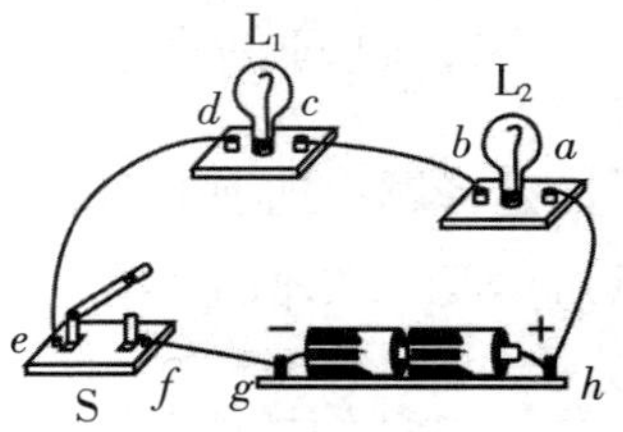

图 2-3-6

答案 D

例12 如图 2-3-7 所示是某品牌榨汁机。为了保障安全,该榨汁机设置了双重开关——电源开关 S_1 和安全开关 S_2。当杯体倒扣在主机上时,S_2 自动闭合,此时再闭合 S_1,电动机才能启动,开始榨汁。下列电路图符合上述要求的是( )

图 2-3-7

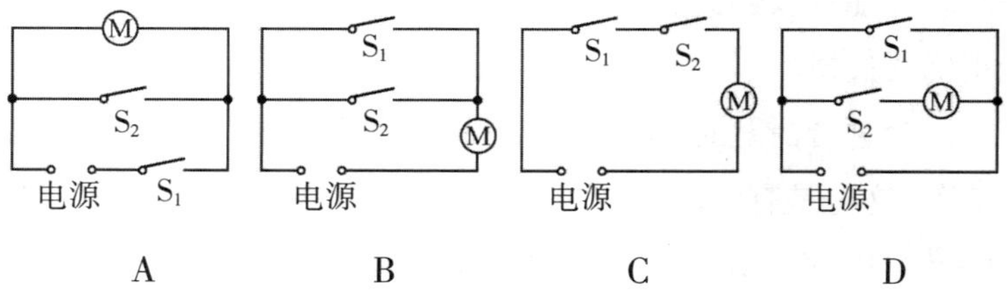

答案 C

【评析】 上述两道题考查了有关电路设计和连接的问题,从四个选项的形式和实际内容分析,较好地体现了选项的迷惑性。学生初看选项,每个答案都有可能,这样的选项设置就满足了命制合格选择题的选项迷惑性的基本要求。

例13 科学假说需要大量的现象或证据为基础，需要在实践中检验。下列现象或证据支持相应科学假说的是(　　)

A. 全球海平面上升——地壳在不断变动

B. 长江三角洲平原的形成——板块构造学说

C. 太阳的自转方向和太阳系行星的公转方向一致——星云说

D. 气球膨胀过程中，其表面上的小圆点都在不断相互远离——大爆炸宇宙论

答案 C

【评析】 本题围绕“假说与证据”之间的关系对学生进行考查，强化了核心素养的科学思维要求，体现了素养导向的命题理念。试题采用教材资源或生活实例来设置选项，较好地增加了选项的迷惑性。在实际测试中，A、B、C、D 四个选项的选择率分别为 12.8%、13.9%、39.2%、33.9%，这也印证了选项具有较高的迷惑性。

(二) 如何做到选项的同质性

选择题中常见的是考查事实性知识较多，一般一道试题属于一个层次，从相同或相近的角度来考查。因此，选项命制时要充分考虑各个选项是否属于同一层次的水平要求，各选项是否属于同一类型的概念等，这些都是确保选项同质性需要把握的关键，也是选项之间要相对独立的体现。

例14 用显微镜观察洋葱表皮细胞的实验过程中，视野中出现以下现象，通过操作可以达到相应目的的是(　　)

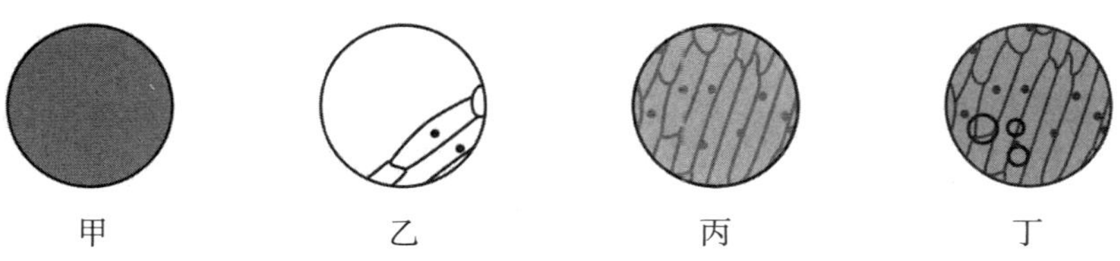

图 2-3-8

A. 针对现象甲，换成高倍物镜，可使视野变明亮

B. 针对现象乙，向左上方移动装片，可使右下角的物像位于视野中央

C. 针对现象丙，调节细准焦螺旋，可使物像清晰

D. 针对现象丁，调用大光圈，可使黑圈消失

答案 C

【评析】本题题干的情境来源于“显微镜观察洋葱表皮细胞装片”的实验观察过程出现的真实现象。试题围绕显微镜的主要结构设置问题，全面地考查了显微镜的操作方法及规范，体现了“新课标”对探究实践方面的要求，设疑方式比较新颖，干扰项同质有效。像本题这样的考查，对平时的实验教学也起到了良好的导向作用。

例15 土星是太阳系的第二大行星，2013年4月28日发生了土星“冲日”现象。所谓“冲日”是指位于地球轨道外侧的大行星和地球运行到与太阳在同一条直线上，而且地球处于大行星和太阳之间。在“冲日”期间用天文望远镜观察土星，则看到的土星“星相”类似于(　　)

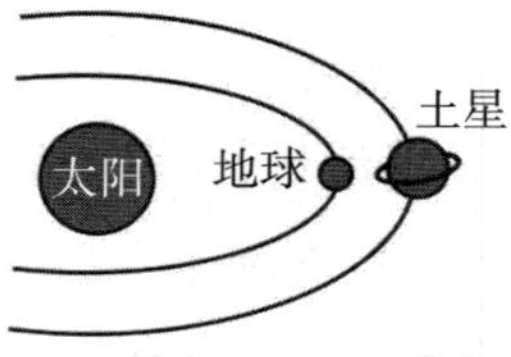

图 2-3-9

A. 新月　　B. 上弦月　　C. 满月　　D. 下弦月

答案 C

【评析】这四个选项都属于不同的月相，很明显属于同类型的知识，各选项之间具有较好的同质性。

例16 小明同学站在匀速上行的自动扶梯上，由一楼升到二楼的过程中，下列说法正确的是(　　)

A. 小明相对于地面是静止的

B. 小明的动能大小保持不变

C. 小明的机械能总量保持不变

D. 自动扶梯把机械能转化为电能

答案 B

【评析】本题四个选项中，A与B、C、D三个选项是同质的两个方面的考点，A考查的是运动和静止的相对性问题，而B、C、D三个选项考查的是有关能量的问题；此外，从选项的文字描述上看，A、B、C选项从小明的角度分析，而D选项则是从扶梯角度分析。因此，本题各选项之间的同质性要求体现得不够到位。其实，命制这类试题时可以从力、能量、运动等其中一个角度展开分析，这样设置选项能较好地体现选项的同质性，也较为合理。

（三）如何做到选项的简洁性

选项要力求简洁，除了对选项文字表述进行深入提炼外，常采用将选项中相同的内容尽可能置于题干中的办法。这样不但能使选项简洁，而且有利于考生作出合理的、与其心理结构相一致的判断，提高试题测量的效果。选项要做到简洁，还可以采用尽可能地删除过多修饰词语和无关表述的办法，在意思表达清晰的同时达到简洁的要求。另外，借助图片、图像、表格等形式，可以很好地简化文字，使选项更简洁、同质。一般地，从试卷版面上看，如果选项内容需要换行，就显得选项内容过多了。有时每个选项需要表述的文字较多，但最好不要换行。

例17 通过观察和实验可以帮助我们寻找规律，认识事物。下列有关实验分析错误的是（　　）

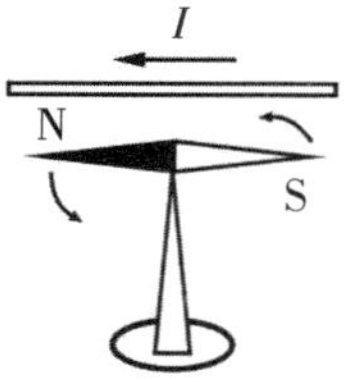

A. 奥斯特实验说明通电导线周围有磁场

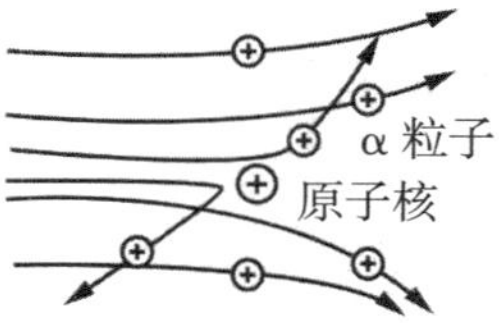

B. α粒子轰击金原子实验说明原子中心有原子核

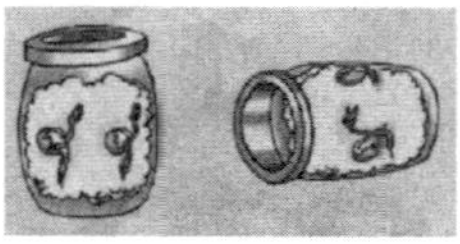

C. 蚕豆发芽对比实验说明植物有向性

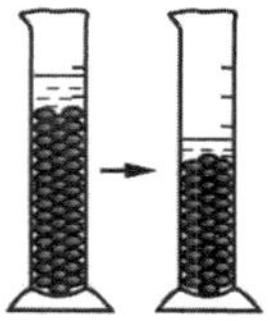

D. 黄豆和芝麻混合实验说明分子间有空隙

答案 D

【评析】 实验的描述往往比较复杂，有时需要较多的文字，如果结合图片来呈现，就能使试题更加简洁。本题选项的呈现方式就较好地体现了上述思想。同时，本题对教材实验的考查，是建立在要求学生理解的基础上，并没有明显的记忆成分，通过对选项合适地处理和呈现，考查了科学本质，也体现学科特点。这样的试题，看似简洁，但不简单，较好地体现了考试评价对教学的导向作用。

例18 小科通过研究得到"物体在液体中受到的浮力大小与液体密度、物体排开液体的体积有关，与物体浸入液体的深度无关"的结论。下列四组实验可以证明"物体受到的浮力大小与物体浸入液体的深度无关"的是（　　）

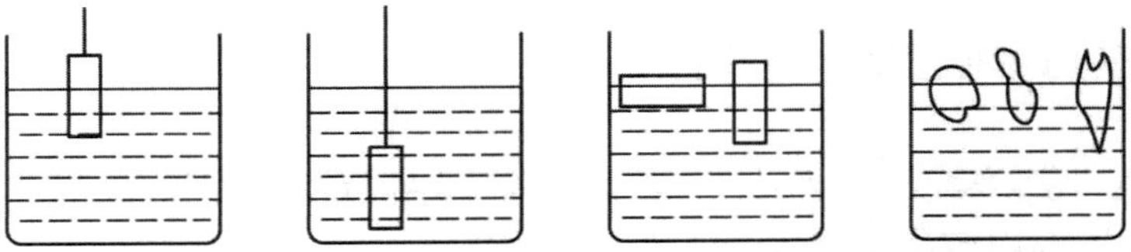

图 2-3-10

①测力计挂着浸在水中的铁块，慢慢下移，在铁块浸没前测力计示数逐渐变小

②测力计挂着浸没在水中的铁块，让铁块再下移一段距离，测力计示数不变

③将两块相同的木块以横、竖不同的方式放入水中，均漂浮在水面上

④将质量相同、形状各异的实心物体放入水中，均漂浮在水面上

A. 只有②③　　B. 只有②④　　C. 只有②③④　　D. ①②③④

答案　C

【评析】　本题采用了图示结合文字的形式，较好地呈现了较为复杂的实验探究活动，直观地展示了控制变量的思维过程，便于学生清晰地认识深度这一变量对浮力大小产生的影响。选项的命制中，采用了组合的方式，做到了简洁、明了，较真实地考查了学生对科学方法的掌握程度，强化了科学思维的要求。

选项的简洁性是选择题一个重要的特征。因此，在选择题的命制过程中，选项文字的精练、呈现形式的优化等是需要深入思考的重要方面。

三、选择题命题例析

下面以使用浙教版《科学》教材的某地七年级(上)期末调研检测试卷中的选择题为例，就一份试卷中的选择题命题技术的把握作一总体分析。

七年级(上)期末调研检测科学试卷

选择题(本题有 15 小题，每小题只有一个正确答案，每小题 2 分，共 30 分)

1. 在探究“暗盒里的物体是什么”时，小嘉用磁铁靠近暗盒，观察到盒中的物体能被磁铁吸引。“观察到该物体能被磁铁吸引”，这属于科学探究中的(　　)

A. 建立猜想　　B. 设计方案　　C. 获取证据　　D. 得出结论

2. 槜李是我市著名的特产水果，其果实硕大、皮色殷红、汁液甜美，槜李的汁液主要来自如图 2-3-11 所示细胞结构中的(　　)

A. ①　　B. ②

C. ③　　D. ④

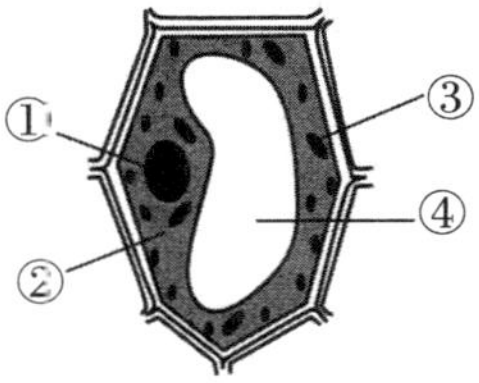

图 2-3-11

3. 2023 年 10 月 26 日，神舟十七号载人飞船与中国空间站成功对接，此后航天员们将开展多项科学研究。航天员在中国空间站能直接观察到的现象是(　　)

A. 蓝色的海和白色的云

B. 地球两极稍扁、赤道略鼓

C. 岩石圈“漂浮”在软流层上

D. 板块在相互发生碰撞和张裂

4. 科学以实验为基础，规范、正确的操作是实验成功的保证。下列是量取一定体积的水，并加热至沸腾的相关实验操作，其中正确的是(　　)

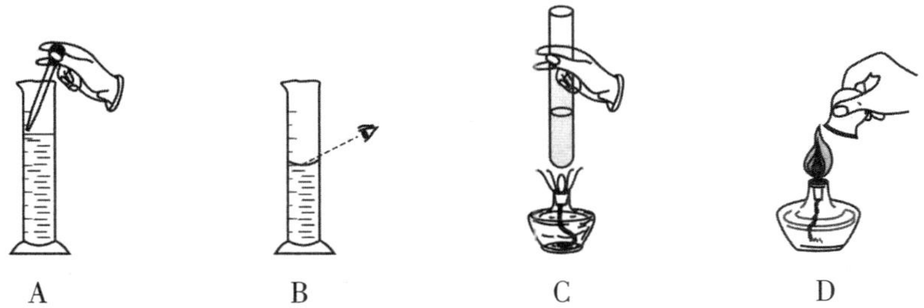

5. 支原体肺炎是由单细胞生物——肺炎支原体引起的肺部疾病，初期可用抗生素治疗。肺炎支原体会黏附于宿主的呼吸道上皮细胞表面，吸取养料。下列对肺炎支原体的判断错误的是(　　)

A. 肺炎支原体一定具有细胞膜

B. 肺炎支原体可能具有叶绿体

C. 肺炎支原体对抗生素会产生反应

D. 肺炎支原体会在呼吸道内生长繁殖

6. 在用显微镜操作时，为找到物像，使镜筒从最低处慢慢上升。此时，应转动的准焦螺旋及旋转方向是(　　)

A　　　　B　　　　C　　　　D

7. 我国的"二十四节气"已列入"人类非物质文化遗产"。下列是各节气中出现的物态变化现象,其中属于吸热的是(　　)

A. 立春时节冰雪消融　　　　B. 惊蛰时节朝雾弥漫

C. 寒露时节露水映霞　　　　D. 冬至时节寒霜遍野

8. 当地时间 2024 年 1 月 1 日 16 时许,日本能登半岛连续发生多次地震,最强达 7.6 级,并引发海啸。下列说法或推测正确的是(　　)

A. 地震发生时应立即进入室内抢救物品

B. 地震发生时一定会引发泥石流

C. 日本处于板块与板块的交界处

D. 能登半岛不会发生火山活动

9. 蜗牛、口腔上皮细胞、洋葱鳞片叶和人体血液是实验室经常使用的材料。从结构层次角度分析,以上材料由大到小的顺序是(　　)

A. 蜗牛、口腔上皮细胞、洋葱鳞片叶、人体血液

B. 蜗牛、洋葱鳞片叶、人体血液、口腔上皮细胞

C. 蜗牛、人体血液、洋葱鳞片叶、口腔上皮细胞

D. 蜗牛、洋葱鳞片叶、口腔上皮细胞、人体血液

10. 人类对物质的认识经历了从宏观到微观,从现象到本质的过程。下列微观本质对宏观现象的解释,正确的是(　　)

选项	宏观现象	微观本质
A	蔗糖被碾碎	物质是由大量分子构成的
B	海绵能吸水	分子之间存在空隙
C	公园中花香四溢	分子在不停地做无规则运动
D	两个铅柱能黏合在一起	分子之间存在斥力

11. 某校劳动实践基地采用了膜下滴灌技术：水通过塑料管上的滴头被送到农作物根部进行灌溉，且在滴灌土壤上方覆盖一层塑料薄膜，如图 2–3–12 所示。该技术能减少水分蒸发的原因是(　　)

A. 滴灌增大了水的流速

B. 滴灌降低了水的温度

C. 覆膜减慢了水分表面空气的流速

D. 覆膜增大了水分与空气的接触面积

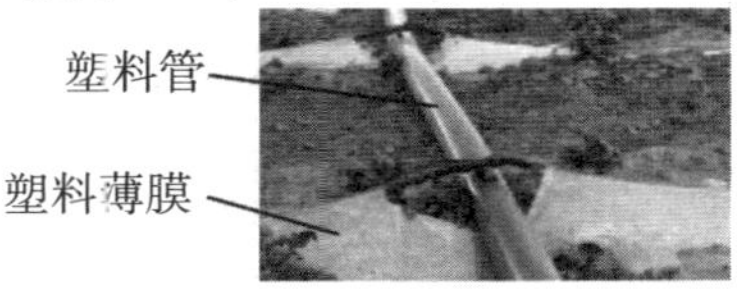

图 2–3–12

12. 推理论证需要基于证据。以下实验活动的结果能作为推理证据的是(　　)

A. 用彩色橡皮泥制作的细胞模型，推理细胞内部的结构特点

B. 观察熟鸡蛋有蛋黄、蛋白和蛋壳，推理地球内部的结构特点

C. 折断筷子时双手感受到震动，推理地震是由于岩层断裂引起的

D. 由氢氧化钠溶液和氯化铁溶液混合，产生红褐色沉淀，推理发生的是化学变化

13. 为了研究液体的扩散现象，小嘉用注射器慢慢地将清水注入盛有酒精的烧杯底部，如图 2–3–13。其中“●”代表酒精分子，“○”代表水分子。一段时间后，烧杯中的微粒分布情况可表示为(　　)

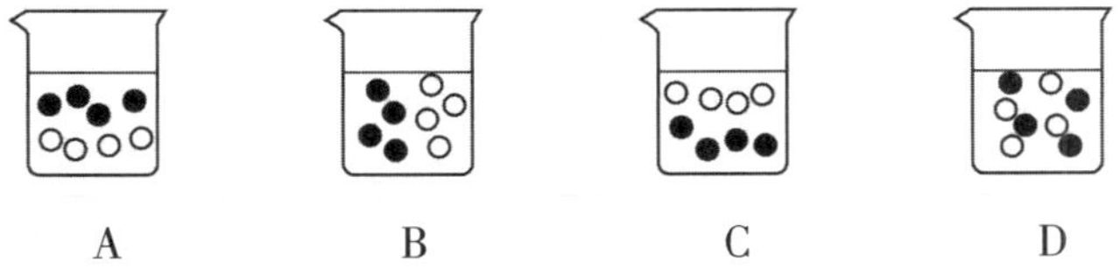

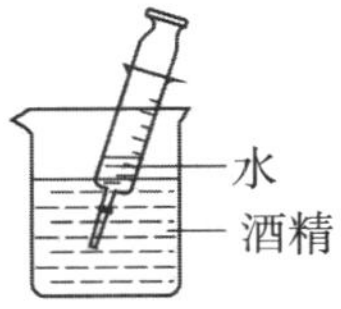

图 2–3–13

14. 物质总在不断地变化，但也维持着相对稳定。某冰块熔化成水后(　　)

A. 密度不变　　B. 比热变大　　C. 分子空隙不变　　D. 质量变小

15. 将一支普通温度计和一支示数为 37℃的体温计放在窗台同一位置，记录一天中温度计示数 T 随时间 t 的变化情况并绘成图象。下列图象可能正确的是(　　)

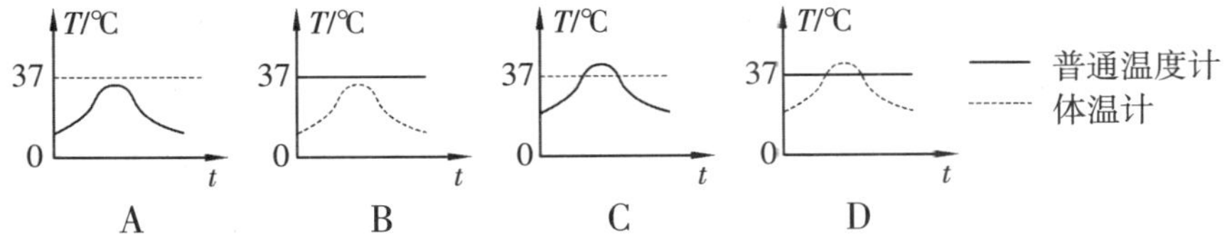

（参考答案：1. C　2. D　3. A　4. D　5. B　6. A　7. A　8. C　9. B　10. C　11. C　12. D　13. D　14. B　15. A）

七年级（上）期末调研检测科学试卷选择题考试内容及有关实测数据

题号	考试内容	章节分布（所占分值）				实测难度（难度系数）	区分度
		一	二	三	四		
1	探究的要素	2				0.92	0.34
2	细胞的结构		2			0.91	0.43
3	地球的形状和内部结构			2		0.78	0.34
4	实验基本操作	2				0.91	0.29
5	物种的多样性		2			0.77	0.31
6	显微镜的使用		2			0.56	0.30
7	物态变化				2	0.88	0.37
8	地壳的变动			2		0.91	0.33
9	生物体的结构层次		2			0.68	0.45
10	物质的构成				2	0.83	0.41
11	蒸发快慢的影响因素				2	0.81	0.42
12	推理论证			2		0.79	0.47
13	模型建构				2	0.77	0.35
14	密度、比热、质量				2	0.71	0.51
15	数据的处理	2				0.55	0.53
合计		6	8	6	10	0.78	0.39

从考试内容和学业要求分析，这份调研检测试卷选择题的考试内容分布较为合理。由于是期末调研检测试卷，因此要求考试内容能紧紧围绕本册教材展开，要尽可能地考查到本学期的重点内容和核心能力。分析试题可知，本卷选择题涵盖了七（上）教材的主要教学内容，兼顾各章节内容的分布，既有重要知识，也有基本实验，既有知识再认，也有实际应用，强化了核心概念以及本学期涉及的主要科学方法的考查。

从核心素养和教学导向分析，这份调研检测试卷的选择题，积极创设情境，强调概念辨析，关注能力立意，体现素养导向。15 道选择题中，几乎没有考查需要学生机械记忆的内容。试题考查了细胞结构、地壳变动、物态变化、生物多样性、物质的构成、生物体的结构层次、密度、比热以及质量等核心内容，也考查了实验基本操作、显微镜的使用等重要实验技能和能力，还考查了探究基本要素、模型建构、推理论证以及数据处理等科学思想和方法。命题立意中，不仅强化了科学观念、科学思维、探究实践的要求，也积极落实了态度责任的考查。这样的命题设置，较好地体现了核心素养的要求，对教学产生了良好的导向作用。

从命题技术和实测数据分析，这份调研检测试卷的选择题，文字表述简洁，意思明确、精准，问题设置合理，选项科学、有效，试题情境新颖，强化学以致用，呈现形式丰富多样，有文字、图像、表格等。选择题分值占总分的30%，也较为合理。选择题中多数试题的难度系数在0.7以上，整体难度系数为0.78（整卷难度系数为0.72，客观题相对主观题容易些，这样的难度分布较为科学），区分度为0.39，没有出现偏难题，对一个学期的期末调研检测而言较为合理，这也提高了检测的效度和信度。

对一份试卷的选择题而言，除了努力提高每道试题的质量外，更重要的是要从内容要求、教学导向、命题技术等各方面，整体上把握一份试卷中选择题的目标导向与评价功能。

命题是一项需要智慧，又需要付出心血的艰苦工作，选择题的命题过程更是如此。纵观一份试卷的选择题，在命题时，既要考虑题干，又要考虑选项；既要考虑单道试题的命制，又要从整体上考虑各选择题之间的关系，以及选择题与其他题型之间的关系；既要充分地依据《课程标准》和教材，又要严格地按照选择题命题的有关要求。只有通过创设合理的问题情境，科学把握考试内容和思维要求，以核心素养的培养目标为命题导向，精心设置各个选项，灵活多样地呈现试题，在深入研磨的基础上，才能努力提高试题的效度和信度，才有可能命制出质量较高的选择题。

第三章　科学主观性试题的命制

主观性试题可以更加全面、灵活地考查学生对科学知识、技能和能力的掌握和应用情况，更好地考查指向问题解决的核心素养能力，有利于实现试题从知识立意向素养立意转变。从布鲁姆对知识的认知水平层次来看，主观性试题更加适合测量出学生分析、评价和创造等高阶思维的目标能力，而且在问题设计上，主观性试题比客观性试题更具有系统性和多样性，避免客观题中的偶然性和运气成分对考试效度的影响。本章通过对近几年浙江省内外的初中学业水平考试(科学)试题卷和期末卷中典型试题的分析，阐述科学主观性试题的特点、命题要求、命题技术以及一些新型主观性试题的命题要求等。

第一节　科学主观性试题的特点

科学学科的主观性试题通常以填空、实验探究、计算、原理解释和作图等形式呈现，试题类型多样，考查内容广，能力要求高，也能体现试题的开放性。由于客观性试题的答题方式是相对固定的且难以呈现思维过程，因此，客观性试题难以体现试题的开放性。主观性试题可以通过多样的题型考查学生解决问题的思维过程和结果，因此，可以体现试题的开放性。主观性试题的开放性，既包括解决过程的开放性，也包括答案的开放性。尽管主观性试题的类型多样，但总体上看具备以下一些共同特点。

一、关注设问角度的多样设计

从碎片化、点状式测试走向整体性、结构化的测试，这是试题发展的一种趋势。客观性试题通常测量目标比较单一，试题设问角度单一，往往一个情境对应一个设问和一个测量目标，学生答题受到的限制较多。主观性试题可通过一个情境创设多个子问题来提高测量目标分布的广度，从而使测量目标和设问的角度更加多样化，既较好地体现了测量目标的素养立意，同时也提高了情境的利用率。

例1　海水中的微生物达到一定值时，可能会影响到海边居民的健康。经研究发现，某海滩海水中细菌数量随潮水大小的变化而变化。为此，兴趣小组进行了相关研究。

（1）查阅资料得知：日、地、月三者位置变化引起潮水大小的变化。当三者位于同一直线时形成大潮。下列对大潮时日、地、月三者位置关系的描述，正确的有______（填字母，可多选）。

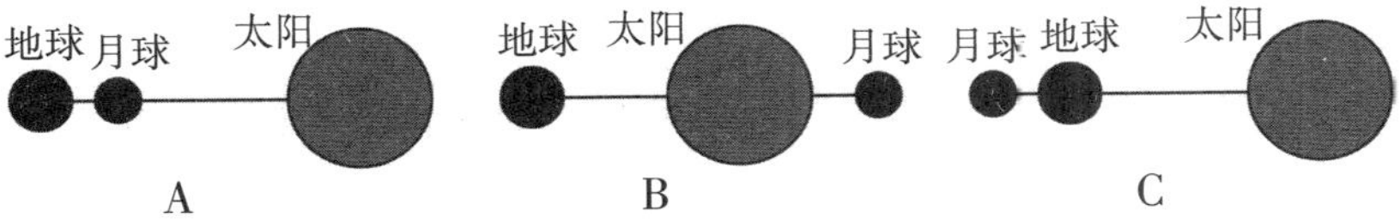

图 3-1-1

（2）为了解海水中细菌的来源，调查发现海滩高处有一些腐烂的生物体，含大量细菌。

①细菌在适宜的环境下会大量繁殖。如图 3-1-2 所示为某种细菌的繁殖示意图，则该细菌的生殖方式属于______生殖。

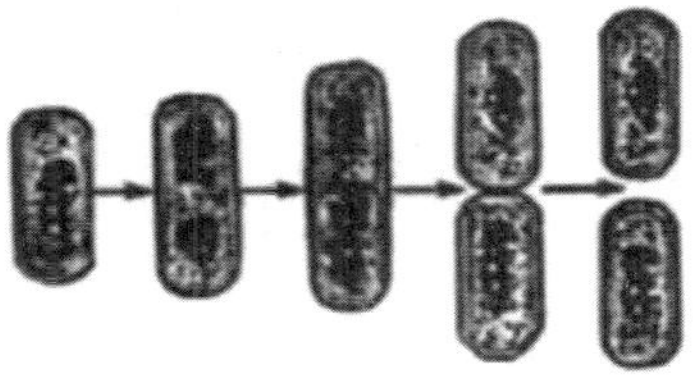

图 3-1-2

②潮水越大，水位上升越高。他们猜想：大潮时，海水中增多的细菌来自这些腐烂的生物体。要验证这一猜想，需要获取哪些证据？_______（写一个）。

答案　（1）AC　（2）①无性（分裂）　②大潮时海水漫过海滩高处腐烂的生物体

【评析】　本题以海水中细菌的数量变化为情境，通过三个子问题的设计，考查学生对"地球、月球和太阳的相对运动，细菌的繁殖方式"等知识点的掌握程度。在第(1)题和第(2)题第①小题中，分别通过对地球、月球、太阳三者的位置模型的构建，以及对细胞分裂生殖的模型构建，考查学生的科学思维，凸显了素养立意。在第(2)题第②小题中，通过"验证猜想，需要获取哪些证据"的设问，考查了学生综合分析和举证的关键能力，同时体现对学生高阶思维和科学思维的关注，实现对设问角度的多样化、知识目标广度和能力目标综合性的兼顾特点。

二、注重设问难度的梯度设计

客观性试题只有一个问题，答案也是唯一的。主观性试题往往一个情境对应多个试题，各个试题之间的难度呈现一定的递进关系，从而形成一定的难度梯度，使问题之间呈现一种由简单到复杂的过程，从而有利于学生答题。许多主观性试题的各小题之间还会出现由封闭性问题到开放性问题的设计，从而可以较好考查学生不同的思维类型。特别是开放性试题，可以鼓励学生独立思考，实现考查由单一知识回忆到多元知识综合应用的过程，如考查学生评价、改进、分析、推理等能力。

例2 生活中处处有科学，小明在小区游乐场里发现很多玩具蕴含了功和能的知识。

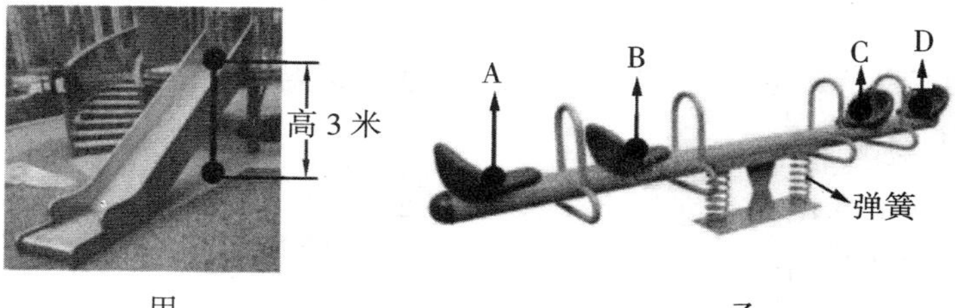

图 3-1-3

(1) 人能从滑梯滑下是因为重力做功，重为500牛的小明从图甲的滑梯顶端滑落到地面，重力做功______焦。

(2) 图乙是双人跷跷板，座位A和D到支点的距离都为100厘米，座位B和C到支点的距离都为60厘米，重为500牛的小明和300牛的小红想要玩跷跷板，他们的座位选择合理的是______。

(3) 小明发现双人跷跷板加装了弹簧后，自己从水平位置开始下降到最低点，再返回水平位置的过程中比不加弹簧时更省力，从能量转化的角度解释其原因：______。

答案 (1) 1500 (2) 小明B、小红D(或小明C、小红A) (3) 向下运动时人的机械能转化为弹簧的弹性势能，到达最低点向上运动时弹簧的

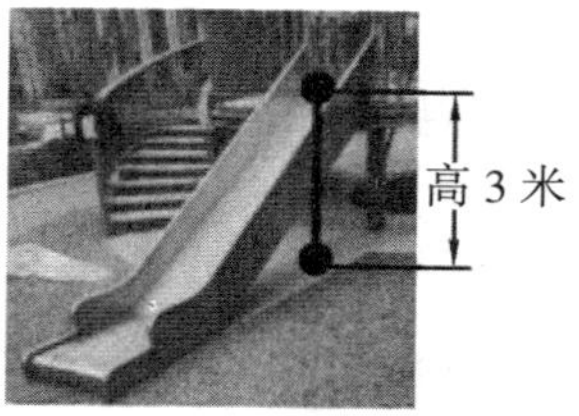

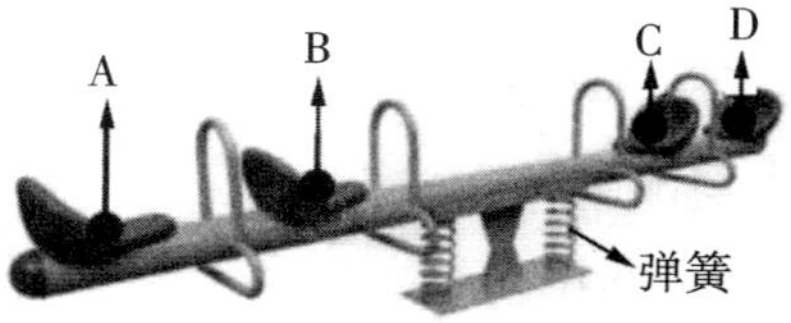

弹性势能又转化为人的机械能

【评析】 本题以生活中游乐场的器材为情境，设计了三个有明显梯度的问题。问题(1)考查做功的计算，简单应用公式 $W=Fs$ 计算，属于简单题。问题(2)考查学生应用杠杆平衡条件解决现实问题的能力，属于迁移应用，难度中等。问题(3)考查学生利用能量守恒定律解释生活中的技术现象的能力，需要分析跷跷板利用过程中的能量类型、能量转化过程，并利用能量守恒解释原因，对学生的情境分析能力、知识综合应用能力和语言表达能力等要求都较高，试题难度较大。三个问题紧扣试题情境，问题设计多元，同时难度逐渐提升，体现了一道主观性试题各小题之间难度的梯度化设计的过程。

三、关注情境的整合设计

主观性试题的情境往往比客观性试题更复杂、多样，解答主观性试题比客观性试题更需要综合分析和解读情境信息，因而在命制主观性试题时，要关注情境的整合设计，以充分体现问题与情境的关联性，即既要体现情境信息对答题的提示作用，也要体现情境信息对答题的约束作用。核心素养的一个重要特征表现为对知识的灵活迁移应用、解决问题的能力。主观性试题情境的整合化设计，有利于问题的综合性设计，有利于考查学科核心素养。

例3 小科在学习了碱和盐的性质后，将少量硫酸铜溶液滴入 2mL 氢氧化钠溶液中，没有观察到预期的蓝色絮状沉淀，这是为什么呢？

【猜想】猜想一：氢氧化钠与硫酸铜反应放热，使氢氧化铜的溶解度增大。

猜想二：生成的氢氧化铜继续与氢氧化钠发生反应。

【实验】实验操作及现象如图 3-1-4：

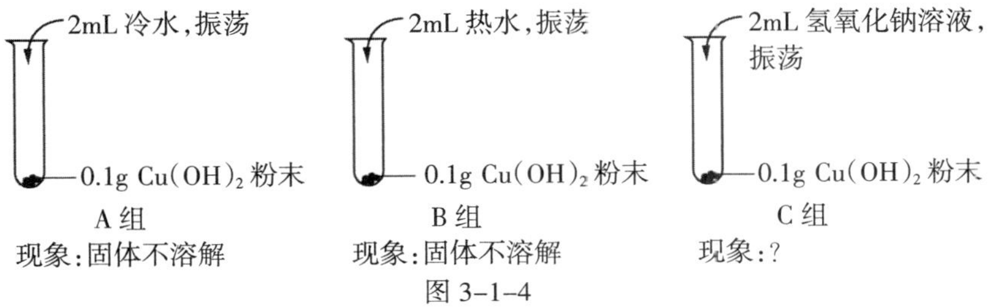

图 3-1-4

（1）为了验证猜想一，小科应选择________两组实验进行对比。

（2）若猜想二正确，C 中“？”处应填写的现象是________。

（3）查阅资料得知：氢氧化铜能与氢氧化钠溶液发生反应，生成可溶物。小科再次做硫酸铜溶液与氢氧化钠溶液反应的实验时，他应该怎么做，才能立即观察到预期的蓝色絮状沉淀？请你写出一种方法。

答案 （1）A、B （2）固体消失 （3）将氢氧化钠溶液滴入硫酸铜溶液中

【评析】 本题以课堂实验中出现的“异常”现象为情境，情境新颖，但对学生来说可能是陌生的。试题的三个问题都依托情境，可以说，离开情境，学生将无法回答问题，从而引导学生关注和尊重真实的实验现象，应用所学知识解决问题。第(3)题的设问暗示了答案的不确定性，学生要解决该问题，必须结合已有的实验现象，分析并确定使硫酸铜溶液与氢氧化钠溶液反应，要观察到预期的蓝色絮状沉淀，需控制氢氧化钠用量。该题在考查学生对化学反应中“量”的理解的同时，还考查了学生思维的发散性、开放性，也引导教师和学生对科学本质的认识，关注日常学习中出现的“异常”现象。

四、关注呈现应答的思维过程

试题要从注重考查记忆理解的结果到注重考查思维过程、探究过程和做事过程。客观性试题通常是以选择或判断的形式呈现，由于选择题选项的提示功能以及其他一些暗示性特点，试题较难考查学生的思维过程。主观性试题可以通过问题解决、推理论证和方案设计等考查手段，综合考查学生分析复杂的信息，整合、评价数据与证据，解释现象等能力，给予了学生更大的自主发挥空间，学生的思维过程可以通过主观题的答题过程得以充分展示。另外，可以利用 SOLO 评价等方式将不同思维层次的学生进行分类评价，以更加有效地提高试题的效度和甄别功能。

例4 如图甲所示是一种家庭水箱水位测量装置示意图，电源电压 18 伏保持不变，电压表量程 0～15 伏，电流表量程 0～3 安，R_0 是阻值为 10 欧的定值电阻，R_1 是长 20 厘米、阻值为 20 欧的电阻丝，滑片 P 把电阻丝与轻质弹簧的指针连在一起。圆柱体 M 长 80 厘米，底面积为 200 厘米^2。当水位处于最高处时，M 刚好浸没在水中，滑片 P 恰好在 R_1 的最上端。轻质弹簧阻值不计，M 全部露出水面前，弹簧的伸长长度 ΔL 始终与受到的拉力 F

成正比，如图乙所示。

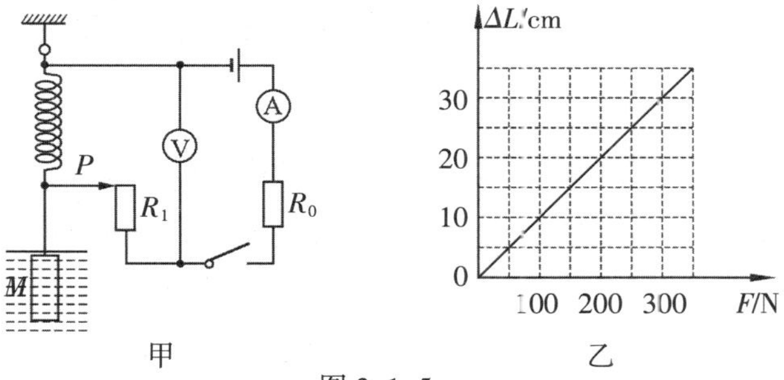

图 3-1-5

（1）当水位下降时，电路中示数会随之减小的电表是________。

（2）当水位处于最高处时，电压表的示数为多少？

（3）当水位下降时，圆柱体露出水面部分的长度为 50 厘米，电流表示数为多少？（g 取 10 牛/千克）

答案 （1）电压表

（2）当水位处于最高处时，$R_1=20$ 欧，$R_{总}=R_1+R_0=20$ 欧$+10$ 欧$=30$ 欧，

$$I_1=I=\frac{U}{R_{总}}=\frac{18\text{ 伏}}{30\text{ 欧}}=0.6\text{ 安},U_1=I_1R_1=0.6\text{ 安}\times 20\text{ 欧}=12\text{ 伏}$$

（3）$\Delta F_{浮}=\rho_{水}g\Delta V_{排}=\rho_{水}gSh_{露}=1.0\times 10^3$ 千克/米$^3\times 10$ 牛/千克$\times 200\times 10^{-4}$ 米$^2\times 50\times 10^{-2}$ 米$=100$ 牛，

弹簧对圆柱体拉力增大 $\Delta F=\Delta F_{浮}=100$ 牛，弹簧伸长量 ΔL 增加 10 厘米，即轻质指针从最高处下降 10 厘米，$R_1'=20$ 欧-1 欧/厘米$\times 10$ 厘米$=10$ 欧。

$$I'=\frac{U}{R_{总}'}=\frac{18\text{ 伏}}{10\text{ 欧}+10\text{ 欧}}=0.9\text{ 安}$$

【评析】 本题通过三个子问题的设计，考查学生对“串联电路特点、欧姆定律应用、结合电路分析和阿基米德原理解决实际问题”等知识点的掌握程度，并且借助图像等非连续性文本考查学生获取信息能力、综合分析能力，其中第(2)(3)题的设问方式更加注重对学生思维过程的考查。另外，结合答题过程中不同步骤的分值设计，较好地体现了分层评价的思想。

第二节　科学主观性试题的命题要求

《课程标准》指出：试题要按照“明确测评指标—预估试题的难度水平—确定测评题目的类型—确定试题情境和任务—确定测评题目的评分标准”的流程来命制。初中科学学业水平考试中主观性试题常见的题型有填空题、实验探究题、解答题等。每种题型的特征和命制要求有所差异，具体情况如下表所示。

三种常见类型的主观性试题对比表

题型	主要考查方向	主要表征
填空题	填空题主要考查较低认知水平的目标，运用一个步骤的认知过程为主，如回忆事实、术语、概念或原理，从图表中读取某一条信息。	问题陈述简明、准确、精炼、规范；各小题之间互不关联、提示；各小题设问既要考虑测量目标的广度，又要兼顾考试要求及难度梯度的合理分布；设问要明确，答案简明、准确，尽量避免机械记忆。
实验探究题	实验探究题一般考查探究技能或科学方法，考查探究实践的过程，注重方案的设计、评价和举证等。	情境真实且有探究价值，提供的数据客观、准确；各小题设问过程要统筹考虑探究技能类型及考试要求的分布；设问时力求问题具有一定的开放性。
解答题	解答题通常有分析计算和论证说理两种类型，注重考查学生综合分析能力；利用科学原理进行计算、解释、概括和表达能力；获取和处理信息的能力。	情境简练且表述准确；各小题的信息呈现方式多样化（如文字、图像、表格、流程图等）；参考答案规范、评分细则明确（必要时可采用 SOLO 评价），赋分合理且可操作性强。

以上三种类型的主观性试题虽然在考查方向和表征上有所差异，但都具有“测量目标丰富多样、刺激情境真实科学、设问精准、参考答案与评分细则规范且易操作”等特点。下面通过具体案例对各种类型的主观性试题在“测量目标、刺激情境和设问与应答”这三方面的命制要求作详细介绍。

一、基于核心素养确定测量目标

初中学业水平考试命题第一步就是要明确测量目标。试题要追求素养立意，测量目标上要兼顾科学核心素养的四个维度，全面考查科学观念、科学思维、探究实践和态度责任。在制订主观题测量目标时，既要考虑各测量目标的分布广度及难度递进关系，又要兼顾体现从知识到素养，从“做题”到“做事”的理念转变。在同一道主观性试题中，将不同领域的知识考点以不同的考试要求设计不同难度的子问题，以测量学生对科学知识掌握的全面性以及掌握的程度。同时，在同一道主观性试题中，将多个相关的知识考点进行统整，并将信息获取、综合分析、原理迁移、逻辑推理和概括表述等能力进行有效体现和测量，综合运用学科知识和方法解决问题，以充分体现科学学科的综合性。

例1 如图 3–2–1 所示是小明在做俯卧撑和引体向上的锻炼场景。

图 3–2–1

（1）图甲中小明静止时地面对双手的支持力为 F_1，图乙中小明静止悬挂在单杠上时，单杠对他的作用力为 F_2，则 F_1______（填“大于”“小于”或“等于”）F_2。

（2）重为 600 牛的小明按图乙做一个引体向上，需克服自身重力做功约为______焦。

（3）运动时，人体产热增加，散热也加快，使体温维持稳定。写出此时散热的一种方式：____________________。

答案 （1）小于 （2）420 （3）汗液蒸发散热（或皮肤直接散热）

【评析】 本题以熟悉的运动——俯卧撑和引体向上为主题，结合图示中对两种锻炼场景的再现，将“二力平衡、物体做功、体温调节”三个问题统领在一个主题下，综合考查了学生能力的同时，又不增加学生的审题负担，体现出了试题立意自然真实，考点分布较广，梯度设置合理、难度控制有效。

例2 某同学进行"观察金鱼尾鳍内的血液流动"实验。

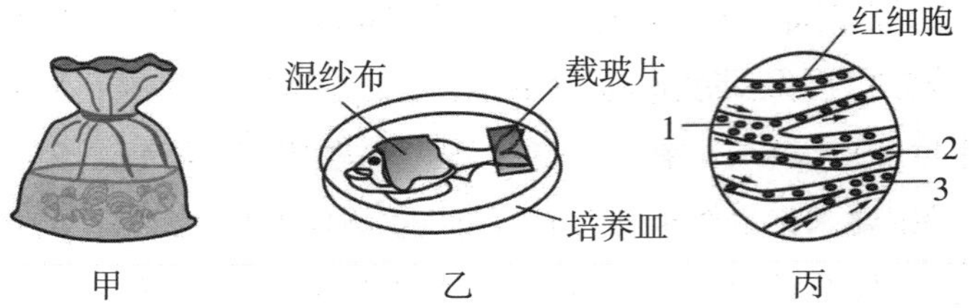

图 3-2-2

(1) 如图甲,装有金鱼和水的塑料袋受到的总重力为 20 牛。该同学将扎紧袋口的塑料袋放入水中,发现它漂浮在水面上,则排开水的体积为______米^3。

(2) 用显微镜观察图乙中鱼尾鳍内的血液流动,结果如图丙所示。

①判断图丙中血管 2 是毛细血管的依据是______________________。

②要将图丙中右下角的血管 3 移到视野中央,应将培养皿往________移动。

答案 (1) 2×10^{-3} (2) ①红细胞单行通过 (3) ②右下方

【评析】 本题主要以观察金鱼尾鳍内的血液流动的实验为主线,考查了"阿基米德原理、血管种类与特点、显微镜的操作"等多个知识点。第(2)题不是采用对三种血管种类进行简单的选择,而是通过举证的方式,要求学生对图像进行分析,建立与核心概念之间的联系,体现了试题的素养立意。本题从教材的实验出发,巧妙结合了物理和生物的相关知识,考查了学生综合运用所学知识解决问题的能力,从而引导教师对教材的重要实验和基本实验操作的重视,对今后教学具有较好的导向作用。

二、融入真实生活,设计刺激情境

要减少裸考知识现象,让测评发生在知识处于生成状态或应用状态的情境之中。无应用情境就无知识测试。试题的刺激情境是学生在回答问题之前必须阅读的内容,是体现素养立意的基础,是实现考查目标的重要载体,也是问题的策源地。情境蕴藏着重要的答题信息,是影响答题的关键因素之一。PISA 测试试题就重视情境的真实性、复杂性、有效性、多元性和教育性。科学主观性试题的刺激情境通常包括教材文本、传统文化、科学史、科学实验、生活现象、小发明、科技产品介绍、探究实践活动、项目化学习等。在主观性试题题干的命制过程中，也要创设真实的情境，让问题生长在情境中，同时，题干还可以以文本、图像、表格、模型、流程图等方式呈现，以刺激学生，达到通过多样化的信息呈现方式考查学生阅读非连续性文本的能力，以及对信息的获取、加工、处理和应用等能力的目的。命制试题情境时，力求情境真实、科学、简明，同时对情境的理解能力要求也不能超出学生的应有水平。

例3 在献爱心活动中，小明为敬老院老人设计了一款智能电热坐垫，能实现加热后自动保温。该坐垫电路如图甲，R_a 是安装在坐垫内的热敏电阻，其阻值随温度的变化如下表所示。

热敏电阻 R_a 的阻值与温度的关系

温度/℃	20	25	30	35	39	40	41	42	43	44	45	50	55	60	65
阻值/欧	600	480	390	300	240	230	220	210	200	190	180	150	120	100	85

闭合开关 S_1、S_2，电热坐垫启动高功率工作模式，当通过电磁铁的电流达到 0.05 安时，衔铁 L_a 和 L_b 同时被吸引，转为低功率工作模式。当坐垫温度降低使通过电磁铁的电流为 0.04 安时，电磁铁无法吸住衔铁 L_a 和 L_b，让 L_a 和 L_b 恢复原位，又转为高功率工作模式。电热坐垫在高功率和低功率模式之间切换，使其温度维持在一定的范围。

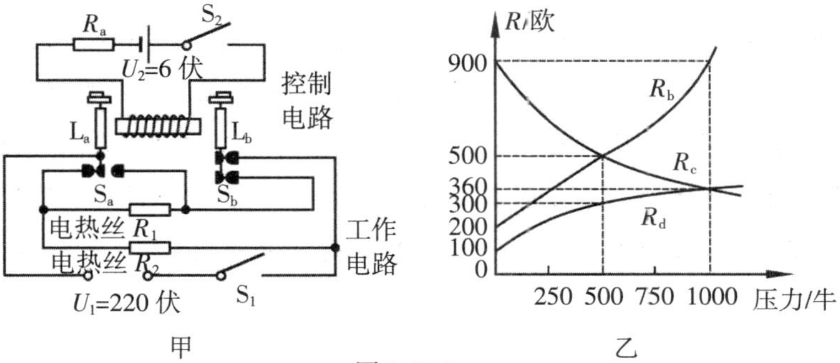

图 3-2-3

（1）分析表中数据，当温度升高时，热敏电阻 R_a 的阻值______（填“变大”或“变小”）。

（2）图甲中 R_1 和 R_2 的阻值均为 1210 欧。在某次测试中，电热坐垫高功率工作和低功率工作用时均为 10 分钟，则本次测试中电热丝消耗的总电能为多少焦?

(3) 小明想在控制电路中增加一个力敏电阻,以实现两个功能:

①1000 牛压力以下,坐垫最高温度不超过 45℃;②人离开后,坐垫始终低功率工作。

现有三种力敏电阻 R_b、R_c、R_d,其阻值随压力变化如图乙所示。写出你选择的力敏电阻以及在控制电路中的连接方式,并写出 500 牛压力下坐垫的最高温值:____________。(线圈阻值忽略不计)

答案 (1) 变小

(2) 工作电路处于低功率状态时,R_1 和 R_2 串联,

$$R_{总}=R_1+R_2=1210\text{ 欧}+1210\text{ 欧}=2420\text{ 欧},$$

$$W_{低}=\frac{U^2}{R_{总}}t_{低}=\frac{(220\text{伏})^2}{2420\text{ 欧}}\times 600\text{ 秒}=1.2\times 10^4\text{ 焦},$$

工作电路处于高功率状态时,R_1 和 R_2 并联,

$$W_{高}=\frac{U^2}{R_1}t_{高}+\frac{U^2}{R_2}t_{高}=\frac{(220\text{伏})^2}{1210\text{欧}}\times 600\text{秒}+\frac{(220\text{伏})^2}{1210\text{欧}}\times 600\text{秒}=4.8\times 10^4\text{焦}。$$

消耗的总电能为 $W_{总}=W_{低}+W_{高}=1.2\times 10^4\text{焦}+4.8\times 10^4\text{焦}=6\times 10^4\text{焦}$

(3) 选用 R_d 与 R_a 并联,500 牛压力下坐垫的最高温度值为 43℃

【评析】 本题以智能电热坐垫为情境,引导学生关注工程技术及其背后的科学原理,通过多样化的非连续文本的设计与表达,很自然地融入了电磁继电器、串并联电路、欧姆定律、电功(率)计算等一系列知识点,考查了学科的综合分析能力。这种综合化的主观性试题注重系统思考和多元整合,不仅能体现 STEM 理念,还能促进学生对事物的整体认识和全面的判断,在实现对学生核心素养考查的同时,又能引导教师在教学中不断思考、开发与工程、技术和社会等方面有关的课题与试题,树立科学与生活密切联系的态度责任。

三、基于关键能力,设计设问与应答要求

设问与应答是试题的重要组成要素,两者密切相关,试题的设问是体现试题考查内容和考查目标的“靶的”。设问规定了考生在试题所设置的情

境中做出的响应。设问的合理与否，关系到考查的信度和效度。考生的应答设计要能了解考生理解能力、推理能力、分析综合能力和应用数学方法处理科学问题的能力。

（一）明确设问方向和应答要求

用清晰、明确的语言表述设问，准确体现考试的目标和内容，使考生真正理解试题的意图，使用与要测量的认知目标或认知行为目标相一致的行为动词进行设问，能让考生准确理解把握设问的指向和解答要求，不会发生误解。应答的内容和表述形式的要求要明晰，避免考生因理解上的差异应答不一，造成阅卷和评分的困难。不同试题的应答，最好能有文字、图表、数学式等多种形式，可以比较全面地考查考生的表述能力。

例4 “稻花香里说丰年，听取蛙声一片”，水稻是南方的主要粮食作物。图1表示某稻田生态系统食物网简图，图2表示该生态系统中部分成分之间的关系（A、B、C表示生物成分；甲、乙之间存在捕食关系，饼状图表示甲、乙体内有机物的相对含量）。请据图回答：

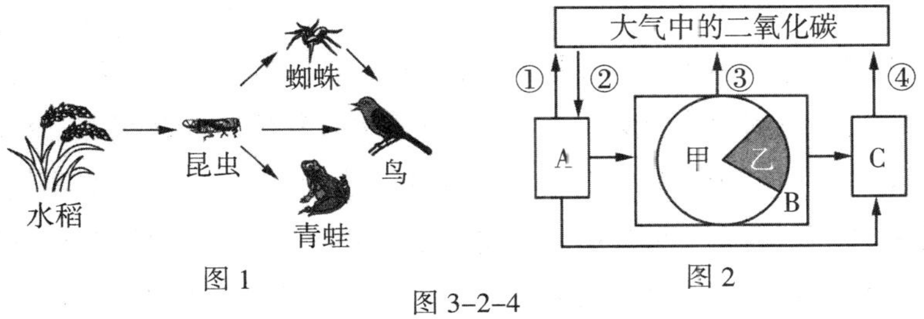

图 3-2-4

（1）图1所示的食物网包含的生物成分有________。

（2）该生态系统以水稻为主，动植物种类相对较少，其生态系统的_____________较弱。

（3）图2中包含的食物链是__________（用字母、甲、乙和箭头表示），其中甲对应图1中的________。

（4）生态学家为研究三种蜘蛛捕食叶蝉（水稻害虫）的能力，用含有铕元素（这种元素在生物体内是难以分解、无法排出的）的泥土培育水稻，然后测定稻田中三种蜘蛛体内铕的含量。其实验结果如下表所示，由此你认为选择__________来治理水稻害虫叶蝉最合理。

每百只蜘蛛鲜重中的铕含量/微克		
锥腹肖蛸	拟水狼蛛	食虫沟瘤蛛
10.44	20.17	3.21

答案 （1）生产者、消费者 （2）自动调节能力 （3）A→甲→乙 昆虫 （4）拟水狼蛛

【评析】 本题以水稻田生态系统为主体，考查“生态系统的成分、食物链、物种多样性和生态系统调节能力之间的关系、生态系统中物质循环与能量流动”等多个知识点。为了使主观题的答题指向更加清晰，在设问中增加关键字词作为问题指向。例如，第(1)题中增加了“生物成分”，第(4)题中要求选择的蜘蛛用于“治理水稻害虫叶蝉最为合理”。这些编排使学生在答题时能更加明确问题，并在进行非连续文本的阅读与分析时，能快且准地找到问题与文本、图表之间的关系。另外，第(3)题设问结束之后通过备注说明“用字母、甲、乙和箭头表示”以明晰问题指向，从而能够明确答题要求。这是主观性试题在设计问题时需要特别考虑的因素之一。

主观性试题的类型不同，答题要求也会不同。例如，实验探究题中涉及有关方案设计的问题时，需要说明答题者从器材选择、操作步骤、现象预测和结论确定等维度进行规范要求；解答题中的分析计算题需要说明答题者采用文字、公式、图表等方式进行过程性表达的要求；二段式说理题需要说明答题者作出判断及结合信息和相关知识进行解释、阐述的要求；等等。这些必要的答题要求说明，既可帮助学生明确答题范围和要求，又能为参考答案和评分细则的制订提供合理依据。

例5 按图甲所示将稀盐酸滴入盛有10克氢氧化钠溶液（滴有两滴酚酞试液）的烧杯中，所得溶液的pH和滴入盐酸的质量关系如图乙所示，当pH=7时消耗此稀盐酸的质量为10克。请回答：

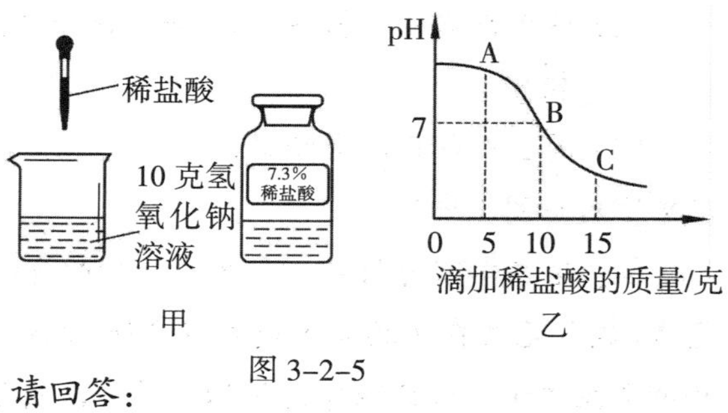

图3-2-5

（1）当溶液的pH=7时的现象为________。

(2) 为检验盐酸是否过量,取C点所得溶液少许,在溶液中加入一种物质进行检验。请从铁粉、硝酸银溶液和碳酸钠粉末三种物质中选择一种进行实验:____________。(简述实验方案、预期现象和结论)

答案 (1) 溶液由红色刚好褪为无色 (2) 选择铁粉,往C点所得溶液中加入少量铁粉,若溶液中产生气泡,则说明稀盐酸过量。(或选择碳酸钠粉末,往C点所得溶液中加入少量碳酸钠粉末,若溶液中产生气泡,则说明稀盐酸过量)

【评析】 本题的答题要求主要体现在三个方面:一是要运用图中信息,即学生要认真读图,从中提取信息用于答题;二是要求结合所学知识,提取与问题相关的已学科学概念、原理等知识;三是明确答题要求,让学生按照题干要求进行规范答题,提高答题的准确性。

(二) 规范命制参考答案和评分细则

主观性试题在测量目标时既要体现学生的思维结果,又要注重学生的思维过程,因此,参考答案的表述要规范,指导性、示范性强,得分点设置明晰、操作性强,便于阅卷评分,必要时还需备注说明特殊情况的评分要求。

例6 某项目学习小组用传感器开展"影响铁锈蚀因素"的探究,设计如图1所示实验装置并完成实验。实验过程中,传感器采集数据绘制得到如图2的甲、乙两幅曲线图。

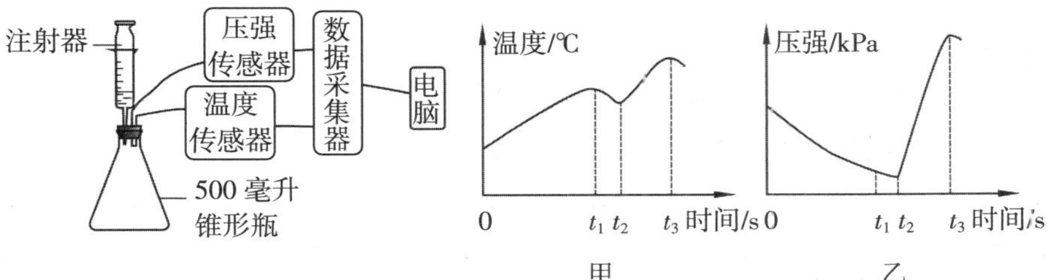

图1

甲 乙

图2

图3-2-6

【资料1】一定条件下,碳和氯化钠溶液可加快铁的锈蚀,但它们本身不参加反应。

【资料2】该实验步骤如下:

①检查装置气密性；②装药品，将5克铁粉和2克碳粉加入锥形瓶，并加入2毫升饱和氯化钠溶液；③立即塞紧橡皮塞，橡皮塞上已插有一支装有5毫升稀盐酸的注射器及传感器；④观察现象，采集数据。

用所学知识及以上资料信息回答下列问题：

(1)实验进行一段时间后，注射器中的盐酸会自动注入瓶内，原因是____________________。

(2) 图2的甲、乙曲线图中，0～t_1段温度升高，瓶内压强减小；t_2～t_3段温度升高，瓶内压强增大。解释产生这两个不同现象的原因。

答案 (1) 当瓶内气压减小到一定程度，大气压将注射器的活塞下压(或瓶内气压减小，盐酸被吸入瓶内)(2分)

(2) 知识要点：

①铁跟氧气反应生成氧化铁，反应放热；②盐酸与铁反应生成氢气，并放出热量；③使温度升高，增大瓶内压强；④增加或减少气体，会使瓶内压强发生变化。

答题要点：

0～t_1段：①铁生锈消耗氧气并放热；②反应放热使温度升高，压强增大；③消耗氧气使压强减小；④消耗氧气减小的压强大于温度升高增大的压强，所以0～t_1段总体上温度升高，压强减小。

t_2～t_3段：①因瓶内气压减小，盐酸自动注入瓶内，盐酸与铁反应产生氢气并放出大量的热；②温度升高，压强增大；③产生氢气，压强增大；④温度升高和产生氢气，都使压强增大。

所以t_2～t_3段总体上温度升高，压强增大。

第(2)题的分层评分答案示例如下：

<table>
<tr><th>等级</th><th>回答</th></tr>
<tr><td rowspan="2">高水平回答(5～6分)</td><td>能综合多个要素辩证地进行解释，原理正确，逻辑科学，要素齐全。</td></tr>
<tr><td>示例：铁生锈消耗氧气的同时放出热量，反应放出的热量使温度升高，压强增大，消耗氧气会使瓶内压强减小，但由于消耗氧气减小的压强大于温度升高增大的压强，所以0～t_1段温度升高，压强减小。
因为瓶内压强减小，盐酸被压入瓶内，盐酸与铁反应产生氢气，放出热量，反应放出的热量使温度升高，压强增大，反应产生的氢气会使瓶内压强增大，所以t_2～t_3段温度升高，压强增大。</td></tr>
</table>

续表

中上水平回答（3～4分）	能从部分要素进行解释，原理部分正确，逻辑比较清晰，缺少部分要素。
	示例：铁生锈消耗氧气的同时放出热量，反应放出的热量使温度升高，压强增大，消耗氧气会使瓶内压强减小。 盐酸与铁反应产生氢气放出热量，反应放出的热量使温度升高，压强增大，反应产生的氢气会使瓶内压强增大。
中下水平回答（1～2分）	只能对其中某1～2个要素作出单一解释。
	示例1：铁生锈消耗氧气的同时放出热量，反应放出的热量使温度升高，压强增大。 示例2：铁生锈消耗氧气会使瓶内压强减小，盐酸与铁反应产生氢气，压强增大。
低水平回答（0分）	不能运用相关科学原理作出解释，或同义反复，或不作答。
	示例：铁生锈使瓶内气压增大，或盐酸与铁锈反应使气压增大等。

【评析】　本题以“影响铁锈蚀因素的微项目”为情境，考查学生对“铁生锈的条件、金属与酸反应”的理解，着重考查了学生对实验现象的分析和解释能力，鼓励学生能多角度地分析和解决问题，体现了重在对思维的考查而非语言的表达的思想。在制订参考答案和评分细则时，命题者对每个小题的评分要求进行了必要的说明，这种方式既能实现对评价标准客观表达，又规范了阅卷者的操作尺度。

第三节　科学主观性试题的命题技术

与客观性试题相同，主观性试题也需要具备测量目标、试题情境、设问以及对应答的规定等试题要素。尽管主观性试题的类型非常多样，但是，不同类型的主观性试题，其命题技术方面往往具有许多共同的特点，具体阐述如下：

一、创设真实生活情境，命制主观性试题

主观性试题以现实为背景创设问题情境，要基于情境设置问题，问题与情境要高度融合，以便考查学生运用科学知识解释和解决问题的能力。因此，情境的内容要与科学、技术、社会和环境等现实问题相关联，如生产

劳动、环境保护、自然灾害、能源与资源、疾病防控、气候变化、太空开发等。在创设主观性试题情境时，一般可采用以下命题技术。

(一) 挖掘教材情境，考查迁移应用能力

科学主观性试题更能彰显素养立意的特点。教材是科学学习最重要的资源，它既是课堂教学的主要素材，也是科学命题丰富的情境资源。命题时，可以对教材的情境进行挖掘和拓展，引导学生在充分理解教材的核心概念、重要原理及主要方法的基础上，学会知识的自我建构和科学方法的迁移，考查学生对核心概念的迁移应用能力。

例1 用如图甲所示电路研究电热与电流的关系，若要比较不同设定电流值时电热的多少，在调节电流大小过程中，电热丝已经开始加热，这会影响实验的准确性。为了解决这一问题，小明设计如图乙所示电路进行研究。

图中电路包括调试电路和实验电路，R_1 和 R_2 是阻值都为 20 欧的电热丝，R_2 放置在装有煤油的保温容器中。实验时，通过调试电路，使电热丝 R_2 在调试过程中不发热。实验步骤如下：

①用数字温度计测量并记录装有 R_2 的保温容器内煤油的温度。

②将开关 S 与“1”连接，调节滑动变阻器，直至电流表示数为 0.2 安。

③将开关 S 拨至“2”，使 R_2 工作 50 秒，断开开关 S，测量并记录______。

④再将电流值分别设定为 0.3 安、0.4 安、0.5 安、0.6 安，重复上述步骤。记录相关数据，并计算每次升高的温度 Δt（Δt 可反映电热的多少），整理 Δt、I^2 的数据，如图丙。

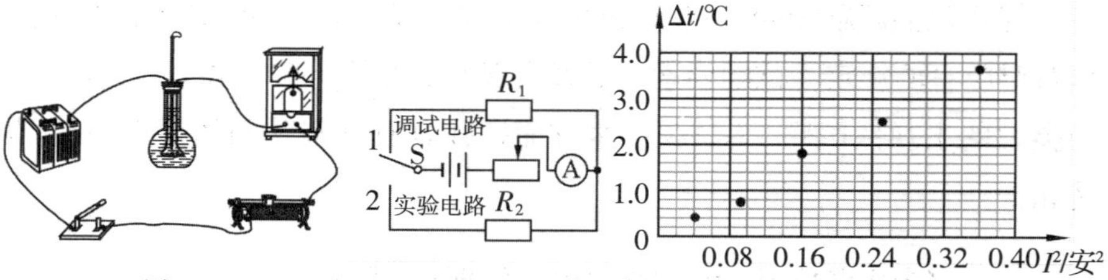

图 3-3-1

（1）将步骤③补充完整。

（2）在图丙中画出 Δt 与 I^2 的关系图象。

（3）小明想改变电热丝阻值，用上述实验中设定的电流值，继续研究电

热与电流的关系：保持 R_1 不变，将 R_2 更换为30欧的电热丝，重复上述步骤。他的做法是否合理？请说明理由：________________。

答案 （1）煤油的温度

（2）见图3-3-2

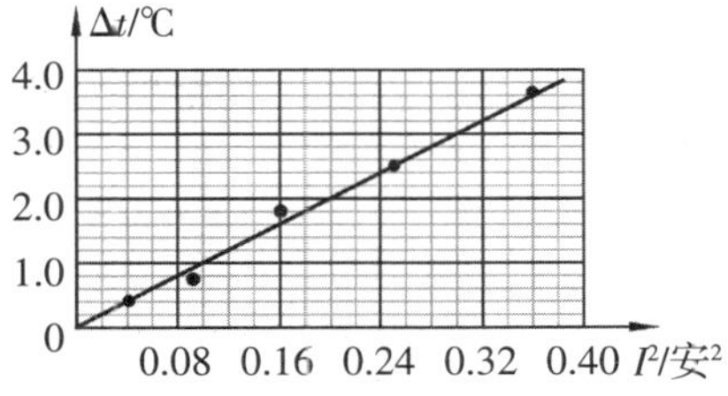

图3-3-2

（3）不合理，当调试电路的电流为设定值时，开关S由“1”拨至“2”，通过30欧电热丝的电流不是设定值

【评析】 本题的原型是浙教版《科学》九年级（上册）第三章第6节《电能》中焦耳定律的探索。从情境上来说是相同的，但是该题的重点在于对焦耳定律的迁移与运用。在命制手法上，本题更加倾向从科学内在规律设计问题，而不是简单将教材中的原型再现，着重考查学生的迁移应用能力。

（二）依托探究实践，考查分析问题的能力

探究实践主要是指在了解和探索自然、获得科学知识、解决科学问题，以及技术与工程实践过程中，形成的科学探究能力、技术与工程实践能力和自主学习能力。初中生有许多探究实践活动，尤其是基于科普和科技节的探究实践活动，这些活动往往渗透着许多科学核心知识和技能，这些知识和技能通过探究实践活动潜移默化地对学生进行着科学教育，是课堂知识非常有价值的拓展和延伸，同时也是教师非常好的命题素材来源。

例2 如图3-3-3所示是教材上的简易泡沫灭火器，使用时，只需将装置倒置，使装置内的两种液体接触并反应，即可喷出大量含 CO_2 的泡沫，覆盖在燃烧物表面，达到灭火效果。

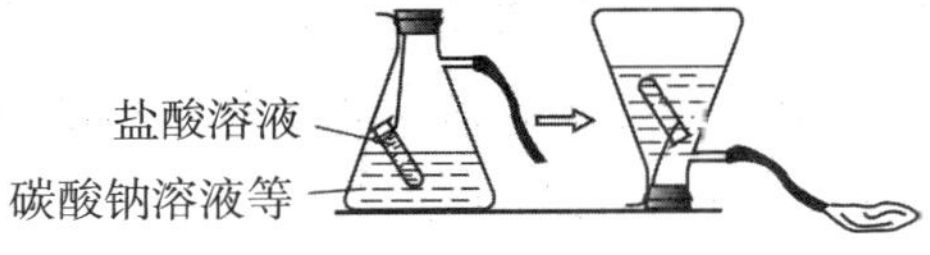

图3-3-3

（1）若图中小试管最多只能装10克质量分数为36.5%的盐酸溶液，该泡沫灭火器最多能产生多少克二氧化碳？（反应的化学方程式为：$Na_2CO_3+2HCl=2NaCl+H_2O+CO_2\uparrow$）

（2）项目小组同学想制作性能更好的泡沫灭火器，动手制作前他们讨论制定评价自制灭火器性能的量表，请你一起参与完善下面的评价量表。

泡沫灭火器灭火性能的评价量表

评价指标	操作性定义	评价等级		
		优秀	合格	待改进
喷射距离	灭火器距地面1.5米高，喷射后，在地面上测量泡沫灭火器的喷射距离			
喷射速度	①			
②				

请填写表格中①和②的内容：

①______________________________。

②______________________________。

答案 （1）2.2克 （2）①单位时间内灭火器喷出泡沫的体积 ②喷射总量或反应启动的快慢（其他合理答案也给分）

【评析】 本题的素材来自八年级学生参加的综合实践活动，以活动中学生制作的简易灭火器为载体，将其中涉及的"质量守恒定律、工程技术"等核心概念作为考查内容进行命制。本题命制时更加注重从能力立意角度设计问题，以考查学生综合应用科学原理解决实际问题及创新能力。

（三）提炼科普资料，考查信息获取能力

核心素养包括信息的获取能力、分析处理能力，以及表达能力等。获取信息能力是解决问题的第一步。生活中，学生会接触到大量的科普资料，如某个电热器的产品说明书、电路图，科学产品的宣传资料等。这些资料无不涉及和蕴含科学核心知识或基本技能和方法，如果对其中的科学概念、原理挖掘得当，这些文本、图片就可以成为命制主观性试题的重要素材，用于考查学生的信息获取能力、分析处理能力。

例3 为探究影响蜡烛燃烧时间长短的因素，小明进行如图3–3–4所示的实验，步骤如下：

①测量A、B、C三个烧杯的容积。

②将A烧杯倒扣在点燃的蜡烛上方，立即用橡皮泥密封住烧杯尖嘴口。

③记录蜡烛燃烧的时间。

④换用 B、C 烧杯，重复步骤②和③，实验结果如下表。

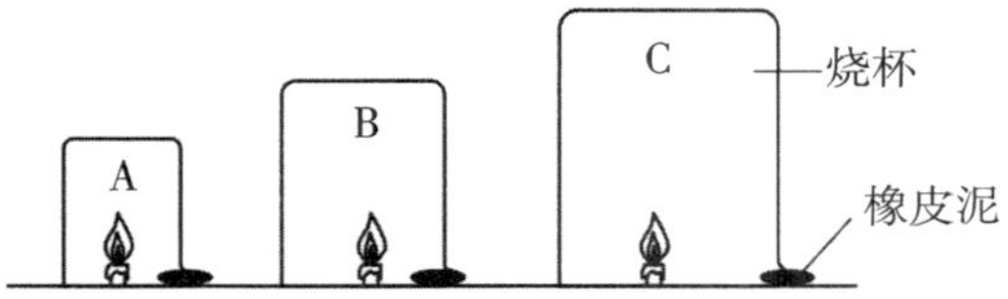

图 3-3-4

组别	烧杯容积/毫升	蜡烛燃烧的时间/秒			
		第一次	第二次	第三次	平均时间
A	240	16	18	14	16
B	460	27	28	40	
C	1020	68	73	69	70

（1）本实验研究的问题是蜡烛燃烧时间长短是否受__________影响。

（2）本实验需要用到的测量工具有__________。

（3）小明发现 B 组第三次实验时，橡皮泥未完全封住烧杯尖嘴口。为此，他做了第四次实验，测得蜡烛燃烧的时间为 29 秒，则 B 组蜡烛燃烧的平均时间为________秒。

答案 （1）氧气多少 （2）量筒、胶头滴管、计时器等 （3）28

【评析】 本题将“燃烧的条件、实验技能”等核心概念进行提炼，并以表格的形式呈现不同烧杯体积下蜡烛燃烧时间的变化特点，考查了学生通过非连续文本阅读以获取信息及综合应用科学原理进行概括、解释的能力。

（四）加工期刊文献，考查探究技能

科学试题情境要保证来源于真实的实验，一线教师积累的真实实验数据并不多，而许多科学核心期刊的文章中含有大量的真实实验数据，期刊作者往往针对某一科学原理或实验过程进行了大量的实验验证和严谨的推理论证，获得了较为客观的数据和事实，因此，适当采用这些主流文章的实验数据或事实，并结合文章所体现的探究思路，可以命制主观性试题，尤其是探究性试题。当然，挑选期刊文献时，要注重多文献相互验证，选择核心期刊和权威专家的论文，以免出现假数据、假实验情境的情况。

例4 利用图甲所示的装置探究"MnO_2的用量对H_2O_2分解反应的影响"，实验中H_2O_2的溶质质量分数为3%，装置中产生氧气的量可以用压强传感器测出(在等温条件下，产生氧气体积与装置内压强成正比。反应放热忽略不计)。

(1) 写出装置中发生反应的化学方程式：________，MnO_2在此反应中起________作用。

(2) 图乙是"0.1克MnO_2与不同体积的3%H_2O_2溶液混合"的实验结果，从图中可以看出：________________。

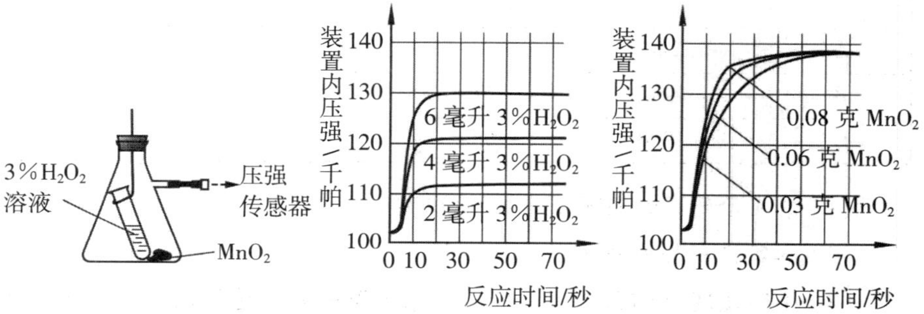

甲　　乙　　丙

图3-3-5

(3) 当用"3%H_2O_2溶液8毫升与不同质量的MnO_2混合"时，得到如图丙所示的曲线。曲线的斜率显示，当MnO_2的用量增加到0.08克时，分解速率达到实验要求。在此实验条件下，若MnO_2的质量有4克(一药匙)，就能使右图________(填字母)烧杯中所装的3%H_2O_2溶液的分解速率最接近实验要求。

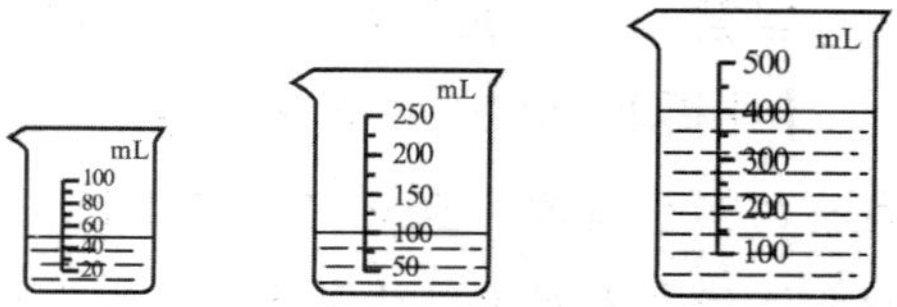

A　　B　　C

图3-3-6

答案 (1) $2H_2O_2 \xlongequal{MnO_2} 2H_2O+O_2\uparrow$ 催化 (2) H_2O_2的用量越多，产生的氧气越多 (3) C

【评析】 该题将实验室利用过氧化氢制取氧气的实验作为命题素材，考查学生对"化学方程式、催化剂概念"等知识点的掌握程度，以及基于已有数据进行合理预测的能力。本题利用核心期刊某文章较为全面的实验数据，通过图乙和图丙以非连续文本的方式，呈现过氧化氢浓度和催化剂质量两个变量对反应速率的影响。试题的立意是引导学生通过分析数据得出合理结论，而不是通过对教材催化剂概念的记忆去得出一个普适性结论，这种做法有利于考查学生应用数据进行综合分析的探究技能。

（五）借助 STEAM 理念，考查工程实践能力

现在许多科学课尤其是复习课的形式往往将科学原理、规律和方法与拓展性课程有机结合，并通过项目化学习的方式予以呈现，体现了 STEAM 理念。有些项目化学习渗透着科学、技术、工程、数学等核心知识和高阶思维，这些项目化学习的片段或案例也是用来命制考查学生模型建立等高阶思维的主观性试题的素材之一。

例5 为判断短跑比赛时是否抢跑，某兴趣小组设计了如图 3–3–7 所示的“抢跑指示”电路。其工作原理是：当运动员蹲在起跑器上后，先闭合 S；发令时闭合 S_1，发令指示灯亮；运动员起跑后，装在起跑器上的压敏电阻 R_0 因受到的压力改变，其阻值改变，电磁铁线圈中的电流明显变化，衔铁被吸引导致起跑指示灯亮。若起跑指示灯比发令指示灯先亮，表示运动员抢跑。

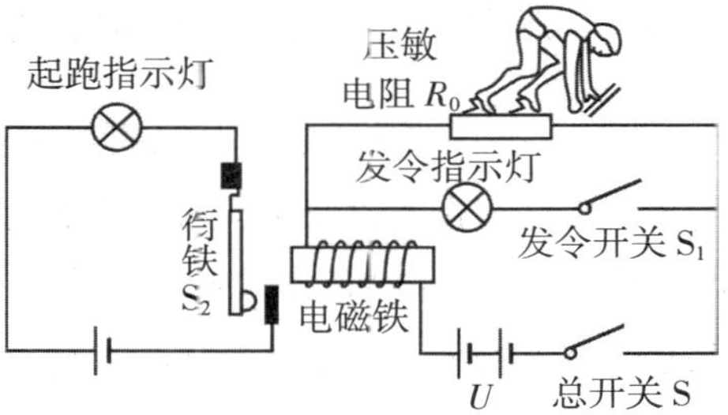

图 3–3–7

（1）当 S_1 处于断开状态时，闭合 S，若压敏电阻阻值变小，则电磁铁的磁性强弱如何变化？__________。

（2）已知发令控制电路电源电压 U=6 伏，电磁铁线圈的电阻不计。若运动员起跑后，压敏电阻 R_0 的阻值为 30 欧，S 仍处于闭合状态，电磁铁线圈中电流为 0.25 安，计算此时发令指示灯的功率。

（3）压敏电阻通常有两种类型：A. 阻值随压力增大而增大；B. 阻值随压力增大而减小。该模型的压敏电阻应选择哪种类型？结合电路简要说明理由。

答案 (1)变强 (2)$I_0=\frac{U_0}{R_0}=\frac{6\text{ 伏}}{30\text{ 欧}}=0.2$ 安，在并联电路中，$I_{\text{灯}}=I-I_0=0.25$ 安-0.2 安$=0.05$ 安，$P_{\text{灯}}=UI_{\text{灯}}=6$ 伏$\times0.05$ 安$=0.3$ 瓦 (3) A。理由：S 处于闭合状态时，运动员起跑后对压敏电阻的压力减小，起跑指示灯亮，S_2 被吸引，电磁铁的磁性增强，通过线圈的电流变大，通过压敏电阻的电流变大，压敏电阻阻值减小，所以压敏电阻阻值随压力增大而增大。

【评析】 本题的素材来自拓展性课程中利用电磁继电器设计制作抢跑指示电路模型，是基于“动手动脑学科学”的项目化学习典型案例命制。这种同时兼具考查学生掌握核心原理程度和通过建立模型等高阶思维进行创造性设计能力的命制手法，需要教师多关注。教师平时要多引导学生参与项目化学习，品味科技产品中所体现的人类智慧。

(六)改编试题情境，考查科学思维

有些科学客观性试题(如选择题)立意鲜明、能力要求较高、情境有效，但由于具有备选答案提示功能，不能有效考查学生的科学思维，试题效度就有所降低，区分功能难以充分体现。保留这类优秀客观性试题的情境，将其改编为主观性试题，就能够有效检测学生的思维过程，提高试题选拔甄别功能。

例6 如图 3-3-8，往浴缸中匀速注水直至注满。下列表示此过程中浴缸底部受到水的压强随时间变化的曲线，合理的是( )

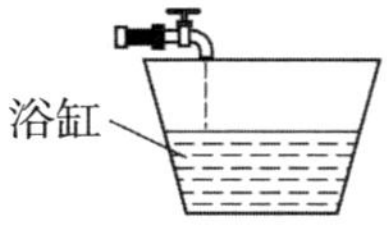

图 3-3-8

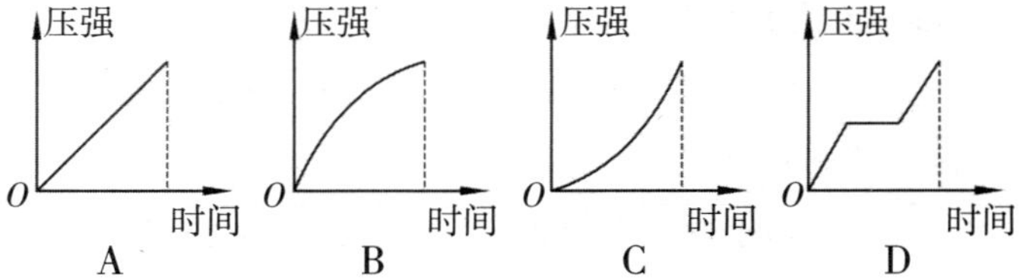

A B C D

答案 B

将其改编为主观性试题：

如图 3-3-9 甲，往浴缸中匀速注水直至注满。图 3-3-9 乙中纵坐标表示此过程中浴缸底部受到水的压强，横坐标

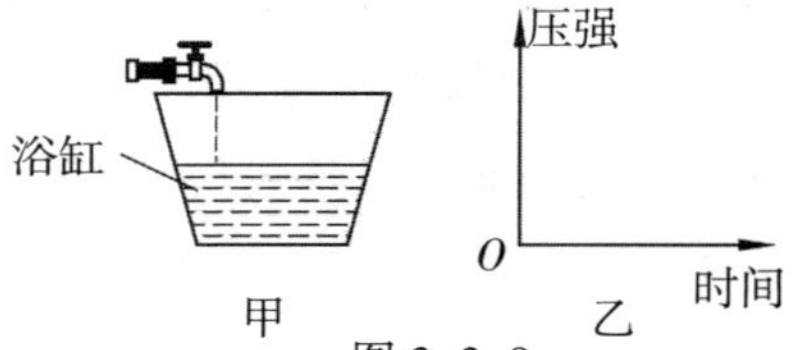

图 3-3-9

注水时间，请在图乙中作出浴缸底部受到水的压强随时间变化的大致曲线，并简要说明该曲线的作图依据。

答案 浴缸底部受到水的压强随时间变化的大致曲线图象如图 3-3-10，作图依据：容器底部受到液体的压强与液体的密度和深度有关，且液体的密度越大、深度越深，容器底部受到的压强越大。在注水过程中，水的密度不变，而容器的形状为底端小、开口大，因此在匀速注水的过程中，容器底部到水面的深度在减速增加，浴缸底部受到水的压强也是减速增加，所以浴缸底部受到水的压强随时间变化的大致曲线呈现先快后慢上升的变化特点。

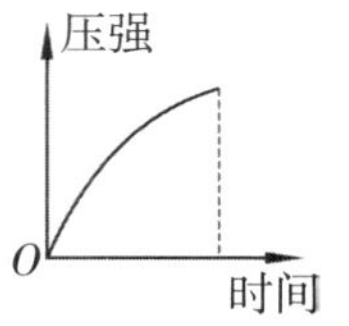

图 3-3-10

【评析】 原题是一道能力立意非常鲜明的优秀试题，它将液体压强特点与生活中的浴缸注水问题有机地联系在一起，并以动态变化规律作为思维能力区分要素，对学生的能力要求较高，但由于选项的存在，部分学生并没有通过高阶思维而是通过排除法确定了正确答案。改编这类试题的技巧在于如何更真实地反映学生思维本质。改编后的试题通过作图和说明作图依据能更好地体现题目能力立意的思想，较好地还原不同学生的思维过程以及对知识掌握的程度。

二、主观性试题中的任务设计

试题的任务设计主要表现在设问上，基于学业质量标准的描述，试题的认知水平可以分为低、中、高三级。科学主观性试题通常会设置多个小题，既要考虑试题认知水平的梯度分布，又要体现多维度科学核心素养的考查，还要确保试题考查的效度、信度和区分度等因素，因此，在进行问题设计和命制时要把握好以下几个方面：

（一）根据认知水平，合理设计任务梯度

主观性试题通常会设置多个小题，这些小题的设问既要考虑测量目标的广度，又要兼顾考试要求，以及难度梯度的合理分布，且各小题的设问都围绕题干的相关信息，突出问题的梯度。

例7 据报道，最近我国科学家发现一种新药——千金藤素，获得国

家发明专利授权。千金藤素来自千金藤，其化学式为 $C_{37}H_{38}N_2O_6$，白色固体，难溶于水，易氧化，需密封、避光、低温保存。

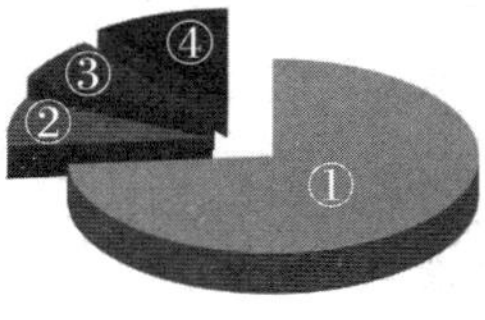

甲

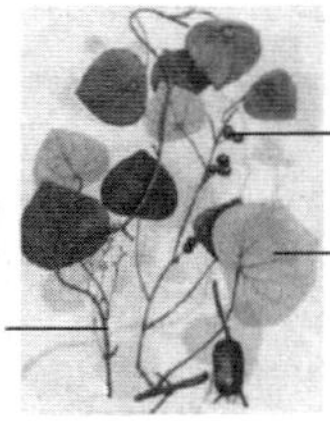

乙

图 3-3-11

（1）根据上述信息，写出千金藤素的一条物理性质：________________。

（2）千金藤素中各元素质量分数如图甲所示，其中表示碳元素的是________（填序号）。

（3）图乙所示为千金藤植株，据图判断，其为______植物。

答案　（1）白色固体（或难溶于水）（2）①（3）被子

【评析】 本题共设计了 3 个小题，紧密围绕新药千金藤素的情境设计问题，涉及的测量目标、考试要求和试题难度值分别是：第（1）题，知道物质的物理性质与化学性质、一级水平、容易题；第（2）题，比较物质组成的成分、二级水平、稍难题；第（3）题，判断植物的种类、三级水平、稍难题。通过比较，发现本题所设计的 3 个小题测量目标分布较广，既有物质的结构与性质核心概念，又涉及生命系统的构成层次核心概念，且学业质量要求和难度设置具有较好的梯度。

（二）坚持素养立意，考查知识和能力

主观性试题要坚持立德树人，要体现知识为基、能力为重、素养为本的特点。在命制初中科学主观性试题时，要坚持素养立意，以核心素养统领知识和能力的考查，既要考查学生对科学核心概念、原理和规律的掌握程度，又要考查学生获取信息、方法迁移、综合分析等能力。因此，在命制主观性试题的过程中，要更加注重知识与能力的有效统整。

例8 面粉是制作面包的主要原料，判断面粉品质优劣的测定项目通常有淀粉含量、灰分含量及面粉酸度等。面粉酸度是指中和 100 克面粉中

含有的酸所耗用质量分数为0.4%氢氧化钠溶液的毫升数，面粉酸度与面粉品质的关系如下表。

面粉酸度与面粉品质的关系表

面粉酸度	<2°	2°～4.5°	>4.5°
面粉品质	新鲜面粉	陈年面粉	霉变面粉

请回答下列问题：

（1）为了检验某种面粉中是否含有淀粉，取一定质量的面粉放入烧杯中，加入适量的蒸馏水，搅拌，缓缓加热，使淀粉溶解，取少量试液置于试管中，滴加碘液。若溶液________，则说明该面粉中含有淀粉。

（2）称取5克某种面粉放入锥形瓶，加入适量蒸馏水搅匀。为了减小实验误差，现用质量分数为0.004%的氢氧化钠溶液来进行测定。恰好完全反应时共消耗22毫升氢氧化钠溶液。计算该面粉的酸度，并判断其品质。（忽略两种氢氧化钠溶液密度的差异）

答案 （1）变蓝

（2）解法1：22毫升$\div\dfrac{0.4\%}{0.004\%}\times\dfrac{100\text{克}}{5\text{克}}=4.4$毫升，即面粉酸度为4.4°，介于2°与4.5°之间，故面粉为陈年面粉。

解法2：100克面粉消耗的0.004%氢氧化钠溶液体积数为100克÷5克×22毫升=440毫升，0.004%氢氧化钠溶液体积数换算为0.4%氢氧化钠溶液体积数（即酸度数）为0.004%÷0.4%×440毫升=4.4毫升，可得面粉的酸度为4.4°，介于2°与4.5°之间，故面粉为陈年面粉。

【评析】 本题第(2)题所涉及的科学原理仅仅是密度的计算和溶液的稀释，对知识的要求并不高，但涉及的能力要素很多，包括信息获取、数据处理，以及操作性定义的理解和迁移。其中题干中给出“面粉酸度”的操作性定义之后，要求学生结合问题进行数据处理（即溶液稀释），像“面粉酸度”这种概念的理解，实际上是考查学生对初中科学中“溶解度”概念的理解和知识迁移，能力要求较高。同时，试题还结合表格考查学生对非连续文本的阅读和处理能力。因此，本题较好地体现了知识与能力的有效统整。

(三)坚持科学规范,巧妙设计问题

试题具有选拔和评价功能,尤其是在一些高利害选拔考试中,试题的科学性和规范性显得尤其重要。在主观性试题的命制过程中,有时会涉及某些量的大小比较,若不予提示,则可能会造成问题指向性不够明确;若通过选填方式予以提示,则会降低试题的考查效度,这是试题命制过程中所遇到的较为普遍的一个矛盾。改变设问方式是解决以上矛盾较为有效的手段。

例9 如图 3-3-12 所示是某品牌自动咖啡机及其结构示意图。其工作原理为:当盛水器内的水温升高至一定温度时,水沿导管进入盛有咖啡粉的玻璃杯中,在平衡球的作用下,原来水平的平衡杆绕 O 点转动,盛水器抬升。冷却一段时间后,玻璃杯中的咖啡液体又倒吸进入盛水器,咖啡冲泡完成。当密封的盛水器内水温升高到一定程度时,其内部的热水开始自动沿导管进入玻璃杯。此时盛水器内的气压 $p_{内}$ 与外界大气压 p_0 的大小关系为:$p_{内}$________ p_0。

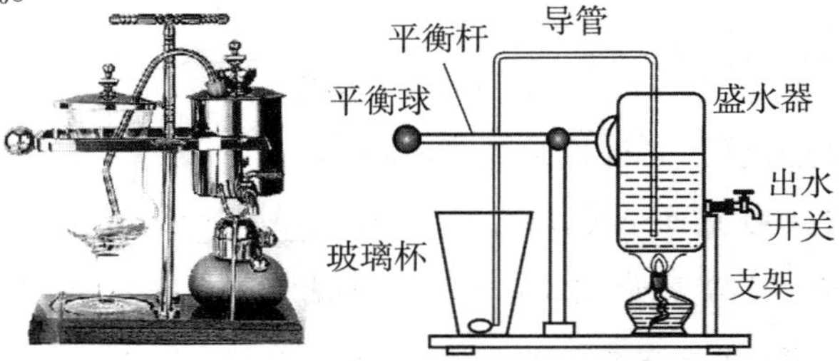

图 3-3-12

答案 >

【评析】 若本题设问改为:此时盛水器内的气压_______外界大气压。显然,这样的设问指向性非常不明确,学生难以理解命题者的设问意图,而且当学生答“不等于”时,结论也是正确的,但难以考查不同学生的思维程度。若本题设问改为选填方式:此时盛水器内的气压_________(填“大于”“等于”或“小于”)外界大气压,这种设问方式虽然明确了问题指向性,但是以选填提示而降低试题效度为代价,不符合与主观性试题的特点和立意。因此,本题通过巧妙地设问,既保证了问题指向的清晰、准确,又提高了试题的效度。

(四)关注试题自洽性,确保考试效度

考试效度是考试的准确性,它反映的是考试内容与《课程标准》的吻合程度。效度高的试卷,能够较准确地测试出学生掌握和运用所学知识的真实度。决定考试效度的因素有很多,其中自洽性就是其中之一。自洽性是指一个理论内部各命题之间的无矛盾性,简单地说,就是各命题按照自身的逻辑推演,可以证明自己至少不是矛盾或者错误的。如果试题的各小题存在相互矛盾,如前一小题忽略空气阻力,后一小题又要考虑空气阻力,就会让学生思维混乱。又如各小题之间存在相互提示、相互关联,这种自洽性问题会影响试题的结构及科学性,从而对学生答题产生暗示和干扰作用,影响试题的效度。因此,在设计问题时要避免这些情况的发生。

例10 在测量“小灯泡电功率”的实验中,已知小灯泡的额定电压为2.5伏,电路已部分连接,如图3-3-13所示。

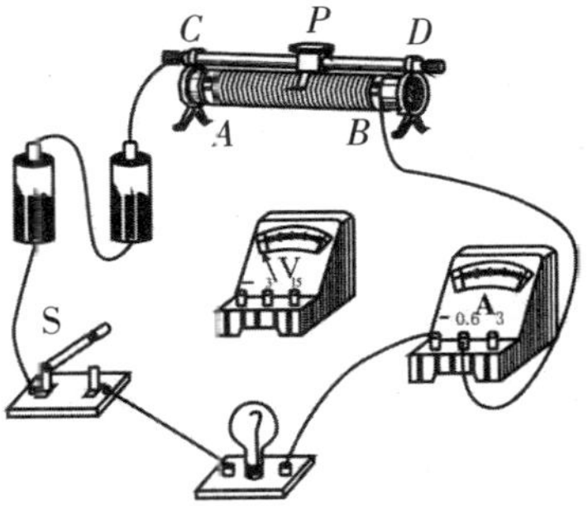

图 3-3-13

(1)请用笔画线代替导线,将图中的电压表正确地接入电路。

(2)闭合开关前,滑片 P 应放在滑动变阻器的最______端。

(3)排除故障后,小明移动滑动变阻器的滑片 P,测量了多组小灯泡的电压和电流,数据如下表所示,则小灯泡的额定功率是______瓦。

实验序号	1	2	3	4
电压/V	0.5	1.5	2.5	3.5
电流/A	0.10	0.20	0.25	0.28

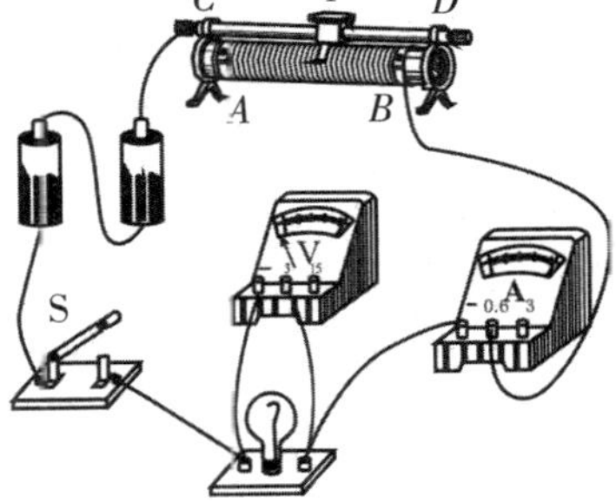

图 3-3-14

答案 (1)如图3-3-14 (2)左 (3)0.625

【评析】 本题是一道经典的电学主观性试题,考查学生对“电路连接、滑动变阻器使用方法及伏安法测电功率”等电学核心知识的掌握情况。但

第(1)题和第(3)题之间出现了自洽性问题：第(1)题根据题干提供的小灯泡额定电压为2.5伏的信息，在连接电路时，电压表的量程应选择0～3伏，但第（3）题的表格信息中第4次实验数据却反映电压表的量程为0～15伏，这让学生在连接电路时产生思维混乱，影响答题情绪，从而导致学生考试发挥失常。因此，在命制主观性试题时，一定要避免这类自洽性问题的出现，以保证试题科学性和无关干扰因素。

三、主观性试题评分标准的设计

确定主观性试题的评分标准要先预估学生的作答情况，对可能出现的各种合理答案进行分类和相应的水平划分，提出参考答案和评分标准。学生在解答主观性试题的过程中，其思考与表达等都存在个体差异，导致答案多样。因此，命制科学、规范的参考答案和评分细则显得非常重要。科学、规范的参考答案既有利于教师对学生的答案进行对比归类，又有利于提高阅卷过程的可操作性。

例11 某兴趣小组设计了如图甲所示的汽车转向指示灯电路模型，接通相应指示灯后，该指示灯会亮、暗(微弱发光)交替闪烁发光。电路中电源电压恒为6伏，指示灯的规格为“6V 3W”，R_0为定值电阻，电磁铁线圈及衔铁的阻值忽略不计。

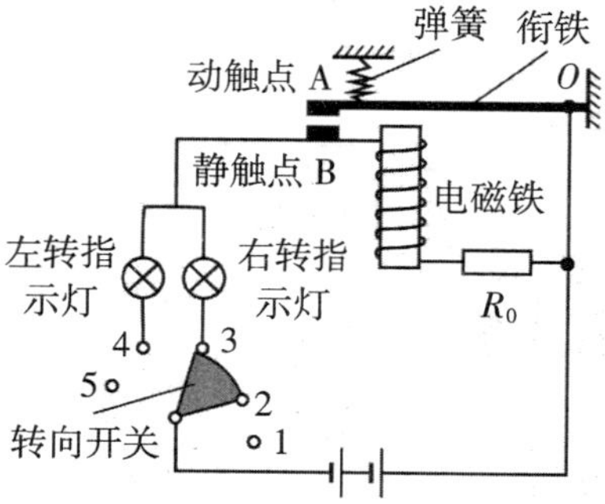

甲

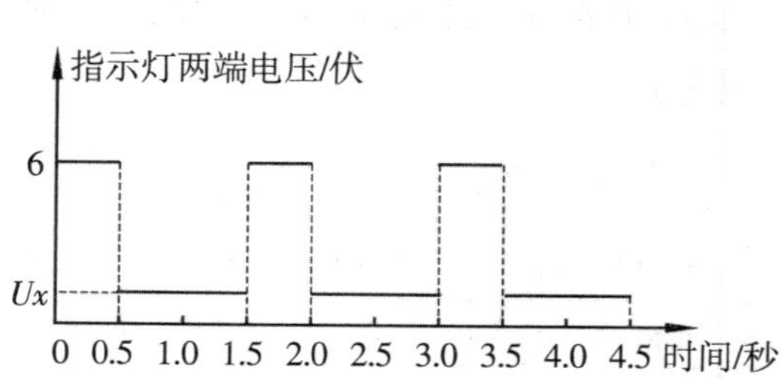

乙

图3-3-15

(1) 若让左转、右转指示灯同时工作，转向开关应与触点______（填“1和2”“2和3”“3和4”或“4和5”）接通。

(2)当转向开关与触点“2和3”接通时，右转指示灯两端实际电压变化规律如图乙所示。已知当右转指示灯微弱发光时，其两端实际电压为 U_x，消耗的实际功率为额定功率的 $\frac{1}{25}$。求：

①右转指示灯闪烁交替工作 30 秒消耗的电能。

②定值电阻 R_0 的阻值。（指示灯的电阻不变）

答案　（1）3 和 4

（2）①由图乙可知，在右转指示灯闪烁交替工作 30 秒内，指示灯正常发光 t=10 秒，微弱发光 t'=20 秒。…………………………（1 分）

$W=P_Lt+P_L't'=3$ 瓦×10 秒$+\frac{3}{25}$瓦×20 秒=32.4 焦 …………（2 分）

$I_L=\frac{P_L}{U_L}=\frac{3瓦}{6伏}=0.5$ 安，$R_L=\frac{U_L}{I_L}=\frac{6伏}{0.5安}=12$ 欧。

②当指示灯正常发光时：$I_L=\frac{P_L}{U_L}=\frac{3瓦}{6伏}=0.5$ 安，$R_L=\frac{U_L}{I_L}=\frac{6伏}{0.5安}=$ 12 欧 ……………………………………………………………………（1 分）

当指示灯微弱发光时：$P_L'=U_L'I_L'=\frac{U_L'^2}{R_L}$，$\frac{U_L'^2}{12欧}=\frac{3}{25}$瓦=0.12瓦

$U_L'=1.2$ 伏，$I_0=I_L'=\frac{P_L'}{U_L'}=\frac{0.12瓦}{1.2伏}=0.1$ 安 ……………………（2 分）

$R_0=\frac{U_0}{I_0}=\frac{6伏-1.2伏}{0.1安}=48$ 欧 …………（1 分）（其他合理解法也给分）

【评析】　本题以汽车转向灯为情境，引导学生关注生活现象及其背后的科学原理。题干借助两幅图，自然地融入电磁继电器、串并联电路、坐标图、开关控制、欧姆定律、电功（率）计算等一系列知识点，考查了学生学科的综合分析能力。在解答第(2)题时，不同水平学生的思维角度不同，在解决策略和答题过程上就有差异，答案的呈现方式和逻辑顺序也是多种多样，因此，参考答案不可能穷举罗列。但为了较为客观、合理地评价学生的知识掌握程度和能力水平，在命制参考答案和评分细则时，首先考虑一种最常规的答题方法，规定每个必要步骤的赋分，并在评分细则中说明其他解题方法的赋分说明。这种做法既保证了参考答案和评分细则的科学性和规范性，又保证了阅卷过程的可操作性。

第四节　科学新型主观性试题的命题说明

近几年浙江省初中科学学业水平考试试卷中不断出现一些新型试题，主要集中在主观性试题。新型主观性试题往往表现为开放性和综合性更强，对高阶思维的要求更高，更能凸显学科特色和指向科学核心素养的考查，评分标准更加注重 SOLO 评价的应用等特点。在命制新型主观性试题时，应更加巧妙地创设情境、设问和应答，测量目标要符合新课标的学业质量测评标准。因此，根据不同的类型，新型主观性试题有其独特的命制要求和命制技术。

一、科学新型主观性试题的常见类型

浙江省初中学业水平考试的命题非常规范，在试题的创新上主要从考查的素养维度、设问和应答的方式、试题情境的创设等入手，常见的新型主观性试题有以下几种类型。

（一）科学的解释能力：论证说理性试题

科学解释能力包含了回忆、应用适当的科学知识，识别、使用和形成解释模型，形成和证明恰当的预测，提供解释性假设等。根据情境的特点，科学解释类问题主要包括自然现象类、实验现象类和生产生活技术类三大类。论证说理性试题以生活现象、教材内容等为背景，提供恰当、明确的信息点，设置有利于调动学生已有的知识和方法，有利于引发培养学生发散性思维的设问，学生根据情境提供的证据和所学知识开展推理论证。依据 SOLO 分类理论对论证说理性试题进行评价，重点在于通过考查学生对知识的理解和应用水平、信息的获取和分析能力，反映学生的思维结构和学科能力水平。

例1　金属与酸反应会放出热量。为了深入研究金属和酸反应的特点，小明用如图甲所示装置进行实验。在烧瓶中加入 0.48 克镁和足量的溶质质量分数为 14.6%的稀盐酸，塞紧瓶塞，利用传感器记录 160 秒内瓶内气压变化。用等质量的铁和锌重复上述实验,得到相关曲线图,如图乙。

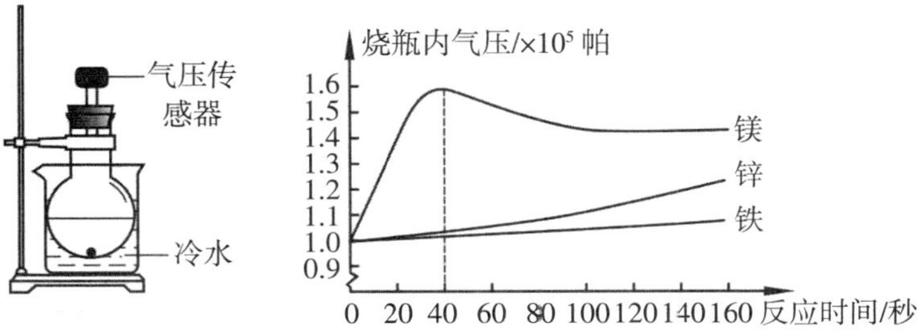

甲　　乙

图 3-4-1

解释镁与稀盐酸反应,0～80 秒瓶内气压发生如图乙所示变化的原因:__________。

答案　由于镁与稀盐酸反应生成氢气,同时放热,0～40 秒时装置中气压不断增加,40 秒时反应停止,瓶中热量不断散失,温度降至室温,瓶内气压逐渐减小,但仍高于初始气压

【评析】 本题以金属与酸反应特点为素材,在考查学生对活泼金属核心概念掌握情况的同时,考查学生的逻辑思维能力和模型构建能力。试题并没有在单一情境下对金属与酸的反应进行分析,而是借助气压进行巧妙地设问,要求学生能够获取题目的信息,并分析随着反应的进行,活动性不同的金属在不同反应时间下产生气压的变化特点,思考并判断金属与酸反应是否会放出热量。本题根据学生答题时对气压变化情况的分析是否全面,可以对学生的学科思维能力做出较好的分类评价,并赋予不同等级的分数。

(二)开放性试题

开放性试题是近年来初中科学毕业生学业水平考试试题的特色之一。开放性试题是与封闭性试题相对的,是没有固定答案或唯一结论的一种试题形式,它在考查学生思维的灵活性和广泛性、实践能力和创新意识等方面有着封闭性试题所无法取代的优点。

例2　我国某地使用“沉管法”建跨海隧道:用钢筋水泥等材料浇筑若干个中空管段,用隔墙封闭两端并使其漂浮在水中;用拖船牵引至指定位置,向管段中的水箱注水使其下沉(如图 3-4-2);对下沉的多个管段进行依次连接,拆除隔墙形成隧道。

管段隔墙设计需要考虑其下沉到海底时受到的压力大小。这一压力的大小与哪些因素有关?

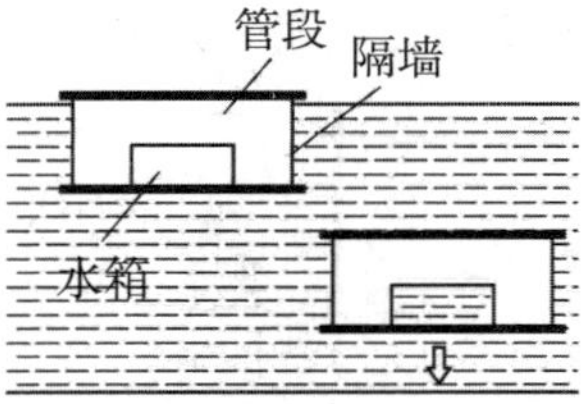

图 3-4-2

答案 海水密度、海底深度、隔墙面积等

【评析】 本题以新型跨海隧道建造技术为题材,考查学生对液体压强、阿基米德定律的认知水平。试题的答案并不局限于试题提供的信息、不局限于机械的记忆和教材知识,答案开放度非常高,学生可以利用所学知识、题干给定的材料等进行合理的逻辑推理得出答案。该题较好地考查了学生应用知识解释生活现象的能力,以及获取信息、分析信息、解决问题的能力。试题对学生思维的广度和灵活度要求比较高。

(三)综合性试题

综合性是初中科学课程主要的特征之一。综合性试题的“综合”,可以是学科内综合,也可以是跨学科综合。学科内综合性试题要求学生将学科课程中不同主题的学习内容,通过科学整合,灵活运用,解答试题。跨学科综合试题要求学生以某一个学科的知识与相应的研究方法、思维方式为基础,合理地组织、运用其他学科的基础知识技能、研究方法和思维方式来分析、解决问题。综合性试题能促进学生知识和能力的结构化,加深其对学科的整体性理解和把握,有效促进学生学科核心素养的形成。

例3 某同学发明一自动升降排水井盖(如图甲),暴雨时通过收集雨水实现井盖自动抬升(如图乙),加快路面雨水的排放。

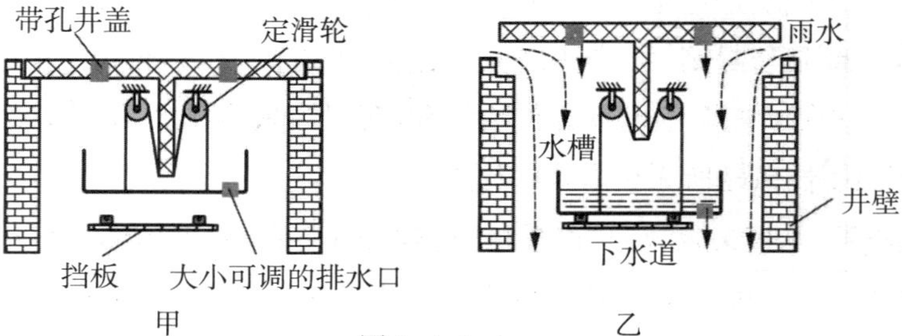

图 3-4-3

(1) 井盖抬升过程中,定滑轮的作用是__________。

(2) 某次排水过程中,重 150 N 的井盖被抬升 0.1 m。此过程中,克服井盖重力做功________J。

(3) 要使降水量稍小时就能抬升井盖,可采取的措施有:____________(写出 1 点)。

答案 (1) 改变力的作用方向 (2) 15 (3) 调小排水口

【评析】 本题借助自动升降排水井盖模型图,提出暴雨时自动收集雨水这一非良构问题,考查学生对滑轮、做功、工程技术等核心概念的关联架构能力及综合运用能力。

二、科学新型主观性试题的价值

初中科学新型主观性试题承载了新的教育理念,试题任务所要驱动的,不是单纯的记忆和理解,而更关注思考,探究,做事的开启、过程和结果。这种测试重心的变革,也是标准化考试问世以来不断改进、不懈努力的方向。这样的命题思想与素养导向的教学秉持同样的原则:最好的教学在于如何激发学生思考、引导学生探究和指导学生做事。这类试题是激发学生高层次思维能力和创新意识的良好媒介,是评价学生探究能力和科学素养的有效载体。初中科学新型主观性试题除了一般主观性试题普遍的价值外,还表现出以下特有的价值。

(一) 突出对学生高阶思维能力的培养

测试的内容与方式正从碎片化、点状式走向整体性、结构化。测试的过程成为学生完成一个有思维含量与探究含量任务的过程,或是做一件完整且有挑战事情的过程。布鲁姆的教育目标分类学是目前广泛认同的学生思维层次理论,它包括记忆、理解、应用、分析、评价、创造等六个层次,按其学习目标的要求,对提出的问题也分成六个层次,即记忆性问题、理解性问题、应用性问题、分析性问题、评价性问题和创造性问题,这六类问题中,前三类属于初级层次的问题,后三类属于高阶层次的问题。传统主观性试题过多注重学生低级思维能力的培养和评价,没有引导学生思维水平的进一步发展,促进学生高阶思维能力的形成,而新型主观性试题弥补了这一缺憾,更加注重评价学生的高级思维发展。

（二）引导学生开展深度学习

既然教学坚持从真实生活出发，在问题解决过程中培养学生的实践能力和创新精神，那么新型主观性试题的命题改革的方向就是：坚持试题的应有开放度和综合性，注重考查学生提出问题、形成问题解决方案和评价问题解决结论的素养。试题不仅要考查学生是否会解决他人给予的问题，还要考查学生能否自己发现和提出问题；试题不仅要考查学生是否会用所学方法解决问题，还要考查学生能否形成自己的问题解决方案或方法。解答这类试题，以传统的学习方式来应对是不能很好地解决问题的，需要学生改变自己的学习行为，养成深度学习的习惯，促进学生核心素养的发展。

（三）提升课堂教学的有效性

素养立意的测试宗旨不是考查学生的知识或能力的拥有状况，而是考查学生愿意和能够运用知识与能力去解决问题、造福社会的心智状况和精神状况。传统的教学质量观，以学生的常模评价分数为评价标准，是造成题海战术的重要原因。初中科学新型主观性试题凸显对学生的分析、评价、创造等高阶思维能力水平的评价，其问题的解决是无法通过题海战术得以实现的，这将促使教师改变传统的教师主动讲、学生被动听的课堂教学模式，采用深层次地挖掘教学内容，创新性地采取更加开放的教学方式，激发学生积极参与课堂互动，启发学生高层次思维活动，从而提高课堂教学的有效性，促使高质量教学行为的发生。

三、科学新型主观性试题的命题要求

科学新型试题要以科学情境为背景，以《课程标准》要求的科学核心素养维度为信息点呈现给学生，设问要给学生留有充分的思维空间，通过学生的解答过程反映出学生对科学知识的理解层次和思维结构层次，从而有利于对学生的解答作出客观的评价。因此，在命制新型试题过程中，除了要符合主观性试题的命制要求外，还要注意以下命制要求：

(一)基于论证说理性试题的命制——考查对科学大概念的深度理解

大概念是居于学科核心位置,能够反映学科本质的上位概念。新型主观性试题对教学内容的考查不能局限于碎片化的学科知识和技能,应选择相关联的同一学科领域内不同主题的多个知识或不同学科领域的知识点,将试题情境指向科学大概念,考查学生对该大概念的构建、理解和迁移应用能力。如 2022 年台州初中科学学业水平考试卷第 23 题利用水滴、放大镜、平面镜、透明玻璃杯和可调支架等制作一台“水滴显微镜”,考查物体成像、显微镜结构和影响显微镜的放大倍数的因素等核心概念群,考查凸透镜成像原理和显微镜之间工程、技术和物化关系的大概念。

例4 气候、栖息地以及食物等是影响生物生存与进化的重要因素。地球陆地上存在着不同类型的生态系统,其中热带雨林生态系统的物种非常丰富。为什么热带雨林的物种如此丰富?某兴趣小组收集到以下资料。

资料一:科学家认为,距今几千万年前,地球经历了几次冰川期,导致大量生物灭绝。而热带雨林位于赤道附近,受冰川期的影响相对较小。

资料二:热带雨林的部分特征。

特征 1:热带雨林的平均气温、年降水量与其他类型生态系统存在差异(如图甲)。

特征 2:热带雨林具有分层结构(如图乙),且树木四季常青,各种生物生命活动旺盛。

结合上述信息并运用所学知识,对热带雨林物种丰富的原因作出解释。

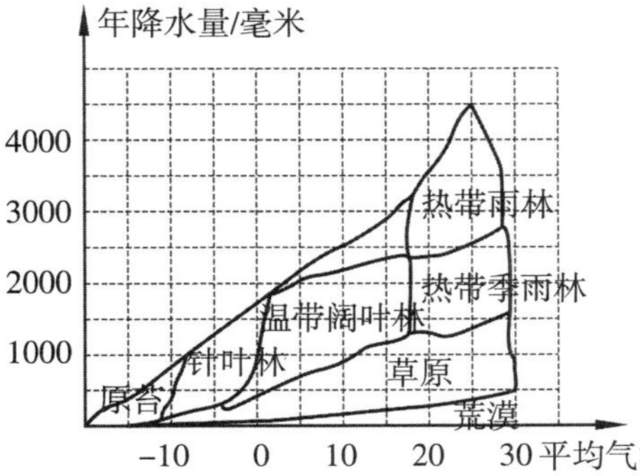

甲

乙

图 3-4-4

答案

答题要点：热带雨林远古生物物种遗留状况与进化分析；热带雨林气候对生物的影响；热带雨林分层结构的作用（为动物提供栖息地、光能利用率高）；热带雨林生态系统结构与功能的稳定性。

满分示例：

①由于受冰川期的影响较小，热带雨林保留的物种较多。

②经过长期的进化，物种多样化程度较高。

③热带雨林气候温暖湿润，适宜生物生长。

④树木四季常青，为各种动物提供丰富的食物，有利于食物链的稳定。

⑤植物的垂直分层结构，提高了植物对阳光的利用率。

⑥制造更多的有机物，并为各种动物提供了栖息地。

【评析】 该题以热带雨林为情境，涉及生命系统的构成层次、生物体的稳态与调节、生命的延续与进化、地球系统等核心概念，让学生对上述相关概念构建成群，并利用这些概念进行分析，从而解释科学现象的本质。

（二）基于开放性试题的命制——考查学生解决真实问题的能力

教学从直接的知识传授走向直面真实的探究，学生所面对的社会、自然、人生等学习对象本身就是多元、不确定、开放性的。开放性试题给予学生更加自由的发挥平台，能让不同思维层次的学生将自己的思维得以充分展现，尤其是考查学生多项科学探究技能和科学方法应用能力时，命制较为开放的、基于探究技能考查的主观性试题就显得非常有必要和有意义。在命制开放性的主观性试题过程中，关键要设计好考查哪些能力因素的问题，且在开放的前提下明确问题的指向性，并制订好参考答案和评分细则。

例5 有人认为：许多植物的茎和叶都能进行蒸腾作用，且叶是主要的蒸腾作用器官。为了验证这一观点，老师提供如下器材供同学们实验，各种器材数量充足。

选择合适的器材，写出本实验的步骤。

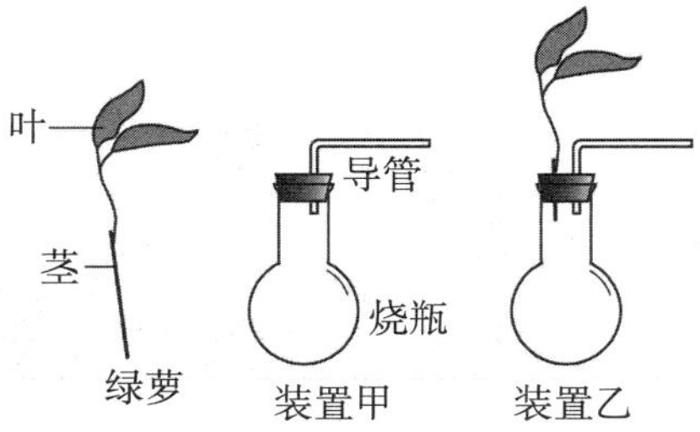 图 3-4-5	其他器材： 水、凡士林、刻度尺、秒表、剪刀、记号笔、胶头滴管等。

答案

满分示例：

①检查装置气密性后，取 1 个装置甲，标为 A 组，另取 2 个装置乙，分别标为 B 组、C 组，将 3 个装置装满水。

②用剪刀剪去 C 组绿萝的全部叶，A 组、B 组不做处理。

③用胶头滴管在导管口注水形成一小段水柱，并用记号笔标记位置。

④将装置放在适宜的环境中，一段时间后，用刻度尺测出水柱移动的距离，分别记为 s_A、s_B、s_C。

⑤比较 s_C-s_A 和 s_B-s_C 的大小关系，重复实验，得出结论。

【评析】 本题作为开放性的主观性试题，旨在考查学生的多项探究能力，包括方案设计、数据处理、表达交流、控制变量、建立模型等，另外，还要求学生将因变量转换为可观察、记录的对象，实验步骤虽然开放，但体现的能力要素相对集中。同时，制订合适的评分细则，对相对开放的学生答案进行评价，既能展现学生思维的开放性，又保证了评价的公平性。

(三) 基于综合性试题的命制——体现思维深度和广度

与传统主观性试题相比，新型主观性试题在考查学生对知识掌握情况的同时，更加侧重于考查学生分析、评价、创造等高阶思维能力，学生在解决问题的过程中能体现出思维的深度。

例6 莲是一种水生植物。当条件适宜时，莲的种子——莲子在淤泥中开始萌发，萌发后长成的第一片叶必须在几天之内破水而出，在水面上形成浮叶，否则莲会死亡。浮叶提供的有机物让淤泥里的幼体生根，并长出一条地下茎，地下茎逐渐形成日后的藕。每小段藕之间同样可以长出叶，它们按照同样方式破水而出，最终形成了神奇的对称现象(如图 3–4–6)。

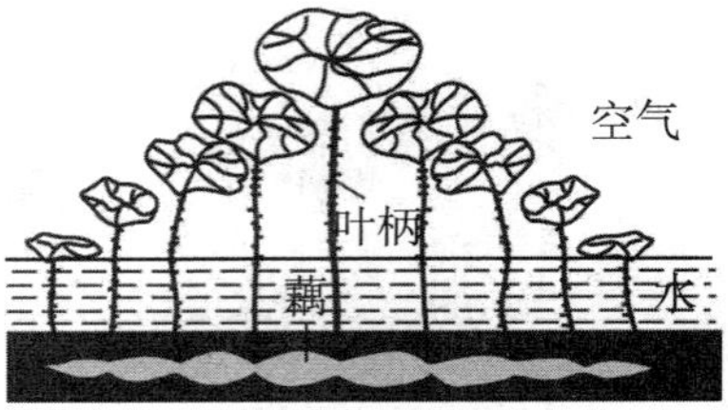

图 3–4–6

(1) 生长在淤泥里的藕，其内存有较多空气，这对藕的生命活动有什么作用？__________。

(2) 莲的第一片浮叶与后续形成的叶，在从水底向水面生长过程中，它们需要的有机物来源有何不同？______________。

(3) 同种莲的许多种子在池塘的不同位置萌发后，形成叶的对称特点相同，但在叶的大小、形态及生长状况方面存在许多差异。简要说明其异同的原因：________________。

答案 (1) 利于呼吸 (2) 莲的第一片浮叶所需的有机物来自莲子中的子叶，后续形成的叶所需的有机物来自先长出的叶的光合作用 (3) 相同的原因是它们具有相同的遗传物质，不同的原因是它们的生活环境的不同

【评析】 试题以藕的生长为情境，巧妙地将遗传、变异、呼吸作用、光合作用等知识点的考查进行有机整合。试题要求学生将多个知识点组织成网，以利于知识的综合应用；试题要求学生充分分析信息，以利于信息的综合处理；试题要求学生综合考虑问题对象，以体现思维活动的深度。

(四) 基于项目化学习试题的命制——关注学科实践能力

项目化学习试题是以项目化学习过程为背景，呈现项目驱动性问题、项目流程和项目评价量表等要素，综合考查学生的学科实践能力的新型试题。

例 7 某学习小组开展了“制作棒棒糖”的项目化学习，过程如下：

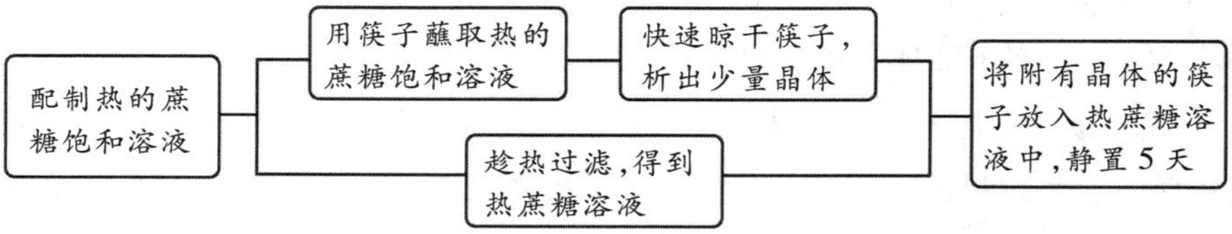

图 3–4–7

(1)“快速晾干筷子,析出少量晶体”是通过________的方法结晶的。

(2)制作棒棒糖时,小明将蔗糖加入热水中,用筷子稍作搅拌,观察到杯底还留有蔗糖固体,接着就进行过滤等后续操作,5天后却没有制得棒棒糖,杯中也没有晶体析出。棒棒糖制作失败的原因:最初配制的蔗糖溶液是________(填“饱和”或“不饱和”)溶液。

(3)该小组同学改进实验后,成功制得棒棒糖。当时室温下,蔗糖的溶解度为200克,则杯中剩余蔗糖溶液的溶质质量分数为________(精确到0.1%)。

答案 (1)蒸发溶剂和冷却热饱和溶液 (2)不饱和 (3)66.7%

【评析】 该题以制作棒棒糖的项目化学习为情境对溶液的相关知识做了有机整合,有效考查了物质的变化中“溶液”这一核心概念,并为如何利用相近概念做大单元教学和项目化整合复习提供了借鉴。试题的命制注重系统思考和多元整合,促进学生对自然现象进行整体认知和全面的价值判断,促进了知识显性化和结构化。

四、科学新型试题的具体命制技术

(一)通过试题的开放性程度甄别学生发散思维和创造能力

从命题技术角度看,开放性试题可以从试题的情境开放、条件开放、结论开放等途径去达成。开放性试题的开放度取决于三要素的开放程度,试题开放性越强,对学生的发散思维和创造力要求就越高。命制开放性试题的目的是为学生提供广阔的思维空间,鼓励学生开阔思路、发展创造性思维,引导学生由消极等待条件发展为主动获取条件,激发学习的兴趣。

例8 三名同学分别用相同质量分数的稀盐酸,测定某石灰石样品中碳酸钙的质量分数。(石灰石中的杂质既不与酸反应,也不溶于水)

(1)小敏的方法可用如图3-4-8所示的流程表示,测得的碳酸钙质量分数为______;在过滤操作中,需要用到的玻璃仪器有______(填字母)。

A. 酒精灯、漏斗、玻璃棒

B. 漏斗、玻璃棒、烧杯

C. 酒精灯、试管、玻璃棒

图 3-4-8

（2）小华称取 10 克样品，用如图甲实验装置进行实验，反应结束后，测得 B 装置质量增加了 4.6 克。根据上述数据，算得碳酸钙的质量分数，发现结果与事实严重不符。造成这种情况的可能原因是________。

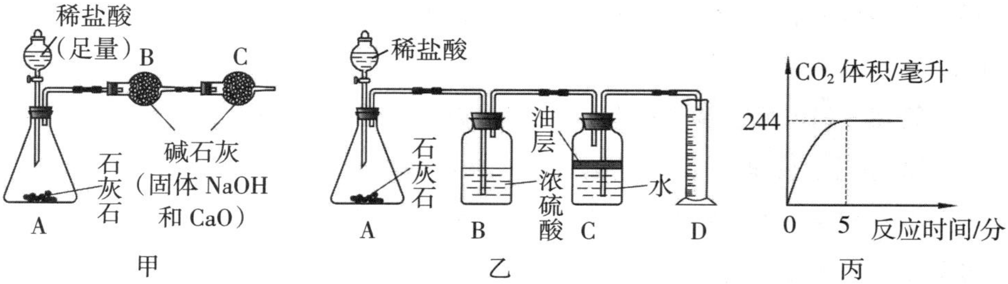

图 3-4-9

（3）小军用如图乙的实验装置进行实验，将 20 克稀盐酸加入 1.25 克样品中，生成的 CO_2 体积与反应时间的关系如图丙。已知本实验条件下 CO_2 的密度为 1.8 克/升，求该石灰石样品中 $CaCO_3$ 的质量分数。

（4）求实验所用稀盐酸的溶质质量分数。

答案 （1）79% B （2）B 中吸收了二氧化碳带出的水蒸气或 HCl 气体 （3）80%（计算过程略） （4）7.3%（计算过程略）

【评析】 此题的开放性在于问题的背景上，将物质纯度的检测方法作为试题情境，使学生认识到解决问题的途径并不是唯一的，而是要灵活运用所学知识，多途径、多方法、多角度地去解决问题。这样的设计增强了学生学习的主动性和内驱力。

（二）通过调整试题跨学科领域的整合度来调节试题的综合性

综合性试题往往需要通过多个学科知识的有机整合来解决问题。综合性试题考查的知识要有较广的覆盖面，且知识间要有内在的联系，是一种有机整合，而不是简单的“拼盘”。因此，命制综合性试题时要思考对哪些知识进行有机统整，这些知识间存在怎样的联系，可通过什么样的科学素材载体将这些知识联系起来。试题整合度越高，综合性就越强。

例9 建立模型在科学研究中有着重要的作用。

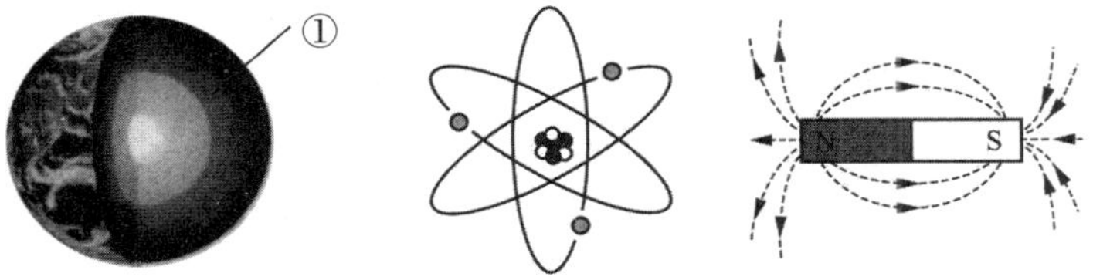

甲　　　乙　　　丙

图 3-4-10

(1) 模型可以帮助人们认识和理解一些不能直接观察到的宏观事物。图甲是地球内部的圈层结构模型，它展示了地球的内部结构，图中①代表________。

(2) 模型可以帮助人们认识和理解一些不能直接观察到的微观结构。图乙是某原子结构模型，它表示了原子核在原子中所占体积很小，________在核外空间高速运动。

(3) 模型可以帮助人们揭示客观对象的形态、特征和本质。图丙为条形磁铁的磁感线模型，磁体周围的磁场强弱是通过________________来描述的。

答案 (1) 地幔 (2) 电子 (3) 磁感线的疏密程度

【评析】 试题以科学模型为联系点，考查的知识点覆盖面广，将地理领域的地球内部的圈层结构、化学领域的原子结构、物理领域的磁感线等模型进行有机整合。试题的设问落在知识点上，有利于引导学生深刻理解所学知识，从而更好地掌握和运用。

(三) 聚焦科学发展史的认知，考查科学思维方法

科学思维是科学核心素养之一。辩证地看待科学问题，并对已有的科学结论进行评价，这既能反映学生的价值观，又能反映学生的科学思维与能力。在浙教版初中《科学》教材中有许多科学史的介绍，包括科学家及科学发现等科学发展史的内容，这些有关科学的历史包括了科学探究技能、科学思维提升和科学方法运用的发展史。因此，将科学发展史创设为情境，基于此设计巧妙的问题，不仅可以渗透科学态度、情感与价值观的教育，还可以考查学生分析、综合、推理与评价等思维能力。

例10 “原子—分子”学说的建立经历了曲折的过程。

材料一：1803年，道尔顿在原子论中提出：元素由微小的不可分的原子组成；不同元素的原子以简单数目比例形成不可再分的原子——“复杂原子”。

材料二：1809年，盖·吕萨克认同道尔顿的原子论，并提出自己的假说：在同温同压下，相同体积的不同气体中含有相同数目的原子（包括“复杂原子”）。道尔顿反对盖·吕萨克的假说，他认为若该假说成立，解释化学反应时，有些反应会推导出“半个原子”，与原子论矛盾。

材料三：1811年，阿伏伽德罗提出分子学说，解决了道尔顿和盖·吕萨克的矛盾。随后科学家们确立并逐步完善了“原子—分子”学说。

（1）1897年，汤姆生发现原子内有带负电的________，否定了“原子不可再分”的观点。

（2）道尔顿原子论中“复杂原子”构成的物质，按现在物质的组成分类，属于纯净物中的________。

（3）依据道尔顿的原子论和盖·吕萨克的假说，下列反应能推导出“半个原子”的是________（填字母，可多选）。

A. 1升氢气和1升氯气反应，生成2升氯化氢气体

B. 2升氢气和1升氧气反应，生成2升水蒸气

C. 木炭与1升氧气反应，生成1升二氧化碳

D. 木炭与1升二氧化碳反应，生成2升一氧化碳

E. 硫与1升氢气反应，生成1升硫化氢气体

答案 （1）电子 （2）化合物 （3）A、B、D

【评析】 本题以科学史为知识联系点，通过材料介绍了原子—分子学说的历史发展过程，引导学生了解原子理论的曲折与演进，引导学生对科学研究中严谨态度重要性的认识。试题立意鲜明，且注重对方法和方案评价的考查，引导学生关注科学史对人类生活的积极意义，有效激发了学生对科学史中科学方法应用价值的理解。

例11 18世纪前后，人们把元素等同于一种在化学变化中不可再分的物质，即单质。“燃素说”和“燃烧的氧化学说”一度成为科学家争论的焦点。

材料一：1723年，施塔尔提出“燃素说”：燃素也是一种元素，燃素存在

于一切可燃物中。例如，金属含有燃素，金属燃烧时金属释放燃素后成为金属灰(实际是金属氧化物)；金属灰与燃素结合又会重新变回金属。

材料二：1766年，卡文迪许制得氢气并认为它是燃素；1773年，舍勒研究发现，可燃物燃烧需要一种他称为“火空气”的单质参与；1784年前，人们认为水是一种元素；1796年，普里斯特利制得可在“脱燃素气”中燃烧的“可燃空气”，也把它当作燃素。

材料三：1777年，拉瓦锡建立了“燃烧的氧化学说”，认为可燃物中不存在燃素；1801年，克鲁克香克证明了普里斯特利所谓的“可燃空气”是一氧化碳，从而结束了“燃素说”与“燃烧的氧化学说”之争。

(1) 用你所学的燃烧条件分析，材料二中的“火空气”是________。

(2) 材料三中的“可燃空气”一氧化碳属于纯净物中的________，所以不可能是燃素。

(3) “燃素说”自提出后就引起争议。下列是当时科学家分析的事实或现象，用“燃素说”解释不合理的是________(填字母，可多选)。

选项	事实或现象	用“燃素说”解释
A	金属成分比金属灰简单	因为金属燃烧时燃素从金属中逸出
B	加热金属灰通入氢气，金属灰变回金属	因为氢气是燃素
C	木炭与金属灰一起加热变回金属	因为木炭富含燃素
D	铜在空气中加热后质量增加	因为金属铜中含有燃素，加热后有燃素逸出
E	燃素(氢气)与脱燃素气(氧气)结合成水	因为水是一种元素

答案 (1) 氧气 (2) 化合物 (3) A、D、E

【评析】 本题以科学史为联系点，通过历史背景和相关实验案例的介绍，引导学生了解燃素说与燃烧的氧化学说之争的历史背景和发展过程。试题不但考查了学生获取信息、比较及分析的能力，而且帮助学生了解科学定律的发展与完善过程，促进他们形成正确的“科学观”，同时还有助于引导教师在教学中对科学史的渗透。

(四) 提炼生产生活中的非良构问题，考查科学解释的能力

有些较为权威的科普读物(如《十万个为什么》)或新闻(如央视的《走

近科学》)等所介绍的生活现象或生产应用往往涉及多个科学核心知识、原理和方法。为了达到科普的目的,这些科普读物或新闻在阐述其中原理时,有时会表达得更加通俗,显得不够科学、严谨,因此,通过对这些蕴含多个科学概念的现象进行提炼,命制非良构的论证性说理题,可以考查学生通过组织和构建概念群进行科学解释的能力。

例12 我国北方由于冬季气温低,需借助温室大棚才能种植蔬菜。普通温室大棚,需消耗大量煤来维持蔬菜种植所需的温度。某科研团队设计出一种不耗煤且能促进蔬菜高产的“节能日光温室”(如图 3–4–11),适合冬季在我国北方不同纬度地区使用。其结构特点如下:

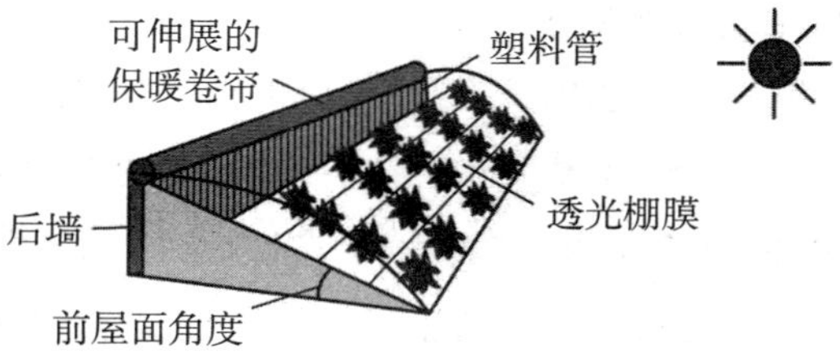

图 3–4–11

①温室前部采用固定的透光棚膜。

②不同纬度的温室,其“前屋面角度”不同。

③温室后墙装有塑料管,管内循环流动着大量的水。

④温室顶部具有特殊材料制成的保暖卷帘,白天收起,夜晚展开覆盖在透光棚膜表面。

结合上述信息并运用所学知识,对寒冷冬季北方不同纬度地区使用“节能日光温室”既节能又能促进蔬菜高产作出解释。

答案

答题要点:能综合利用太阳高度角、比热、温室效应、植物的新陈代谢等知识作出符合证据、符合逻辑的解释。

示例:不同纬度位置正午太阳高度角不同,通过温室前屋面角度的调整,使得蔬菜获得充足光照,同时由于温室效应,棚内温度升高,提高光合作用强度,有利于蔬菜生长。后墙塑料管内水的质量大、比热大,白天吸收的热量多,夜晚释放的热量也多;夜晚保暖卷帘盖上,减少温室散热,避免夜晚温度过低而冻伤蔬菜。

【评析】 本题素材源自科研论文,利用日光温室技术的原理构建劣构问题,旨在考查学生获取和分析信息的能力,以及综合运用多个学科概念进行解释的能力，同时引导学生在平时学习中要勤于观察、善于思考、乐于拓展，教师则在教学中要善于创设劣构问题。

新型主观性试题在情境创设时应选择学生熟悉的情境，可以是科学模型情境，也可以是实际情境，情境中提供的信息点要明晰、明确，不设置人为的障碍，有利于学生的解答，但情境中的每个信息点可独立地指向某个科学概念或能力，各个信息点之间则隐含着一定的关联。这样的命题方式旨在考查学生在信息基础上的高阶思维活动，提高了试题对能力立意的效度。

例13 夏天的夜晚，常会看到灯蛾扑火现象。灯蛾围着烛焰等光源一圈又一圈飞行，圈子越来越小，直至遇到火焰。远古时期就有灯蛾，那时灯蛾在夜间飞行是依靠星光来辨别方向的，遥远的星光到达地球时近似于平行光线。科学家对"灯蛾为什么会扑火"这一问题的解释，用图 3-4-12 加以表达。

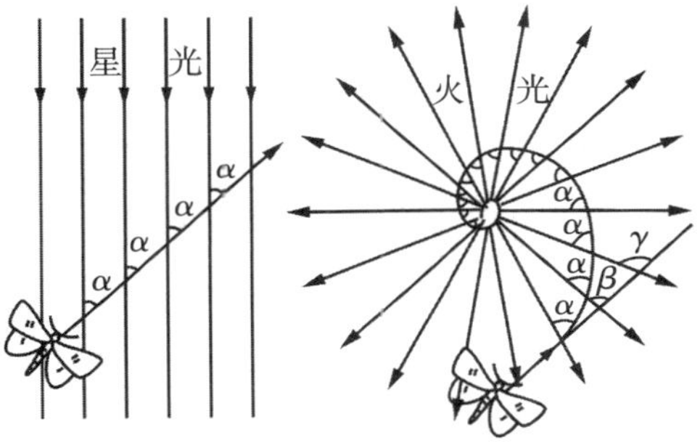

图 3-4-12

请运用图中信息，结合相关知识，对"灯蛾扑火"现象作出解释：______。

答案 答题要点：答出四个因素，且逻辑关系严密。①远古灯蛾的飞行特点（如与遥远星光成一定夹角飞行）；②现代灯蛾的飞行特点；③现代灯蛾与远古灯蛾飞行特点间的联系（遗传）；④火光与遥远星光的不同。

满分示例：远古灯蛾与光线（星光）成一定夹角（α）飞行，由于遗传，现代灯蛾仍保持与光线成相同夹角飞行的习性，烛焰等光源发出的是发散光线，导致灯蛾扑火。

【评析】 试题以灯蛾扑火现象为情境，通过文字、图像等呈现灯蛾扑火现象、远古灯蛾的性状、星光和烛光的特点等信息。学生通过阅读非连续性文本，思考并分析远古灯蛾与现代灯蛾在某些性状上具有相似性的原因，以及星光与烛光在光线上的区别、灯蛾飞行角度与光线的关系等，解释说明灯蛾扑火的原因，以解决问题。试题有效地考查了学生应用知识解释现象的能力、获取图文信息的能力、综合分析信息并解决问题的能力。

（五）通过命制规范的参考答案与评分细则来体现评价的公正性和可操作性

新型主观性试题的目标不是将学生的答案分为对与错两种情况，而是依据学生的答案进行分层评价。为了提高评价的客观性，保证评价结果具有一定的效度和信度，在科学新型主观性试题的参考答案与评分细则的命制上，可按照SOLO分类评价原理对思维能力进行分层：前结构层次——回答与素材之间不存在逻辑关系；单点结构层次——回答的是仅从众多相关素材中的个别素材出发概括出的正确答案；多点结构层次——回答是对几个素材进行独立的、具体的概括，但没有把它们联系起来；关联结构层次——回答是能建立起多点结构中各点之间的联系，归纳出结论；抽象结构层次——回答超越对素材的归纳，并进行合乎逻辑的演绎。针对不同结构层次的答案赋予不同的分值，使评价过程更具可操作性，评价结果更具效度。

例14 我国西北某盐碱地，土壤中含有较多的可溶性盐，农作物因失水难以生存。在科研人员指导下，实现了在盐碱地上种植水稻，且亩产超过500千克。

材料一：盐碱地土壤和适宜普通水稻生长的土壤部分信息表。

项目	盐分	pH
盐碱地土壤	0.6%～0.8%	8.2～9.6
适宜普通水稻生长的土壤	≤0.5%	6～7.5

材料二：为了能在盐碱地种植水稻，在种植前采取如下措施。

①选种：将多个水稻品种的种子试种在盐碱地土壤上，经过多年逐代培育，选择成活率高、生长良好的品种来种植。

②改良盐碱地：将淡水灌溉到盐碱田地，浸泡约一周后将水排出；利用当地丰富的富含腐殖质的牛羊粪，并加入以酸性物质为主的盐碱调节剂，经发酵后，给盐碱田地适当施肥。

结合上述信息并综合运用所学知识，对实现在盐碱地种植水稻的措施作出解释。

答案 答题要点：①生物性状改变与选择育种的关系；②土壤pH变化

与物质反应的关系;③土壤溶液溶质质量分数与物质溶解的关系;④植物吸水与溶质质量分数的关系;⑤土壤肥力与微生物分解的关系。

高水平回答(6分):能综合利用遗传变异与育种、物质的酸碱性、溶质质量分数、植物对水和无机盐的吸收、微生物的分解等知识作出符合证据、符合逻辑的解释。

示例:通过多年培育,经遗传、变异和选择获得适应盐碱地生长的品种;用淡水浸泡,使土壤中的部分盐分溶解在水中并排出,降低土壤溶液溶质质量分数,使其低于水稻根毛细胞液的溶质质量分数,有利于水稻根吸水;肥料中的酸性物质与土壤中的碱性物质反应,使土壤碱性减弱;牛羊粪中的腐殖质经微生物分解形成无机盐,增加土壤肥力。因此,这些措施能使水稻在盐碱地生长良好。

中上水平回答(4分):能从遗传变异与育种、物质的酸碱性、溶质质量分数、植物对水和无机盐的吸收、微生物的分解等方面选择多个要素,作出符合证据、符合逻辑的解释。

示例:用淡水浸泡,使土壤中的部分盐分溶解在水中并排出,降低土壤溶液溶质质量分数;肥料中的酸性物质与土壤中的碱性物质反应,使土壤碱性减弱;牛羊粪中的腐殖质经微生物分解形成无机盐,增加土壤肥力。

中下水平回答(2分):能从遗传变异与育种、物质的酸碱性、溶质质量分数、植物对水和无机盐的吸收、微生物的分解等方面选择1～2个要素,作出解释。

示例:用淡水浸泡,降低土壤溶液溶质质量分数;肥料中的酸性物质与土壤中的碱性物质反应,使土壤碱性减弱。

低水平回答(0分):不能运用相关科学知识作出解释或同义反复。

示例:用淡水浸泡有利于水稻种植。

【评析】 本题参考答案与评分细则的命制按照SOLO分类评价理论设计评价方法,根据答题的五个要点,对不同结构层次的回答作出了明确的预期分析和示例,阅卷人员将学生的答题情况与此评分细则进行比对,然后对学生的解答情况进行分类,依据结构层次进行赋分,这样既确保了测试的效度和信度,又保证了阅卷的可操作性。

第四章　科学实验探究试题的命制

观察、实验和思维相结合是科学学科的一大特征。掌握观察、实验、测量、推理、解释等基本的科学方法,形成科学探究的意识,理解科学探究是探索和了解自然、获得科学知识、解决科学问题的主要途径,理解科学探究涉及提出问题、作出假设、制订计划、搜集证据、处理信息、得出结论、表达交流和反思评价等要素,具有初步的科学探究与实践能力,是当前科学教学的主要目标之一。因此,考查学生科学的实验探究与实践能力,是初中毕业生学业水平考试的基本要求和重要内容。加强对科学实验探究与实践能力试题命制和考查的研究, 不仅能提高科学实验探究试题的命制质量,还对引导探究与实践教学有着重要的现实意义和指导价值。

第一节　科学实验探究试题的内涵与命制特点

一、科学实验探究试题的内涵与要求

目前浙江省初中毕业生学业水平考试中的科学实验探究试题是以探究与实验为载体,考查学生科学探究与实验能力、技术与工程实践能力的一类试题。科学实验探究试题的外在体现为:试题具有真实的实验探究情境,针对实验探究的环节或要素设问;学生需通过获取和分析信息,运用科学知识和科学思维解答设问;教师通过观察学生解答设问的表现,评价学生科学素养的发展水平。科学实验探究试题的内在要求为:试题要坚持素养立意,情境和设问应服务于素养立意的实现,情境需具有一定的导向性和新颖性,设问应指向具体的实验探究能力的测评目标。因此,高质量的科

学实验探究试题有利于初中科学教学改革，有利于改变学生的学习方式和教师的教学模式，有利于评价和发展学生的科学观念、科学思维、探究实践和态度责任等科学素养。

目前《课程标准》中对学生探究与实践的学业质量要求是：

（1）能基于所学的知识，从真实的情境中识别可以探究的科学问题和研究变量，并提出合理的研究假设，制订较完整的探究方案，能设计控制变量的实验方案；能根据探究方案，使用常用器材，通过观察、实验等各种方法，获得数据，用科学语言、概念图、统计图表等对数据进行整理分析，并运用所学思维方法和数学方法处理数据，得出结论，判断结论与假设是否一致；能完成与所学知识和方法相适应的、简单的探究报告，自觉地对探究过程和结果进行反思与评价。

（2）能在科学探究、技术与工程实践和真实问题的解决中，辩证地看待问题，使用分析与综合、比较与分类、抽象与概括、归纳与演绎等思维方法，根据研究问题的需要和讨论交流的情境，提出科学假设和观点；基于证据与逻辑，检验假设，得出结论，阐述自己观点的合理性，开展基于证据的反驳；确定、分析和评价科学实验中的变量控制。

（3）能综合运用所学的学科核心概念和跨学科概念，利用常见工具和材料，从多学科、跨学科的角度，遵循构思、设计、优化、实施、检验、修改等过程，设计制作简单的装置，开展相关的技术与工程实践；能基于需求，通过开发、使用和修改模型，来描述、测试和预测比较抽象的现象或系统，优化模型的设计和制作。

因此，纸笔测试中的科学实验探究试题重在考查学生是否掌握基本的科学方法，具有初步的探究与实践能力。科学探究能力体现在：理解科学探究的一般过程和方法；提出科学问题，并针对科学问题进行合理猜想与假设；制订计划并搜集证据，分析证据并得出结论；对结果进行解释与评估；准确表达观点，反思探究过程与结果。技术与工程实践能力则体现在：了解技术与工程实践的一般过程和方法，针对实际需要明确问题，提出有创意的方案，并根据科学原理或限制条件进行筛选；实施计划，利用工具和材料进行加工制作；根据实际效果进行修改迭代；用自制的简单装置及实物模型验证或展示某些原理、现象和设想。因此，实验探究试题涉及提出问题、作出假设、制订计划、搜集证据、处理信息、得出结论、表达交流和反思评价等要素；而技术与工程试题涉及明确问题、设计方案、实施计划、检验作品、改进完善、发布成果等要素。

二、科学实验探究试题的命制特点

（一）科学实验探究试题应围绕探究要素命制

科学探究源自问题的发现，一般要经历“提出问题、作出假设、制订计划、搜集证据、处理信息、得出结论、表达交流和反思评价”等环节。初中学业水平考试中，尽管科学实验探究试题的数量较多、题型多样，但试题一般都紧紧围绕科学探究的这些要素进行命制。

例1 科学学习小组同学在完成盐酸除铁锈实验时，发现生锈的铁钉表面有气泡生成。同学们对此现象感到很好奇，针对“气体是由什么反应生成的”这一问题，设计实验进行探究。

【设计实验】科学学习小组同学经过认真分析思考，提出了自己的假设，并设计了图甲所示的实验 A 和 B 进行探究。实验时，观察到试管 A 中有气泡，试管 B 中没有气泡，从而验证了自己的假设是成立的。

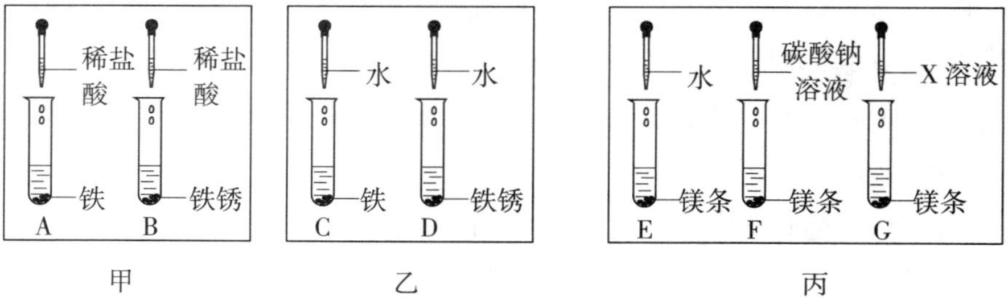

图 4-1-1

（1）科学学习小组同学设计图甲所示实验，基于的假设是__________。

（2）小金同学认为图甲所示实验 A 和 B 对照设置不够严谨，溶液中的水可能会对气体生成产生影响。于是在图甲实验的基础上补充设计了如图乙所示的对照实验 C 和 D。但小科同学认为对照实验 D 的设置没有必要，他提出这一观点的理由是____________________。

（3）［反思提高］设置对照实验的首要问题是找准找全影响因素，通过控制变量，来进行对照实验的设置，实现对照实验组设置的有效性和完整性。

[迁移应用] 一次课外实验的意外现象：镁条放入 Na_2CO_3 溶液中，快速产生气泡。

请结合设置对照实验的思想，完成“气体是由什么反应生成的”问题探究。

[实验探究] 查阅资料：①镁能与水缓慢反应生成氢气；② Na_2CO_3 溶液呈碱性，其溶液中除了 Na^+、CO_3^{2-}、水分子外，还有 OH^-。

科学学习小组同学设计了如图丙所示的对照试验 E、F 和 G。

往镁条中分别加入等量的水、Na_2CO_3 溶液、X 溶液进行实验。一段时间后，观察到试管 E、G 中有气体产生，但缓慢且少，试管 F 中产生气体，且既快又多。从对照实验设置的角度分析，实验 G 所加“X 溶液”应该是______。

(4) 分析图丙实验可知，镁条放入 Na_2CO_3 溶液中，气体是由镁与水反应生成的。试管 F 中快速产生气体，是因为 Na_2CO_3 溶液中存在能促进镁与水反应的离子，该离子是________。

答案 (1) 气体是铁和稀盐酸反应生成的 (2) 稀盐酸溶液中含有水，铁锈在稀盐酸中无气泡 (3) NaOH (4) CO_3^{2-}

【评析】 该题对教材实验进行深度挖掘，主要围绕科学探究的要素命制，较好地体现了科学探究的过程性。第(1)题对应考查“猜想与假设”要素，第(2)题对应考查“证据”要素，第(3)题对应考查“设计研究方案”要素，第(4)小题考查“解释”要素。试题情境源于教材而又不拘泥于教材。试题第一部分以真实的异常现象为知识载体，对原有知识作扩展，第二部分创设新的问题情境——“镁条放入 Na_2CO_3 溶液中，快速产生气泡”这一现象。问题设置渗透科学探究过程和科学思维，考查学生控制变量、分析、推理、解释等多方面的探究能力，引导教师在教学过程中注意渗透科学本质，从常见实验中发现新问题，探索其现象背后的原因。

在学业水平考试试卷中，实验探究试题往往围绕科学探究要素考查，并指向科学探究能力的范畴。

例2 为探究影响水果电池电压大小的因素，小科利用铜片、锌片作电极的水果电池(如图甲)和电压传感器(精密电压测量仪)等器材进行实验，数据记录如下页表。

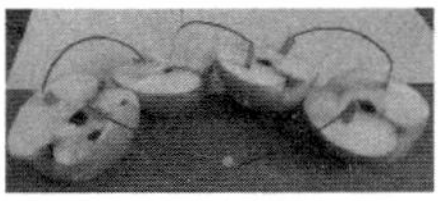

甲

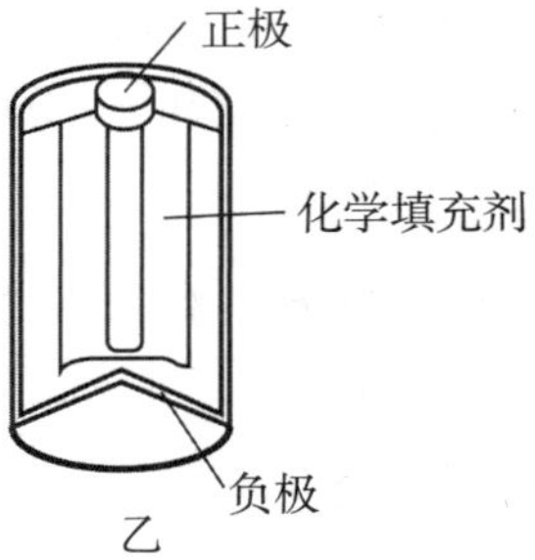

乙

图 4-1-2

实验组别	水果种类	电极插入的深度/cm	电极之间的距离/cm	测得电压/V
1	哈密瓜	1.0	2.0	0.886
2	哈密瓜	1.0	4.0	0.885
3	哈密瓜	1.0	6.0	0.886
4	苹果	1.0	2.0	1.009
5	苹果	1.5	2.0	1.011
6	苹果	2.0	2.0	1.010

(1) 为探究电极之间距离对水果电池电压大小的影响，应选用实验__________(填组别)进行对比。

(2) 分析实验数据，可以得出的结论是________________________。

(3) 干电池与水果电池原理类似，其结构如图乙。若要改变一节干电池的电压，根据本实验的结论，你的做法是________________________。

答案 (1) 1、2、3 (2) 电极材料不变时，水果电池的电压大小与水果种类有关，与电极插入的深度和电极之间的距离无关 (3) 改变化学填充剂的成分

【评析】 该题以水果电池为情境，着重考查学生控制无关变量、确定自变量、信息处理及得出结论、解决实际问题的能力。第(2)题和第(3)题基于生活经验“不同型号的干电池，每节电压都是 1.5 伏”，其中第(1)(3)题对应考查“设计”要素，第(2)题对应考查“结论”要素。在实际生活中，学生对于超市中出售的 1 号电池、5 号电池、7 号电池，“大小相差很大，但电压都是 1.5 伏”存在疑惑，此题正好作了科学的解释。该题有较好的导向作用，提示教师要多让学生观察生活，提出疑问，多进行“家庭实验”，让学生有更多体验的机会，提高科学探究技能。

(二)科学实验探究能力考查应具有层级性

不同学生的科学探究能力有高有低,具有层级性。因而实验探究试题的设计也应具有层级性,只有这样才能准确地评价学生的探究能力。针对科学探究基本要素的具体内容和要求,根据各要素的内在联系,把科学探究的基本要素简化为“提出问题”“制订方案或过程”和“探究结论”。在命制试题时,根据这三个要素信息的已知与否,命制 0～3 级四个能力水平层次的科学探究试题。科学探究能力层级具体情况如下表。

能力层级	提出问题	探究方案或过程	探究结论
0	✓	✓	✓
1	✓	✓	×
1	✓	×	✓
1	×	✓	✓
2	✓	×	×
2	×	×	✓
2	×	✓	×
3	×	×	×

注:表中“✓”表示题目提供相关信息,作为已知条件;表中“×”表示题目未提供相关信息,是未知条件。

分析能力层级表内容可知, 0 级水平能力层级为最低,探究问题、研究方案和探究结论均为已知;1 级水平能力层级,三个要素已知其中的一项;2 级水平能力层级,三个要素已知其中的两项;3 级水平能力层级,三个要素均为未知。一般而言,随着已知要素的逐渐减少,对学生的思维要求逐渐提高,试题的难度逐渐增大。因此,通常情况下,水平能力层级低的试题难度低于能力层级高的试题。

例3 在“观察细胞质在细胞中的流动”活动中,小宁观察到细胞质中叶绿体沿着液泡外缘流动缓慢。结合所学知识,他猜想:叶细胞中细胞质流动的快慢受温度和光照的影响。于是,小宁开展了探究。

[实验器材]

新鲜黑藻若干、8 支大试管、4 个水浴锅(水温可调,调至某一温度保持恒定)、4只灯泡(额定功率分别为25W、50W、75W、100W)、计时器、显微镜等。

[实验步骤]

①取8支装满水的大试管,编号1～8,各放入一株生长健壮、长势相近的新鲜黑藻。

②将1～4号大试管分别放入水温恒为15℃、20℃、25℃和30℃的水浴锅,给予强度相同的均匀光照,持续0.5h。

③将5～8号大试管放在相同且适宜条件的环境中，分别用25W、50W、75W和100W的灯光照射,持续0.5h。

④取各组植株相同部位的幼叶制作临时装片,选择大小、形状基本一致的细胞进行观察,记录叶绿体绕液泡外缘运动一周的时间。多次测量求平均值,分别记录结果于表一、表二中。

[实验结果]

表一　不同温度下叶绿体运动一周时间记录表

编号	1	2	3	4
水温/℃	15	20	25	30
平均时间/s	182	133	116	118

表二　不同光照强度下叶绿体运动一周时间记录表

编号	5	6	7	8
灯功率/W	25	50	75	100
平均时间/s	110	108	100	97

[实验分析]

(1)表一的实验数据表明:温度在______℃左右时,细胞质流动最快。

(2)根据表二实验数据,初步可得出的实验结论是:相同条件下,光照越强,______。

(3)细胞质的流动通常不易直接观察,本实验通过观察细胞质中叶绿体的运动来实现。下列实验中运用的方法与本实验观察方法相同的一项是______。

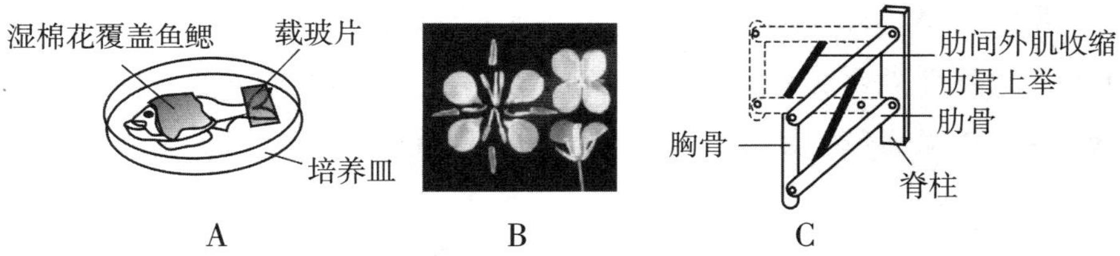

图4-1-3

A. 观察鱼尾血液微循环

B. 观察和解剖花

C. 模拟呼吸运动中的肋骨运动

答案 (1) 25 (2) 细胞质流动越快 (3) A

【评析】 本题选材基于教材，从教材“观察细胞质在细胞中的流动”活动中发现问题，并命制实验探究试题。题目中探究过程已知，探究问题需要学生从猜想中分析得出，探究结论是一个未知要素，但提供了一定支架。第(1)题还考查了“解释”要素。本题的科学探究能力层级介于1级和2级之间。

例4 图甲所示容器，常用来研究容器内液体对容器侧壁的压强特点。

(1) 小科在容器中装满水，橡皮膜凸出，再将容器按图乙箭头方向，绕容器中轴线 OO' 在水平桌面上缓慢旋转五圈(水与容器壁一起转动且保持相对静止)，发现在整个转动过程中橡皮膜凸出情况一直未变。上述操作及现象________(填“能”或“不能”)作为容器内的水对容器各个方向的侧壁均存在压强的证据。

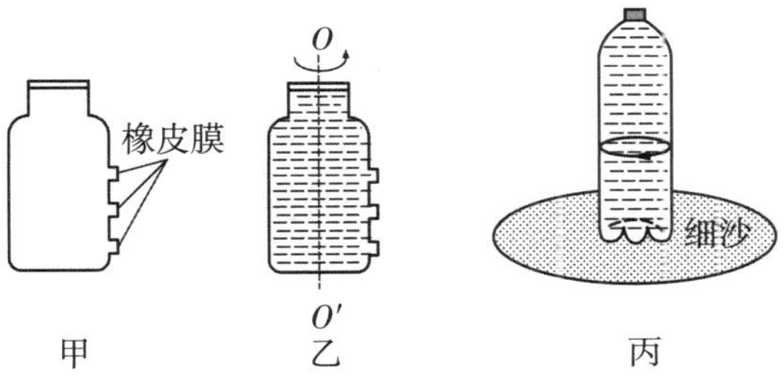

图 4-1-4

(2) 小科去掉图乙中3个小孔上的橡皮膜，发现并不是最下端的小孔喷水距离最大。他有点困惑，难道不是水压越大，喷水距离也越大吗？深入思考后他认为小孔喷水距离还可能与小孔离地高度有关。于是，他利用打孔器、大可乐瓶、干燥细沙、刻度尺和水等材料，重新设计实验，进行探究。

Ⅰ. 用打孔器在大可乐瓶同一高度不同位置打3个相同的小孔，用塞子堵住。

Ⅱ. 如图丙所示，在水平地面上均匀铺一层干燥细沙，将大可乐瓶加满水，放在细沙中央。

Ⅲ. 拔出瓶上一个小孔的塞子让水喷出，一段时间后用塞子堵住小孔。

Ⅳ. 针对另外两个小孔,分别重复步骤Ⅲ。

Ⅴ. 移去大可乐瓶,测出相关数据,得出初步结论。

①小科重新设计实验,想探究的问题是____________。

②步骤Ⅲ中对"一段时间"的要求是____________。

答案 (1) 不能 (2) ①小孔喷水距离与小孔处的水压有什么关系 ②水面明显下降,且能确保三个小孔喷水距离差异明显

【评析】 本题设计基于真实实验情境,在教材实验的基础上加以延伸和拓展。试题颠覆了学生的已有认知,即最下端的小孔喷水距离应该最大。第(1)题考查"证据"这一要素,第(2)题第一空考查了学生提出问题的能力,第二空指向"方案设计",看似实验方案的部分信息已经给予,但关键信息需要学生对方案完全理解后才能分析得出。本题的科学探究能力层级可以归为2级。试题注重知识学习与动手实践的联系,考查了学生实验设计能力、实验分析能力等多种能力。

例5 在"制作生态瓶"的实践活动中,科学实践小组发现不同生态瓶中生物的种类和数量不同,瓶内生态系统的稳定性不同。他们想:当生态瓶中的水及水草数量一定时,动物的种类与数量怎样投放才能使生态瓶更稳定?于是通过实验来探究这一问题。

可供选择的器材:容积为3升的透明塑料瓶、凡士林、新鲜河水、蒸馏水、水草、大小相近的健壮小金鱼和小田鱼各若干等。

老师建议:

①瓶中水为容积的$\frac{2}{3}$,每瓶中投放植物3株、鱼不超过3条。

②先探究鱼的数量对生态瓶稳定性的影响,再探究不同种类鱼的配比对生态瓶稳定性的影响。

(1) 实验中选择的塑料瓶是透明的,其目的是__________。

(2) 选择合适的器材,写出本实验的步骤。

答案 (1)有利于光合作用,便于观测

(2) 答题要点:自变量控制(鱼的数量和种类)、无关变量的选择(实验器材选择、环境条件控制、密闭系统控制)、因变量观测(因变量的转换与观测)、阶段性研究(根据第一阶段实验结果开展第二阶段研究)。

满分示例：

①取3个塑料瓶，各装入2升新鲜河水和3株大小相近的健壮水草，分别标上A、B、C。

②在A瓶内放入1条小金鱼,B瓶内放入2条小金鱼,C瓶内放入3条小金鱼。

③将3个瓶子用盖子和凡士林密封,并同时放在光照良好的地方且避免阳光直射,每天早晚各观察一次,记录并比较各组鱼存活的天数。

④比较三组实验现象,若B组金鱼生存时间最长,则再取2个塑料瓶,各装入2升新鲜河水和3株大小相近的健壮水草,分别标上D、E。

⑤在D瓶内放入2条小田鱼,E瓶内放入小金鱼和小田鱼各1条,重复步骤③。

⑥比较分析实验现象,得出结论。

【评析】 本题提出的问题是“当生态瓶中的水及水草数量一定时,动物的种类与数量怎样投放才能使生态瓶更稳定”,同时给定了实验器材,题干中也详细描述了老师的实验建议,“探究方案”作为一个未知信息,必须由学生分析题干信息后自己阐述。设计方案时,学生要考虑研究两个自变量,还要分阶段进行研究。第一阶段研究后选择合适的组别进行第二阶段研究,设计研究方案,这是实验探究试题命制的一个重大突破。试题注重知识学习与生活的联系,促进了学生对生活的感悟。本题的科学探究能力层级为3级。

(三)科学实验探究试题应有较完整的过程性

在教育测量学中,考试是一种测量工具,其中能力测量主要通过对学生解决问题的心理外显行为来鉴别。因此,科学探究能力的高低,可以通过在科学探究问题的解决过程中学生所表现出来的探究行为水平的高低来衡量。这就要求科学实验探究试题的设计必须让学生经历一定的探究过程,使学生的探究行为在探究过程中表现出来,从而鉴别其能力水平。这里所说的探究过程,是指一定的活动程序或阶段,即从发现问题到解决问题的过程。当然,科学实验探究试题的设计不要求具备一个完整的探究过程,可以是科学探究的一个或若干个要素片段作为过程性的体现。

例6 同学们在学习碱的化学性质时，进行了如图 4–1–5 所示的实验。实验结束后，将 A、B、C 三个实验的废液倒入同一个干净烧杯 D 中，发现烧杯底部有白色沉淀，上层清液呈红色。

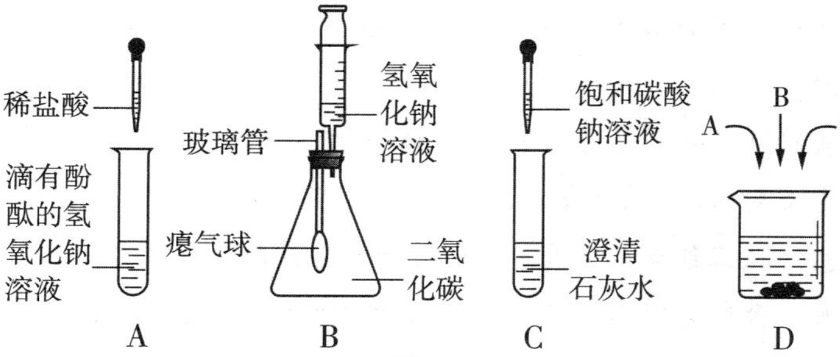

图 4–1–5

［提出问题］烧杯 D 中上层清液含有哪些溶质（除指示剂外）？

［分析与讨论］小组同学讨论后，确定反应后物质成分的思维路径如下：①考虑反应物用量的不同；②抓住化学反应的本质，即微粒的重组。

某小组同学分析过程的笔记如下：

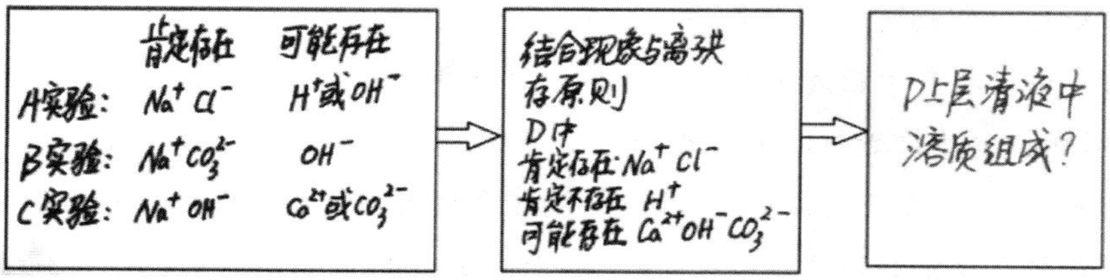

图 4–1–6

［初步结论］

（1）通过分析讨论可以确定：烧杯 D 上层清液中肯定不含 H^+，肯定含有 Na^+、Cl^-。判断一定含有 Na^+、Cl^- 的依据是____________。

［实验探究］

小组同学按如下方案进行实验探究。

实验	实验内容	实验现象	实验结论
Ⅰ	取少量上层清液于试管中，加入过量碳酸钠溶液，静置	无沉淀，溶液呈红色	肯定没有 Ca^{2+}。
Ⅱ	取少量上层清液于试管中，加入过量“__?__”溶液，静置	有白色沉淀，溶液呈红色	肯定有 OH^-、CO_3^{2-}

（2）根据实验Ⅰ可以初步推断：上层清液中溶质（除指示剂外）所有可能的组成为________________（用化学式表示）。

（3）实验Ⅱ中应加入过量的________________溶液。

[实验结论] 烧杯 D 中上层清液的溶质有指示剂、氯化钠、氢氧化钠、碳酸钠。

答案 （1）Na^+和 Cl^-在整个过程中没有参与反应 （2）①NaCl、NaOH；②NaCl、Na_2CO_3；③NaCl、NaOH、Na_2CO_3 （3）$BaCl_2$[或 $CaCl_2$，或 $Ca(NO_3)_2$，或 $Ba(NO_3)_2$]

【评析】 本题以废液缸上层清液中物质成分的鉴定为情境命题。试题包含了科学探究的大部分过程，从提出问题、猜想与假设入手，围绕设计方案、动手实验、推理论证、得到结论等，考查学生对物质的变化和化学反应核心概念的掌握情况，使学生的各种探究能力在探究过程中逐步得以体现。试题还要求学生从微观视角来分析宏观现象产生的原因，引导学生透过现象看本质，认识化学反应的实质是微粒的重组，并应用此规律来解决真实情境中的真实问题，体现了学以致用的思想，同时也为学生鉴定反应后物质成分的问题提供了重要的思维路径，推动学生开展深度学习。

例7 酵母菌在无氧环境下将有机物分解成酒精与二氧化碳。酵母菌无氧呼吸产生的酒精会对其造成伤害，从而抑制其呼吸作用强度吗？为此，科学小组的同学进行了如下探究活动。

[提出假设] 酒精对酵母菌的无氧呼吸有抑制作用，且浓度越高，抑制作用越大。

[实验器材] 烧杯 6 个，气球 6 个，酵母菌培养液，体积分数为 20%、40%、60%、80%的酒精，蒸馏水，量筒，刻度尺等。

[实验原理] 装置如图 4-1-7 所示，气球的体积会因酵母菌的无氧呼吸而变大，从而导致烧杯中的液面上升，单位时间内液面上升的高度就反映了酵母菌无氧呼吸的强度。

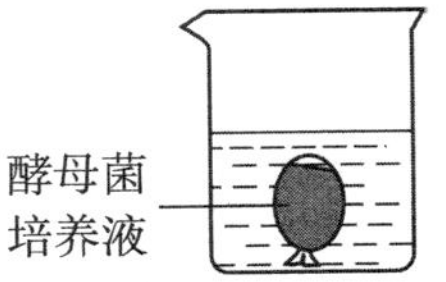

图 4-1-7

[实验过程]

①将 6 个气球分别编号 1、2、3、4、5、6，向 1 号气球中加 10mL 已杀死酵母菌的培养液，其余气球中分别加入含有等量酵母菌的培养液 10mL。

②在1、2号气球中加入10mL蒸馏水,3～6号气球中分别加入10mL不同浓度的酒精,然后将6个气球分别置于对应编号的6个烧杯中,保温一段时间。将观察结果记录在表中(忽略酒精蒸发)。

实验设置	装置编号					
	1	2	3	4	5	6
酵母菌培养液	10mL,且加热杀死	10mL	10mL	10mL	10mL	10mL
不同浓度的酒精	蒸馏水	蒸馏水	20%	40%	60%	80%
液面上升的高度						

注:表中"20%""40%""60%""80%"分别表示对应体积分数的酒精。

设置第2组实验的目的是________。

[预期结果]若假设成立,则1号烧杯内的液面不变,2～6号的液面高低情况是__________。

[实验反思]

①由于开始时气球中存在一定量的氧气,酵母菌首先进行有氧呼吸,有氧呼吸时消耗的氧气与产生的二氧化碳体积相同。那么,酵母菌的有氧呼吸会对实验结论产生影响吗?__________。

②实验中必须让气球处于浸没状态,但随着气球的膨胀,气球会露出水面,从而影响实验结果。为防止气球露出水面,该装置的改进方法是__________________。

答案 [实验过程]进行对照 [预期结果]依次降低 [实验反思]①不影响 ②在气球下方系一个金属块(其他合理答案也可)

【评析】 该题以问题"酵母菌无氧呼吸产生的酒精会对其造成伤害,从而抑制其呼吸作用强度吗"导入对酵母菌呼吸作用的影响因素的探究,从常规的实验设计、获得事实与证据,形成结论,再到实验反思,遇到新问题设计解决方案,本题以"技术与工程实践"解决问题的价值判断来设计问题,用酵母菌无氧呼吸产生二氧化碳的多少,决定水中气球体积的大小,从而影响液面的高低,最终通过液面高低来反映酵母菌无氧呼吸的情况,实验流程规范、严谨、科学,将科学探究的基本流程完整地呈现出来,有利于日常教学和学习实践的引领。

(四) 科学实验探究试题应注重情境的真实性

在真实的情境中考查学生的科学素养是当前科学评价的重要手段。情境是构成试题的必备要素，试题情境要能够激活学生对所学知识的深入理解和灵活运用。因此，命制科学实验探究试题应该重视对试题情境的选择和创设，让学生置身于真实的情境，在阅读材料、获得信息的过程中，通过信息转换，将其与已掌握的知识、具备的社会经验结合起来，解决问题。这样的考试凸显对学生核心素养的考查，有效地提高了评价的效度。

试卷中的试题情境或命题素材可以出自教材文本、图片、活动、实验、探究、阅读材料和小制作等。

例8 托盘天平是一种精密测量仪器，某实验室天平的配套砝码及横梁标尺如图 4-1-8。

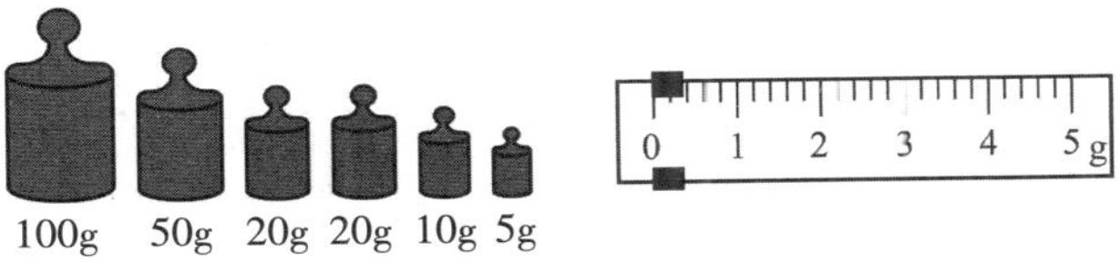

图 4-1-8

(1) 小科发现砝码盒中的砝码已磨损，用这样的砝码称量物体质量，测量结果将________。

(2) 小科观察铭牌时，发现该天平的最大测量值为 200g，但他认为最大测量值应为 210g。你认为小科产生这种错误想法的原因是________。

(3) 小江认为铭牌上最大测量值没有标错，但砝码盒中 10g 的砝码是多余的，而小明认为砝码盒中所有的砝码都是不可缺少的。你认为谁的观点是正确的？请说明理由：________________。

答案 (1) 偏大 (2) 小科认为砝码的质量之和为 205g，标尺最大刻度为 5g，所以该天平的测量值为 210g (3) 小明的观点正确。理由：少了 10g 的砝码，利用其他砝码及游码将无法完成 200g 以内质量(精度范围内)的称量(或小江的观点正确。理由：少了 10g 的砝码，在测量某些用"左物右码"的放置方法无法完成称量的质量时，可将 5g 的砝码放在天平左盘，其他砝码放在右盘，这样就可以完成这些质量的测量)

【评析】 试题以教材实验"托盘天平的使用"为考点，立足天平的配套砝码、游码、横梁标尺等构造及其使用规则，关注测量过程的误差、实验错误分析，以及对有关结论的评价，考查学生在新情境下的知识迁移能力。特别是第(3)题，考查连续变化的科学思想，答案开放，渗透发散思维和辩证思维，考查方式新颖，摒弃了实验教学中只停留在记忆构造、原理和注意事项层面的机械记忆和操练，引导教师关注实验的规范操作。

例9 小明参加科技节"掷飞机"比赛，该项目的规则是：纸飞机掷出后在空中滞留的时间越长成绩越好。查阅资料得知：纸飞机在空中滞留的时间与其形状、质量、出手速度和出手角度有关。小明认为还可能与纸飞机表面的粗糙程度有关。为了验证自己的猜想，小明准备了以下器材进行实验研究：发射器(如图 4–1–9)，秒表，剪刀，面积、质量大小和表面粗糙程度不同的两种纸 A、B 各若干张(同种纸正反面粗糙程度相同)。

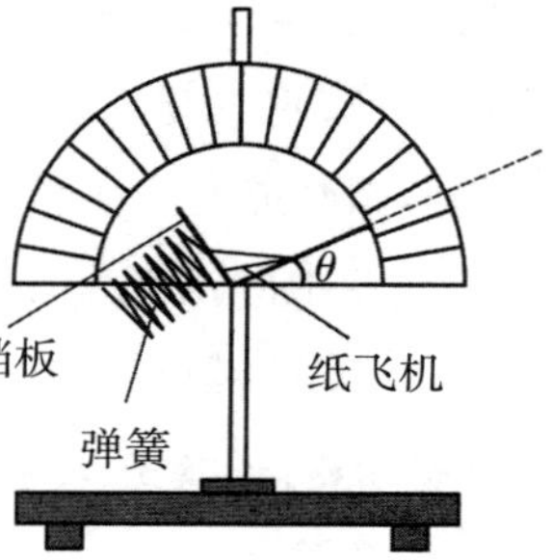

图 4–1–9

(1) 发射器的弹簧压缩得越短，释放后纸飞机获得的速度越大，其原因是____________。

(2) 写出本实验的主要步骤。

答案 (1) 弹簧压缩得越短，弹性势能越大，纸飞机获得动能越大，纸飞机的速度越大

(2) 答题要点：自变量的设计(纸飞机表面的粗糙程度)、无关变量的控制(质量、弹簧压缩程度、发射角度、选择无风的环境)、因变量的观测(空中滞留时间的测量)、控制实验误差(多次实验求平均值)、实验结果的比较与分析。

满分示例：

①用剪刀将 A、B 两种纸裁成形状、面积大小相同的纸各若干张。

②将 1 张 A 纸叠放在 1 张 B 纸上，制作一架纸飞机；将 1 张 B 纸叠放在 1 张 A 纸上，按相同的折法制作另一架纸飞机。

③选择无风的环境，将两架纸飞机分别放在发射器上，压缩弹簧到相同的位置，以相同的角度进行发射。

④用秒表记录两架纸飞机的滞空时间。

⑤多次重复实验。

⑥分别计算两架纸飞机的平均滞空时间，进行比较，并得出结论。

【评析】 试题以学校科技节“掷纸飞机”比赛为背景，情境真实，重点考查学生的实验方案设计、变量控制、条件设置、观察对象、结果表达以及逻辑思维等综合能力，凸显能力立意的命题思想。尤其是在制作两架形状、质量相同但表面粗糙程度不同的纸飞机时，材料中只提供面积、质量大小和表面粗糙程度均不同的A、B两种纸，要求学生在控制变量时具有创新思维，想到将裁剪成面积相同的A、B两种纸叠在一起，一种是A种纸在外面，另一种是B种纸在外面，只有这样才能制作两架形状、质量相同但表面粗糙程度不同的纸飞机。在平时教学中，应重视实验前对方案设计的讨论、实验设计中科学方法的渗透、实验后对成果的分享或缺陷的思考等，这对实验教学具有较好的引导作用。

（五）科学实验探究试题应突出科学思维考查

科学思维是具有意识的人脑对科学事物的本质属性、内在规律及事物间的相互关系的间接和概括的反映。科学实验探究试题应本着促进学生对科学中的基础理论、理想模型和经验事实之间关系的理解，内化分析综合、抽象概括、推理论证等科学思维方法，重视考查学生的理性思维和批判质疑精神，引导学生在解决问题过程中形成独立思考、判断的能力。

例10 小明发现建筑物中的柱子有大有小且形状各异，承重大小也不同。他猜想：柱子的承重效率与横截面的形状、周长等因素有关。查阅资料获知，柱子的承重效率可以用承重比（柱子能承受的最大质量与柱子质量的比值）表示，承重比越大，承重效率越高。为了研究柱子承重效率与横截面的形状、周长的关系，他开展如下探究：

①用纸板制成高度相同的各种实验所需的空心模型（如图4-1-10）。

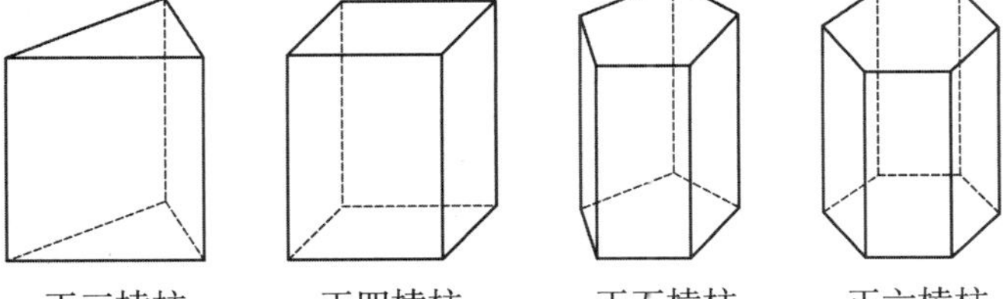

图4-1-10

②测出模型的横截面周长、质量。

③测量模型的最大承重质量。多次重复实验，整理相关数据如下表。

组别	横截面形状	周长/厘米	承重比
1	△	18	3509
2	△	24	3307
3	△	30	3116
4	□	30	3319
5	⬠	30	3514
6	⬡	30	3766

(1) 研究模型承重效率与横截面形状的关系时，除横截面周长、高度相同外，还要控制相同的因素有__________（写出一个）。

(2) 根据1、2、3组实验结果，可得出的结论是______________。

(3) 根据实验结果，小明推测柱子高度、横截面周长一定时，圆柱承重效率最大。写出其推测过程：______________________________。

答案 (1) 纸板种类 (2) 材料、高度、横截面形状等相同时，周长越长，柱子的承重效率越小 (3) 柱子横截面周长一定时，随着棱数的增加，柱子的承重效率增大，横截面为圆的柱子，其棱数可视为无数条，因此其承重效率最大

【评析】 本题是以“研究生活中柱子承重效率与横截面的形状、周长的关系”为情境的实验探究试题。根据实验现象可归纳出“柱子横截面周长一定时，随着棱数的增加，柱子的承重效率增大”的结论，而要呈现推测的过程还需分析并得出结论“横截面为圆的柱子，其棱数可视为无数条”，最后推测出“圆柱的承重效率最大”。该题设问角度巧妙且新颖，具有创造性。本题探究柱子承重效率与横截面的形状、周长的关系，考查了科学探究中变量的控制方法、根据实验数据得出结论，以及根据实验结果推测圆柱承重效率最高的思维过程。其中第(3)题是命题一大亮点，需要将圆柱的棱数视为无数条，引导学生发挥想象力，推理论证，考查了学生思维的严密性和发散性。同时，该题的设问角度巧妙且新颖，具有创造性，逻辑缜密的学生在答题过程中能够采用简约、严谨的语言表达出推理过程。

例11 科学家探究尿液的形成经历了漫长的过程。阅读以下资料并回答问题。

资料一:古希腊时期科学家认为,水汽在膀胱形成尿液。

资料二:古罗马解剖学家盖伦曾在小狗身上实验,将肾脏下行的管道结扎;一段时间后,观察到膀胱中没有尿液,管道变得膨大;解开结扎绳,尿液顺着管道流入膀胱。

资料三:盖伦在《论身体各部分的功能》一书中提到,血液在肾脏上腔被一层坚硬的膜所阻挡,有害物质能过滤除去。其追随者根据这一描述,建立了如图4–1–11所示的肾脏模型。

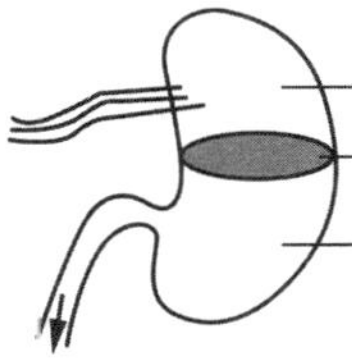

图4–1–11

(1)盖伦的实验结果________(填"支持"或"不支持")资料一的观点。

(2)模型中膜的功能与肾小球的__________作用类似,但该模型还存在不足,未能科学解释尿液的形成过程。

答案 (1)不支持 (2)滤过

【评析】 本题以文献史料为背景,呈现了古希腊和古罗马时期科学家对尿液是如何形成的认识和曾经做过的实验。文本可读性强、方式新颖,考查了学生对于观点和证据的关联能力。其中第(2)题通过对模型的解读,对比现代科学对尿液形成过程的理解,还考查了学生模型识别、知识迁移的能力。

(六)科学实验探究试题应凸显探究与实践

探究实践主要是指在了解和探索自然、获得科学知识、解决科学问题,以及技术与工程实践过程中,形成的科学探究能力、技术与工程实践能力和自主学习能力。《课程标准》中,为了突出科学课程的探究性,凸显科学课程的实践性,技术与工程的育人价值,将科学探究修改为探究实践。

科学探究是科学家用以研究自然界未知领域的基本途径,科学教育中的科学探究则是指学生经历与科学家相似的探究过程,以获取知识、领悟科学的思想观念、学习和掌握科学方法的各种活动。初中生科学探究能力体现在:理解科学探究的一般过程和方法;提出科学问题,并针对科学问题进行合理猜想与假设;制订计划并搜集证据,分析证据并得出结论;对结果进行解释与评估;准确表达观点,反思探究过程与结果。因此,科学实验探究试题所呈现的探究背景材料对于学生来讲应该是陌生的，其过程应具有探究意义和探究价值。

例12 雨滴落在裸露的土壤上，使部分土粒飞溅而造成侵蚀。若雨滴落在草本植物上，经叶片遮挡，在叶片上短暂停留后沿叶片滴落，该过程会改变落地雨滴的直径等因素而改变落地时的动能，从而改变对土壤的侵蚀程度。

某科研小组为研究草本植物的茎高和叶片面积大小对雨滴经叶片遮挡后直径的影响，取茎高和叶片面积不同的植株，按如图 4–1–12 所示的装置进行 9 组实验：

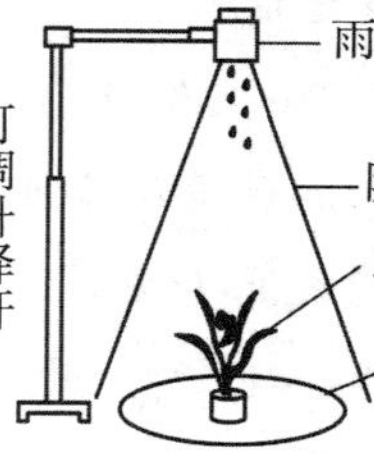

图 4–1–12

①取茎高为 10 厘米、叶片面积为 1.6 厘米^2 的植株放入装置，雨滴下落经植株叶片遮挡后洒落在底盘上，按一定方法测得经叶片遮挡后雨滴的平均直径。

②换用其他植株，重复上述实验，记录并整理数据如下表。

组别	1	2	3	4	5	6	7	8	9
叶片的平均面积/厘米^2	1.6			3.2			4.7		
茎高/厘米	10	20	30	10	20	30	10	20	30
经叶片遮挡后雨滴的平均直径/毫米	2.38	2.48	2.55	2.55	2.67	2.72	2.65	2.76	2.82

（1）将茎高为 10 厘米的植株换成 20 厘米的植株进行实验时，应如何调节升降杆高度？________________。

（2）分析表中数据，判断经植株叶片遮挡后的雨滴平均直径受哪个因素影响更大，并在上表 9 组实验中选择 3 组(用组别序号表示)作为证据：________________。

（3）结合实验结果和能量知识，解释“草本植物茎高越小、叶片面积越小，雨滴经其遮挡后对土壤的侵蚀程度也越小”的原因：________________________________。

答案 （1）升高 10 厘米 （2）叶片面积影响大，1、4、7 组(其他合理答案也给分) （3）草本植物茎高越小、叶片面积越小，经叶片遮挡后的雨滴

直径越小、质量越小、高度越小，其重力势能越小，雨滴落到地面的动能也越小，对土壤的侵蚀程度也越小

【评析】 本题以植物会改变雨滴对土壤的侵蚀情况为载体，采用图、表、文字等方式呈现关键信息，让学生在学习科学知识的同时经历科学探究的过程，考查学生探究能力的同时引导学生建构生态和谐观念，试题立意深远。三个小题分别考查了学生变量控制，根据变量对比、分析、推理论证的能力，以及根据信息进行分析、演绎和归纳总结的能力。三个小题虽然在答题上没有直接"关联"，但是在逻辑上有非常明显的递进性，使学生更深刻地理解科学知识，更好地掌握科学方法，更好地认识科学的本质，展现了良好的命题技术。

根据《课程标准》的要求，技术与工程实践能力体现在：了解技术与工程实践的一般过程和方法，针对实际需要明确问题，提出有创意的方案，并根据科学原理或限制条件进行筛选；实施计划，利用工具和材料进行加工制作；根据实际效果进行修改迭代；用自制的简单装置及实物模型验证或展示某些原理、现象和设想。因此，科学实验探究试题涉及提出问题、作出假设、制订计划、搜集证据、处理信息、得出结论、表达交流和反思评价等要素；技术与工程试题涉及明确问题、设计方案、实施计划、检验作品、改进完善、发布成果等要素。因此，科学实验探究试题中也可以设计一些考查技术与工程实践能力的试题。

例13 利用水滴、放大镜、平面镜、透明玻璃杯和可调支架等制作了一台"水滴显微镜"（如图甲）。调节支架高度，适当调整标本、水滴和放大镜三者之间的距离，可实现与图乙所示光学显微镜相似的成像效果。

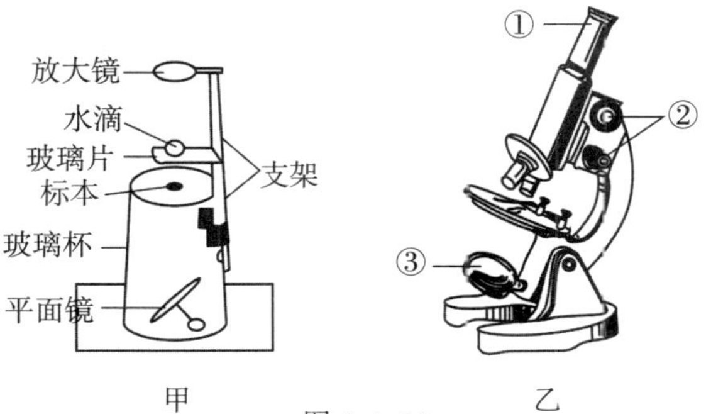

图 4-1-13

（1）水滴相当于光学显微镜结构中的_______镜。

（2）上下调整支架的高度，相当于调节图乙所示光学显微镜的_______（填结构序号）。

（3）写出一种能改变水滴显微镜放大倍数的方法：________________。

答案 （1）物 （2）② （3）更换不同放大倍数的放大镜（或更换水滴，或调节标本、水滴和放大镜三者之间的距离，等等）

【评析】 该题以学生实践活动“制作水滴显微镜”为情境，考查了显微镜的有关知识。题干文字精练，设问指向性明确、难度梯度合理，第(3)题有一定的开放性。试题将显微镜的结构、原理及使用方法的考查融合在实践活动的过程中，创新了显微镜试题的命题角度，很好地体现了《课程标准》所倡导的测评理念：真情境（学生实践项目）中解决真问题。试题为工程技术领域的课程素材资源开发提供了一个重要方向，对教学具有正面导向意义。

例14 投石器是古代的攻城利器，科学小组同学想进一步了解投石器，开展了以下项目化学习研究。

［项目制作］经讨论后，利用配重、小石块、木杆、细绳、网兜等器材，制成投石器，如图 4-1-14。

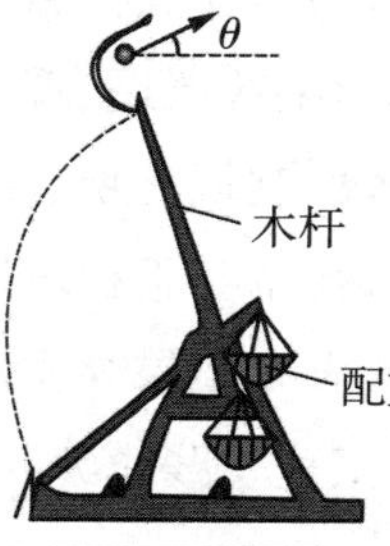

图 4-1-14

［项目研究］

①松开系绳，配重下降，装有石块的一端快速上升，木杆停止后，石块被投出，记录石块投射的距离。

②调整系绳的长度，改变投射角度 θ，记录投射距离，重复实验，数据如下表。

投石器测试（$m_{石块}$=50 克）					
投射角度 θ/度	15	30	45	60	75
投射距离/米	4.2	5.3	6.4	5.5	4.8

（1）小组同学探究的问题是________________________________。

（2）根据表中数据，可得出的结论是____________________________。

［项目迭代］

（3）为了使投石器能将石块投得更远，请你写出一种方法：____________。

答案 （1）石块投射的距离与投射角度的关系

（2）石块质量不变时，在一定范围内，石块的投射距离随投射角度的增

大，先变大后变小

(3) 增大配重的质量(或增加木杆的长度等)

【评析】 本题以开展“投石器项目制作”为背景，重视考查学生的创新能力。试题注重引导学生运用所学科学原理、思维方法和数学方法处理数据，得出结论，并对实物模型进行迭代改进，引导学生理解工程技术对人类社会发展的影响，体现了学以致用的课程理念，同时对开展工程实践教学也具有鲜明的导向作用。

(七) 科学实验探究试题应体现态度与责任

科学态度是科学课程要培养的学生核心素养的重要维度，也是科学教育固有的教育价值。态度责任是在认识科学本质及规律，理解科学、技术、社会、环境之间关系的基础上，逐渐形成的科学态度与社会责任。科学态度体现在：具有对自然现象的好奇心和探究热情；能大胆提出自己的见解，并基于证据和逻辑得出结论，实事求是；不迷信权威，敢于大胆质疑，追求创新；善于与他人合作和分享，包容不同的观点。社会责任感体现在：热爱自然、珍爱生命，具有保护环境、节约资源、推动生态文明建设和可持续发展的责任感；能对与科学技术相关的社会热点问题作出正确的价值判断，尊重科学，反对迷信；遵守科学与技术应用的公共规范、法律法规和伦理道德，维护自身和他人的合法权益，捍卫国家利益；等等。考查科学态度与责任的试题极难命制，但近年来一些命题者进行了一定的尝试。

例15 温度计的发明及温标(温度的标准)的确定经历了漫长的过程。

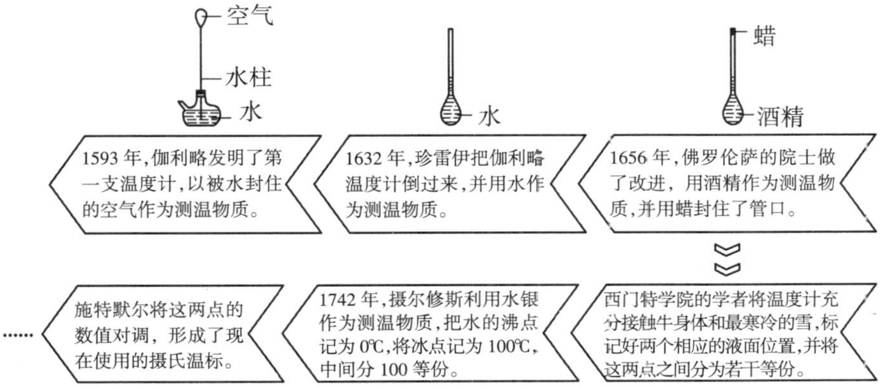

图 4-1-15

（1）当外界温度升高时，伽利略发明的温度计玻璃管中的液面将会__________（填“升高”“不变”或“下降”）。

（2）温度计的发展史上，测温物质在不断改进，考虑的影响因素有__________（写出其中一条）。

（3）对于温标的确定过程，认识正确的有________（填字母，可多选）。

A. 测量是一个把待测量与公认的标准进行比较的过程，所以温标必须具有稳定性

B. 西门特学院的学者选择的温标具有一定缺陷，所以做法没有任何价值

C. 施特默尔将这两点的数值对调，可能是因为更符合人们的习惯

D. 温标的确定是一个不断发展和完善的过程

答案 （1）下降 （2）大气压（或测温物质的凝固点、沸点）（3）A、C、D

【评析】 本题以温度计发明及温标确定的六个主要典型事件的科学史为材料，将经典实验简洁、形象地呈现给学生，并设置相关问题，考查学生通过阅读获取信息的能力、知识掌握的程度、实验评价和设计能力、解释论证的能力，并引导学生逐步认识科学本质，理解科学的发展是一个不断修正、完善的过程，是许多科学家智慧的结晶，有利于学生树立正确的科学本质观和科学态度。学生在解题过程中还能得到学科思想方法的熏陶，体验科学知识的形成和发展过程，以及科学的严谨性和实证性等科学精神，有利于学生树立正确的科学态度。本题能力立意强，教育价值高，学生答题的过程同时也是科学素养提升的过程。

例16 器官的移植会受到法律、伦理等多方因素的制约。通过长期论证，《中华人民共和国器官移植条例》于2022年9月1日正式施行。

（1）要获得可移植的器官，就涉及对人体死亡的定义。我国法律规定的脑死亡标准之一是瞳孔反射消失。所谓瞳孔反射是指用手电筒照射病人瞳孔，观察是否缩小，如果脑干丧失功能，瞳孔不会缩小。“瞳孔反射”属于__________（填“条件”或“非条件”）反射。

（2）由于人体的__________系统能分辨“自我”和“非我”，器官移植前首先要进行配型试验，移植后需要长期服用抗排异药物。

答案 （1）非条件 （2）免疫

【评析】 本题以《中华人民共和国器官移植条例》为载体，通过对该条例颁布的背景进行说明，体现了法律的严肃性、科学性和社会性特点。试题紧密联系现代社会的重大事件、科技发展和生活生产中的热点问题，给人以浓郁的时代气息和教育意义。传统教学中，教师会回避死亡这个话题，本题以冷静、客观的中性立场，引导学生面对人的死亡。题目立意高远，对现实社会性问题不回避，对帮助学生树立正确的人生观有积极推动作用。

例17 目前，铅污染已成为威胁我国儿童健康的"隐形杀手"。调查发现，我国儿童血铅水平较发达国家儿童高，血铅增高对儿童神经系统发育、智力发展等方面存在负面影响。威胁儿童的铅污染有四大来源：汽车尾气污染；家居装饰用品污染；玩具和学习用品污染；食品污染，如爆米花、松花蛋等都含有铅。

血铅含量对人究竟有什么影响呢？有人做了这样一组实验，将质量为2.0～2.5千克的20只家兔分为两组。

A组：用含1.83%醋酸铅的5%葡萄糖溶液，每3天皮下注射1次，10mg/kg剂量，每隔10天测一次血红蛋白含量。

B组：用含3.66%醋酸铅的5%葡萄糖溶液，每3天皮下注射1次，10mg/kg剂量，每隔10天测一次血红蛋白含量。

实验结果见下表。

组别		A	B
注射溶液类别		含1.83%醋酸铅的5%葡萄糖溶液	含3.63%醋酸铅的5%葡萄糖溶液
剂量		10mg/kg	10mg/kg
血红蛋白含量	初始测量	60	61
	第一次/($g \cdot L^{-1}$)	53	50
	第二次/($g \cdot L^{-1}$)	47	40
	第三次/($g \cdot L^{-1}$)	35	29

（1）本实验探究的问题是：血铅含量对家兔的________含量有何影响？

（2）上述实验还缺少对照组，请你帮助设置一个对照实验：__________。

（3）比较A、B两组的数据，简要叙述上述实验的结果：__________。

（4）请结合题中所给信息，提一条防止儿童铅污染的合理建议：______________________。

答案 (1) 血红蛋白 (2) 将10只家兔用不含醋酸铅的5%葡萄糖溶液,每3天皮下注射1次,10mg/kg剂量,每隔10天测一次血红蛋白含量 (3) 家兔血铅含量越高,血红蛋白含量越少 (4) 推广环保型交通工具(或使用环保装修材料,或不吃少吃含铅食品,或加大对环境污染企业的监管力度等)

【评析】 本题题材源自生活、科技,涉及安全、健康,融合科学、技术和社会的关系。它主要考查以下几个方面:①明确探究问题:从实验所测的数据(血红蛋白含量)可知,本实验的自变量是血铅含量,因变量是血红蛋白含量,所以,探究的问题是血铅含量对家兔血红蛋白含量的影响。②完善实验方案:本实验缺少了空白对照组,即与不注射醋酸铅的家兔对照,否则不能肯定是自身原因还是注射铅的原因导致家兔血红蛋白含量的下降。③分析数据:比较A、B两组的数据发现,血铅含量越高,家兔血红蛋白含量越少。④进行初步的决策:防止儿童铅污染,建议可从题目情境中得到启示。本题特色是遴选探究题材,把科学、技术和社会的问题与试题有机地融合起来,考查了学生进行社会决策的意识和解决实际问题的能力。

第二节 科学实验探究试题的命制技术

科学实验探究试题综合性强,能力要求高,命题者通过试题情境的创设,就能很好地考查、判断考生科学探究与实践能力的高低。因此,高质量的科学实验探究试题有利于引导初中科学教学的改革方向,有利于改变学生的学习方式和教师的教学模式,有利于学生科学思维的培养,科学态度、科学精神和科学方法的形成。命制一道优秀的科学实验探究试题需注意以下事项:

一、素材的收集与处理

科学实验探究试题的情境是指结合具体的素材,运用文字、数据和图表等形式,围绕一定的实验探究主题加以设置的,为呈现解题信息、设计问题、检测测评目标提供的载体。开展情境化命题的价值在于:好的试题情境往往具有一定的导向性，在评价中落实科学的育人价值；好的试题情境往往具有一定的新颖性，需要学生经历获取和分析信息、灵活运用科学知识和科学思维分析解决问题的过程，既体现评价的公平性，又实现了对科学素养的考查；好的试题情境往往是理论与实际紧密结合的问题，对促进由“解题”向“解决问题”的转变具有积极的引导作用。

（一）立足教材，挖掘素材

教材上的实验、探究活动是其他资料无法替代的命题素材。可以通过深度挖掘教材上的实验、探究活动的目标、装置和步骤等，采用变换、分拆、组合、改进和迁移等形式，构建新的命题情景。源于教材的科学实验探究试题能引领师生回归教材、夯实基础、重视能力的发展。

例1 在研究碱的性质时，向充满 CO_2 的软塑料瓶里加入少量 $Ca(OH)_2$ 溶液，拧紧瓶盖并振荡，瓶变瘪，但溶液中并未出现浑浊，此时 $Ca(OH)_2$ 溶液是否与 CO_2 反应呢？同学们进行了猜想和实验。

图 4-2-1

猜想一：$Ca(OH)_2$ 溶液与 CO_2 不反应，是 CO_2 溶于水导致瓶内气压变小而变瘪。

猜想二：$Ca(OH)_2$ 溶液与 CO_2 反应，生成了可溶性物质。

实验	步骤与操作	实验现象与结果	结论
一	1. 取2个相同的软塑料瓶，分别集满 CO_2 气体，编号为 A、B	两瓶内气体无色透明，瓶子形状正常	$Ca(OH)_2$ 溶液与 CO_2 发生了化学反应
	2. 分别向 A、B 两瓶中加入等量的饱和 $Ca(OH)_2$ 溶液和__？__，立即拧紧瓶盖并振荡	两瓶内液体未出现浑浊；两瓶均变瘪，A 瓶变瘪程度更大	
二	1. 测出反应前 $Ca(OH)_2$ 溶液的 pH	大于7	
	2. 测出反应后 A 瓶内液体的 pH	小于7	

（1）将表中“？”处的内容补充完整：________。

（2）能判断“$Ca(OH)_2$ 溶液与 CO_2 发生化学反应”的依据：________。

（3）查阅资料得知：A 瓶中未出现浑浊是因为过量的 CO_2 与 H_2O 和 $CaCO_3$ 反应生成可溶性的 $Ca(HCO_3)_2$。有人提出，只要利用现有装置和试剂，对实验一稍作补充或改进就能观察到浑浊现象，请简要说明你的做法：________。

答案 (1) 蒸馏水 (2) A、B两瓶均变瘪，且A瓶瘪的程度更大(或氢氧化钙溶液与二氧化碳混合后，溶液的pH变小) (3) 将足量的饱和氢氧化钙溶液加入集满二氧化碳的塑料瓶中(或继续向A瓶内加入足量的饱和澄清石灰水)

【评析】 本题选取的情境源于教材但又不拘泥于教材。试题对原有知识作了拓展，创设新的问题情境——“大量的 CO_2 与少量的 $Ca(OH)_2$ 溶液混合并未出现浑浊”，考查学生控制变量、信息分析、推理、解释等多方面的探究能力，引导师生在教学中注意渗透科学本质，从常见实验中发现新问题，探索其现象背后的原因。

例2 小叶同学在研究蚕豆叶片上、下表皮气孔密度(单位面积气孔数目)时，采用了以下三种方案进行实验。

方案一：用显微镜观察同一张蚕豆叶片的上、下表皮装片。

方案二：把新鲜的蚕豆叶片浸没在60℃左右的热水中(如图4-2-2)，观察叶片两面的气泡数目。

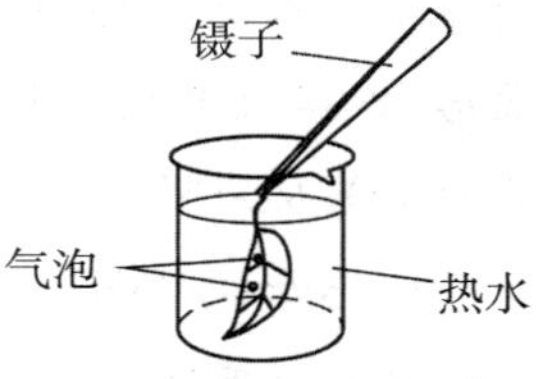

图4-2-2

方案三：在一株生长旺盛的蚕豆植株上选取一片蚕豆叶，用滤纸把它上、下表皮的水分吸干，将两张浸有氯化钴溶液的蓝色滤纸(遇水会变红)相对应地贴在叶片上、下表皮的表面，并用回形针将其固定，观察贴在叶片上、下表皮上的滤纸，看哪一张先变色，哪一张的颜色深一些。

(1) 采用方案________可以观察到叶片的保卫细胞。

(2) 方案二中观察到________的现象，说明叶片下表皮气孔密度比上表皮大。

(3) 小叶采用方案三进行实验，贴上滤纸后经过较长时间，发现两张蓝色滤纸颜色都变为一样红。小叶同学认为蚕豆叶片上、下表皮气孔同样多，与方案二实验结论不一致。于是他去问老师，老师询问了小叶的实验过程后，指出小叶用方案三所做实验的结论不可靠。

你认为老师这样判断的理由是________。

答案 (1)一 (2)下表皮气泡的数目比上表皮多 (3)实验时间过长,导致两张滤纸都吸收了足够的水分

【评析】 本题根据教材中对叶片结构的实验探究步骤改编。该题用三种方案探究蚕豆叶片上下表皮气孔的密度,配图选用学生非常熟悉的教材的原图,在探究过程中完成对学生核心知识的考查,同时让学生再次体验教材实验的思想和方法。本题对科学教学也有明显的正导向作用,即立足教材,关注探究。

(二)联系生活,筛选素材

科学与生活息息相关,巧妙选取生活中与科学有关的背景材料命制试题,不仅能激发学生对科学的兴趣,还能培养学生学以致用的能力。同时,还能引导学生关注科学技术在生活中的应用,认同科学的价值,增强学习科学的意识。

例3 听长辈说制作生拌菜不能添加黄瓜,难道黄瓜能使蔬菜中的营养素流失吗?

[查阅资料]

青椒等蔬菜中含有大量的维生素 C,且维生素 C 能使蓝色的淀粉碘溶液褪色。

[实验操作]

步骤一:配制淀粉碘溶液。取 1 克淀粉,加入 100 毫升水,搅拌均匀,再加入 1 毫升碘酒溶液。

步骤二:分别榨取新鲜黄瓜汁与青椒汁。各取 20 毫升青椒汁分别倒入 A、B 两锥形瓶中,再分别加入黄瓜汁、蒸馏水各 40 毫升,混匀,放置 60 分钟,中间每隔 10 分钟搅拌一次。

步骤三:取等量蓝色淀粉碘溶液分别装入两个烧杯中,分别倒入 A、B 两瓶溶液,搅拌均匀,静置观察。

[现象记录]

实验操作	实验现象
淀粉碘溶液+青椒和黄瓜混合汁	蓝色不消褪
淀粉碘溶液+青椒汁和蒸馏水	蓝色褪去

根据上述过程回答下列问题：

（1）科学实验需要控制变量。下列情况会影响测定结果的是______（填字母，可多选）。

A. 混合液放置时间不同

B. 被测物质的体积不同

C. 锥形瓶的大小不同

（2）在步骤二中每隔 10 分钟搅拌一次，其目的是________。

（3）能证实黄瓜汁把维生素 C 分解了的实验现象是________。

（4）请指出该实验存在的缺陷：________。

答案 （1）A、B （2）使混合液充分接触，加快反应速度 （3）蓝色不消褪 （4）样本过于单一，没有重复实验等

【评析】 本题以常见的生活现象为试题情境，把要考查的知识点放在现实的问题情境之中，选用的材料鲜活真实，体现了《课程标准》的基本理念。试题意在让“科学的生活，生活的科学”这一理念渗透到学生的思想中，使学生能认识到科学无处不在，引导学生关注生活，并从中发现科学问题。本题的题干是一个比较完整的实验过程，结合具体情境，考查学生分析影响实验结果的主要因素，理解实验操作程序对实验证据的收集的重要性，并能将证据和科学知识建立联系，得出基本符合证据的解释；考查学生对观察和测量的精确性作出评价，能提出增加证据可靠性或获得进一步证据的相关探究的具体改进建议。此外，通过本题可纠正学生生活中一些貌似科学的生活做法。

例4 如图甲所示为家用扫地机器人，其底部安装有滚刷，内置集尘器。机器人在除尘时先“脱灰”（滚刷将灰尘从地面上脱离附着），后“吸灰”（将脱附的灰尘转移进集尘器）。

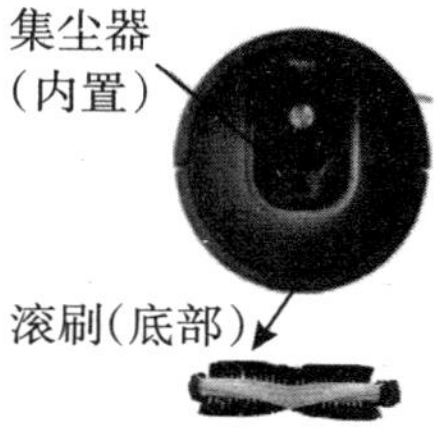

甲

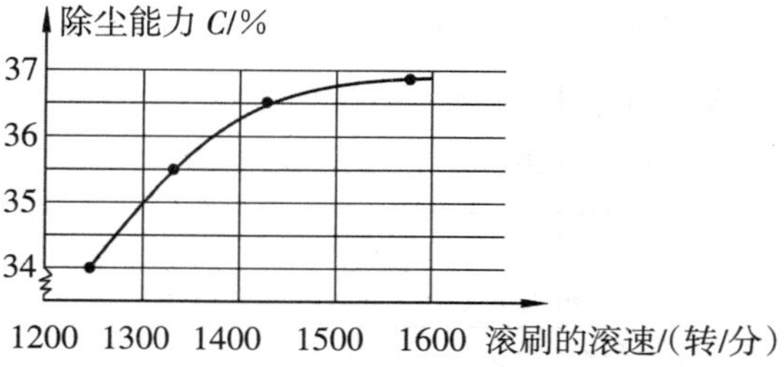

乙

图 4-2-3

小金对影响滚刷在地毯上"脱灰"效果的因素开展探究。

小金认为,在"吸灰"效果一定时,"脱灰"效果可以用"除尘能力 C"来表示,其测量过程和表达如下:

第一步,选取长、宽一定的干净地毯,均匀撒上质量为 m 的灰。

第二步,测出干净集尘器的质量 m_1,将被测机器人放在地毯上直线运行清扫10次,完成后测出集尘器质量 m_2。用 $C=\frac{m_2-m_1}{m}\times100\%$ 表示除尘能力。

小金提出:滚刷在地毯上的"脱灰"效果与滚刷的滚速、刷毛的粗细和刷毛与地毯的间距三个因素有关。

小金在保持"吸灰"效果一定的情况下,对滚刷的滚速这个因素进行了实验,得到如图乙所示的结果。

(1) 除尘能力 C 的数值越大,表示除尘能力越______(填"强"或"弱")。

(2) 在研究滚刷"脱灰"效果与滚刷的滚速关系时,实验中需要控制刷毛的粗细和________保持不变,改变滚刷的滚速,测定除尘能力 C。

(3) 根据图乙得出的结论是________。

答案 (1) 强 (2) 刷毛与地毯的间距 (3) 除尘能力与滚刷的滚速有关,滚速越快,除尘能力越强

【评析】 试题以家用扫地机器人为素材,以非连续文本信息的形式说明家用扫地机器人的结构特点,对影响滚刷在地毯上"脱灰"效果的因素开展探究。试题在"吸灰"效果一定时,"脱灰"效果用"除尘能力"的定量研究,考查了学生读图获取信息、实验分析、解决问题、语言表达能力,充分体现了"科学源于生活,科学应用于生活"的理念,工程与技术结合,体现科学联系实际的思想,对教学具有很好的指导意义。

(三) 多做探究,积累素材

学生做过的实验,包括教材上的学生实验、演示实验,还有拓展性课程中的探究实验、家庭实验、科技实践活动等,都契合学生的认知水平,经过改编都适宜开发成科学实验探究试题。

例5 小舟在学习"常见的碱"过程中,将新配制的饱和 $Ca(OH)_2$ 溶液

滴到 $FeCl_3$ 溶液中,发现没有出现预期的红褐色沉淀。这是为什么呢?小舟查阅资料,获取如下信息:

①$Ca(OH)_2$ 微溶于水。

②$FeCl_3$ 溶液呈酸性。

于是他提出以下猜想。

猜想一:$Ca(OH)_2$ 没有参加化学反应。

猜想二:滴入的 $Ca(OH)_2$ 溶液中 OH^- 数量太少。

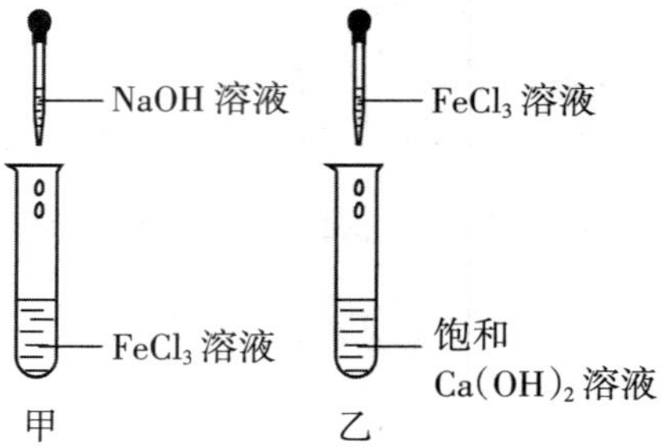

图 4-2-4

猜想三:$FeCl_3$ 溶液呈酸性,$Fe(OH)_3$ 沉淀不能存在。

(1) 小舟用 pH 试纸测 $Ca(OH)_2$ 和 $FeCl_3$ 混合液的酸碱度,测得 $pH<7$,说明溶液中没有 OH^-。该现象______(填"支持"或"不支持")猜想一。

(2) 为了增加 OH^- 的数量,用浓 NaOH 溶液代替 $Ca(OH)_2$ 溶液,滴加到 $FeCl_3$ 溶液中(如图甲),若猜想二正确,则观察到的现象是__________。

(3) 经过实验验证,猜想三成立。随后,小舟将 $FeCl_3$ 溶液逐滴滴加到饱和 $Ca(OH)_2$ 溶液中(如图乙),先观察到红褐色沉淀产生,持续滴加后沉淀又消失了,请你解释沉淀会消失的原因:__________。

答案 (1) 不支持 (2) 产生红褐色沉淀 (3) $FeCl_3$ 溶液显酸性,当 $FeCl_3$ 溶液过量时,产生的 $Fe(OH)_3$ 沉淀在酸性溶液中又消失了

【评析】 试题以《常见的碱》中的实验活动为素材,对学生的科学素养进行了多个维度的考查。从科学观念角度看,考查了学生知道化学变化前后分子的种类发生改变,从微观粒子角度认识常见的酸、碱和盐,及其主要的物理性质和化学性质;从科学思维角度看,考查了学生运用分析、综合、抽象、演绎等科学思维方法,基于证据和逻辑检验假设,解释实验现象;从探究实践角度看,考查了学生对科学探究的过程和基本方法的理解,运用所学科学原理、思维方法建构解释和推理论证。

根据《课程标准》和生活实际,命题者可以自行开发设计实验,并获取实验数据。这类素材具有很大的灵活性,可以要求学生回答实验要解决的问题、实验中的变量控制、数据的读取与分析解释等。同时,与学生做过的实验相比,这类实验能够避免学生的机械记忆。

(四)研究论文,提炼素材

多关注人口、环境、资源、生物多样性等话题的学术论文,这些论文不但能保证科学性,而且内容包括知识与技能、过程与方法、情感态度价值观,所以节选学术论文信息,是命制科学实验探究试题的一种常见方法。值得注意的是由于学术文献篇幅较长,需要对与答题无关的信息进行大幅度的删减加工,突出与题目设问有关的信息,确保表述的简洁与准确,以利于学生思考与回答。如果有超出学生知识范围的信息,就必须予以说明。

例6 19 世纪中叶,欧洲产妇在医院分娩的死亡率比在家中分娩高很多。塞曼尔维斯偶然发现,一位医生在解剖尸体时割伤手指,不久就死亡,其症状与产妇死亡一样。他猜测产妇尸体中有一种"尸体物质",可能经医生的手或手术器具,会进入分娩产妇体内。经观察试验,了解到以下信息:

A. 医院对手术器具不消毒,医生在手术和解剖尸体时不戴手套。

B. 维也纳总医院的第一妇产科医生解剖尸体后常直接从解剖室去帮助产妇分娩,第二妇产科医生无需解剖尸体。

C. 塞曼尔维斯要求对手术器械进行消毒,助产医生在进病房之前用氯水消毒液清洗双手。

D. 调查实验部分结果记录如下表。

维也纳总医院产妇死亡率(19 世纪中叶)		
	1848 年前:在用氯水消毒之前	1848 年:用氯水消毒之后
第二妇产科	$\frac{200}{10000}$	$\frac{130}{10000}$
第一妇产科	$\frac{2000}{10000}$	$\frac{120}{10000}$

请回答:

(1)下列物质或生物中,不属于塞曼尔维斯医生认为的"尸体物质"的是______(填字母)。

A. 病毒　　B. 细菌　　C. 真菌　　D. 水

(2)分析维也纳总医院产妇死亡率统计表,可以得出的结论是______。

(3)综合分析塞曼尔维斯收集的信息,你认为导致产妇在医院分娩死亡率比在家中高的原因是__________。

答案 (1) D (2) 用氯水消毒能降低产妇的死亡率 (3) 医院产妇接触尸体物质的概率比在家高

【评析】 本题考查了学生基于一定情境进行猜测、得出结论、综合分析等的能力。试题以真实的医学案例为素材,素材中的信息承接历史,体现医学进步,于真实情境中考查各种能力,意在引导学生关注生活。尤其是第(3)题要求解释异常医学现象,切中本题核心,需要具有较强的综合分析能力,以及变量控制思想。

例7 医学上,头发密度是指头发覆盖区域内单位面积头发的数量。某科研人员为研究头发密度,选择76名不同年龄和性别的健康志愿者,将头发覆盖区划分为顶部、枕部和左右两侧四个等面积的区域,分别在四个区域内随机取相同面积进行测量。实验相关数据记录如下表。

表一 不同年龄头发密度

年龄段/岁	人数/人	头发密度/(根/厘米^2)
18～29	24	142～150
30～39	18	136～145
40～49	17	129～137
50～60	17	125～132

表二 不同部位头发密度

部位	头发密度/(根/厘米^2)
顶部	167
枕部	156
左侧	119
右侧	118

(1) 测量头发密度时,把志愿者的头发剪短,然后用皮肤镜轻压测量部位,再拍照取样,并用电脑打开照片,如图4-2-5所示。推测皮肤镜在该实验中的作用是__________。

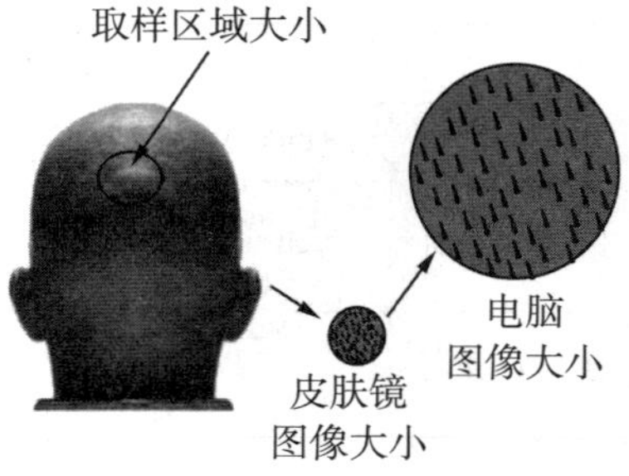

图4-2-5

(2) 分析表一的实验数据,可得出的结论是__________。

(3) 表二是某位志愿者不同部位的头发密度,分析该志愿者可能处于哪个年龄段?请说明你的分析过程:__________。

答案 (1) 将测量部位放大;控制测量区域面积相同,易于观察

(2) 头发密度总体上随年龄的增大而减小,表格中18～29岁的头发密度最大

(3) 对表二中的4组数据求平均值，结果为140根/厘米²，与表一中数据对照，发现跟表一的30～39岁的头发密度相近，因此该志愿者可能处于30～39岁年龄段

【评析】 本题以头发密度的研究文献为素材，情境设置新颖合理，信息呈现有文本、图片、表格等，考查学生非连续文本的阅读能力、信息获取和处理能力、数据分析能力、问题解决能力，以及取样法、放大法、平均值法等科学方法。问题设置自然真实、梯度合理，难度控制合适，在科技文献情境中能很好地考查学生的科学素养。

(五) 积累科学史实，积淀素材

科学史是科学家在进行科学研究中所采用的研究方式、思维方法和智慧结晶的客观史实。科学史中不仅有相关的科学知识的发现过程，还蕴含着科学探究方法、思维方式等科学教育的首要元素，是提升学生科学素养的重要资源。一部由“正确”与“错误”共同书写的科学史，是科学实验探究试题命制的重要素材。

例8 材料一：1820年，丹麦物理学家奥斯特发现了通电导体周围存在磁场。

材料二：1825年，瑞士物理学家科拉顿做了如下实验：他将一个能反映微小变化的电流表，通过导线与螺旋线圈串联成闭合电路，并将螺旋线圈和电流表分别放置在两个相连的房间，如图4-2-6。他将一个条形磁铁插入螺旋线圈内，同时跑到另一个房间里，观察电流表的指针是否偏转。进行多次实验，他都没有发现电流表指针发生偏转。

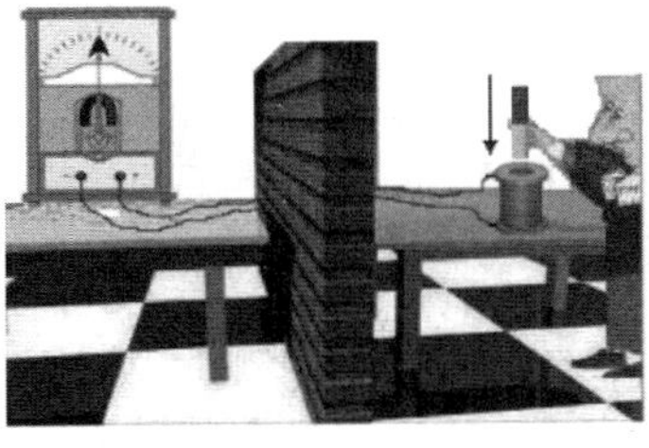

图4-2-6

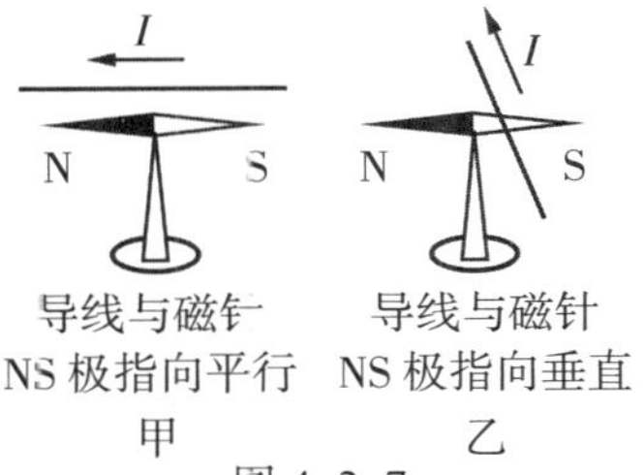

图4-2-7

材料三：1831年，英国物理学家法拉第用闭合电路的一部分导体，在磁

场里切割磁感线的时候，发现导体中产生电流，从而实现了利用磁场获得电流的愿望。

（1）进行奥斯特实验时，在静止的小磁针上方，分别用图 4-2-7 甲和乙两种方式放置一根导线。当导线通电时，小磁针发生明显偏转的是________（填“甲”或“乙”）。

（2）科拉顿、法拉第等物理学家相继进行如材料所说的实验研究，是基于________的科学猜想。

（3）科拉顿的实验中，____________（填“已经”或“没有”）满足产生感应电流的条件。要使他能观察到电流表指针偏转，你提出的一种改进方法是______________。

答案 （1）甲 （2）磁能产生电 （3）已经 将电流表等器材置于同一房间内

【评析】 给学生呈现“电与磁”的科学研究史，情境的设置具有教育意义，但在问题的设置上又能做到落点很低，高高举起，轻轻落下。对科学探究各要素的考查也比较全面，有实验的设计与改进，有科学猜想能力的考查等。其中第(1)题的选择是对教材实验的延伸考核，对教学有积极的引导作用。

例9 19 世纪，法国学者沃泰默提出假设：狗的胃酸（主要成分为稀盐酸）刺激小肠黏膜感受器，通过神经传导最终将信息传给效应器（胰腺），促使胰腺分泌胰液。为了验证假设，他做了如下实验：①将稀盐酸注入狗的上段小肠肠腔内，一段时间后观察到有胰液分泌；②将稀盐酸直接注入狗的静脉中，一段时间后未观察到有胰液分泌；③切断与上段小肠相连的所有神经，但保留血管通畅，将稀盐酸注入狗的上段小肠肠腔内，一段时间后观察到有胰液分泌。回答下列问题：

（1）实验结果是否支持沃泰默的假设？________。理由是________。

（2）英国科学家斯他林和贝利斯分析沃泰默的研究论文后，提出另一种假设：胃酸刺激小肠黏膜产生一种化学物质，这种物质进入血液，经血液循环到达胰腺，促使胰腺分泌胰液。为了验证此假设，请完善下列实验方案：

剪下狗的一段小肠（具有活性），刮下黏膜，与______和砂子一起研磨，将过滤后的提取液注入同一条狗的静脉中。一段时间后观察________。

答案 （1）否 若假设成立，则切断与上段小肠相连的所有神经后，不会出现分泌胰液的现象 （2）稀盐酸 是否有胰液分泌

【评析】 本题以“促进胰腺分泌胰液的机制”研究历程为情境，引导学生像科学家一样思考，对与实验预期不符的情况作出简单解释，提出改进意见，并针对探究目的设计实验方案。试题渗透了对学生探究意识的培养，考查了学生在情境中获取和分析信息的能力，以及基于证据的推理能力和实验设计能力。

（六）挖掘经典题目，发现素材

历年的初中科学学业水平考试科学试题中有许多经典的、有代表性的题目，这些题目考查的是初中科学的重点内容、重要方法，所以这些题目是科学实验探究试题命制的重要素材之一。

例10 某兴趣小组在研究“串联电路特点”的活动中，将一个阻值约为10欧的普通小灯泡L和一个LED灯串联后接入电路（如图甲）。闭合开关S_1，发现LED灯亮而小灯泡L不亮。针对这种现象，同学们提出了以下猜想：

猜想一：小灯泡L处发生短路。

猜想二：LED灯电阻很大，导致电路电流很小。

为了验证猜想，该兴趣小组同学进行了如下实验：

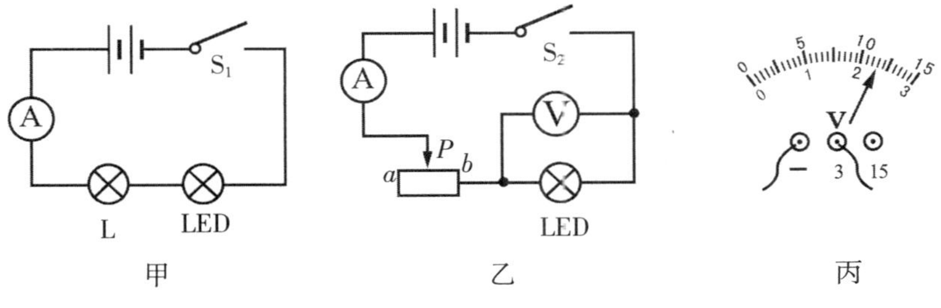

图 4-2-7

实验一：将一根导线并联在图甲电路中LED灯的两端，根据观察到的现象否定了猜想一。

实验二：利用电流表和电压表，按图乙所示的电路对LED灯的电阻进行测量。闭合开关，依次移动滑动变阻器的滑片，获得多组数据如下页表。经分析，结果支持猜想二。

实验序号	电压/伏	电流/毫安	电阻/欧
1	1.4	12	116.7
2	1.6	14	114.3
3	1.8	16	112.5
…	…	…	…

(1) 实验一中,观察到的现象是________。

(2) 实验二中,某次测量时电压表示数如图丙所示,此时电压表读数为________伏。

(3) 在实验二测定 LED 灯电阻的过程中,滑动变阻器的滑片向______端移动。

答案 (1) 小灯泡 L 发光 (2) 2.3 (3) b(或右)

【评析】 此题以探究"串联电路特点"为背景,综合考查电路故障、电流表读数、电路分析、滑动变阻器使用等电学实验中的基础知识和基本技能,评价学生初步的逻辑推理能力、综合运用基础知识解决新情境问题的迁移能力。

例11 图甲为探究并联电路电流规律的实验电路图。

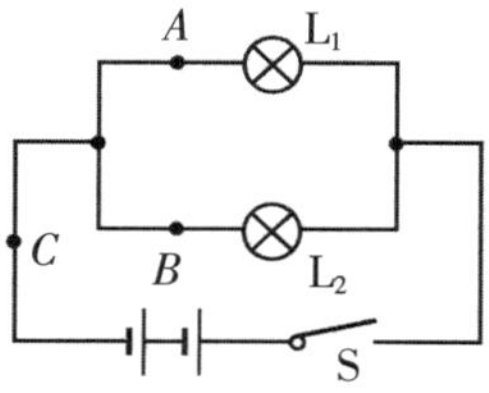

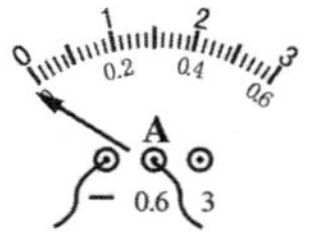

位置	A	B	C
电流/A	0.18	0.18	0.36

图 4-2-8

(1) 若要测量干路电流,则电流表应串联在图甲中的______(填"A""B"或"C")处。

(2) 若要测量 A 处的电流,在连好电路闭合开关前,发现电流表指针位置如图乙所示。调整正确后闭合开关,发现指针又偏向图乙位置,其原因是__________。

(3) 纠正(2)中的错误后,测出 A、B、C 三处的电流值如上表。由此得出结论:并联电路中,干路电流等于各支路电流之和,且各支路的电流相等。这个实验在设计方案上还存在的不足之处是:____________(写出 1 条)。

答案 （1）C （2）电流表“+”“-”接线柱接反 （3）用同一规格的灯泡（或只测得一组实验数据）

【评析】 本题以“并联电路特点”为背景，考查了电路故障、电流表读数、电路分析和方案评价等电学实验基础知识和基本技能。试题体现了“核心知识变式考，思维能力显性测”的命题理念，引导教师在教学中要强调基础、训练学生思维。

（七）收集科技成就，蕴藏素材

科学、技术、社会和环境的关系是初中科学的重要内容，因此现代科技成就、绿色能源等内容都是科学实验探究试题的重要素材。这类试题最根本的目的是让学生领悟科学技术的作用，改变学习方式，从被动学习转变为主动参与探究，提高科学素养。

例12 小吴看见学校门口安装了一种太阳能壁灯。如图 4-2-9，它的主要部件有光控开关 S_1（光照强度不足时会自动闭合的开关）、延时感应开关 S_2（有人靠近到一定距离后会自动闭合一段时间的开关）、太阳能发电板、锂电池、LED 灯（它的光照强度超过光控开关 S_1 的临界点）、支架等。太阳能发电板发出的电储存在内部的锂电池中，当光照强度不足、有人靠近时才会自动亮灯 3 分钟。小吴在不拆开该灯的情况下对灯的内部结构进行探究。

图 4-2-9

［问题与猜测］

小吴仔细观察外观后没有发现光控开关 S_1 的位置，他提出如下猜想：

猜想一：S_1 可能在 LED 灯上。

猜想二：S_1 可能在延时开关上。

猜想三：S_1 可能在太阳能发电板上。

［推理与实验］

（1）小吴思考后排除了猜想一的可能。理由是如果 S_1 在 LED 灯上，在电池充满电后，当光照强度不足、有人靠近太阳能壁灯时会出现现象______（填字母）。

A. 灯泡不会发光　　B. 灯泡正常发光　　C. 灯泡不断地闪烁

（2）小吴在验证其他两种猜想时可采用的实验方案是______。

（3）进行实验，观察现象。

［得出结论］

①光控开关 S_1 的位置在太阳能发电板上。

②光控开关 S_1 和延时感应开关 S_2 的连接方式为______联。

答案　（1）C　（2）用不透明的物体遮住太阳能发电板（或用不透明的物体遮住延时感应开关）　②串

【评析】　本题以太阳能壁灯为背景素材，既考查了学生的推理能力、思维能力和综合判断能力等，又适时引导学生建立科学技术促进社会进步、改善生活品质等观点，帮助学生树立热爱科学、崇尚科学的意识。

（八）积累教改成果，创造素材

课堂不仅是教师为学生传授知识的场所，也是教师实践自己教育理想、实施教学理念、创新教学方法的地方。教师的许多教学心得、教学尝试和收获都是原创科学实验探究试题的第一手资料。可以这么说，教学实践是科学实验探究试题素材的不竭源泉。

例13　小桐用自制的“液体重力对容器底部压力测试仪”（如图甲）研究液体对容器底部压强与液体重力之间的关系。调节好电子秤的零刻度，将一定量的水倒入装在两滑板之间定制的塑料袋内，分别调节滑板的位置如图乙所示，测得有关的实验数据如下页表。

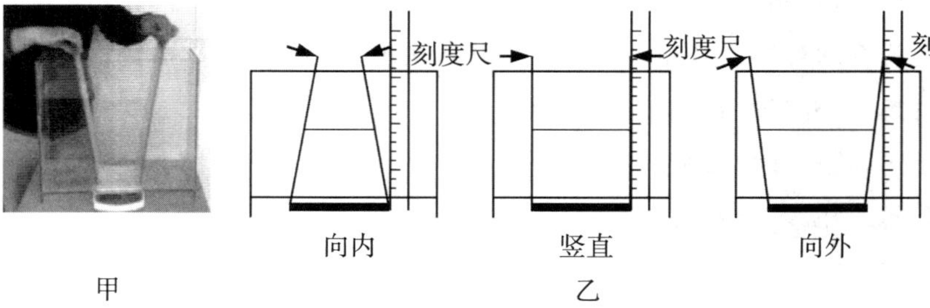

图 4-2-10

实验分析：

（1）实验中小桐将侧板分别向里向外调节的目的是________。

（2）分析 1～3 组实验，判断并说明能否得出液体对容器底部的压强随

组别	液体重力/N	侧壁朝向	深度/cm	台秤示数/kg	压力大小/N	压强大小/Pa
1	33	向外	12	2.434	23.85	1060
2	33	竖直	15	3.328	32.61	1450
3	33	向内	17	3.698	36.24	1611
4	35	向内	17	3.698	36.24	1611
5	37	竖直	17	3.652	35.79	1591
6	38	向外	17	3.619	35.47	1576

液体深度增加而增大的结论:________。

(3) 分析实验数据,你能初步得出的实验结论是________。

答案　(1) 调节或控制液体的深度　(2) 不能。理由:只以一种液体为材料进行重复实验,不具有普遍性,应多选几种液体做重复实验以研究普遍规律　(3) 相同重力的液体能对容器底部产生不同的压强;深度相同,重力不同的同种液体能对容器底部产生相同的压强;液体的压强与液体的重力无关

【评析】 本题根据教师对液体内部压强大小与液体重力大小关系的改进实验命制,考查了学生分析实验、评价方案、分析数据、得出结论等多种能力,帮助学生彻底解答心里存在的液体对容器底部的压力与液体重力大小是否相等的疑惑,对日常教学有良好的导向作用。

例14　测量空气中氧气体积分数实验的思维模型如下:

图 4-2-11

项目化学习小组按图甲完成氧气含量测定的实验时,发现进入集气瓶的水量低于"1"刻度线。为提高氧气含量测定的精准度,学习小组同学展开了如下研究。

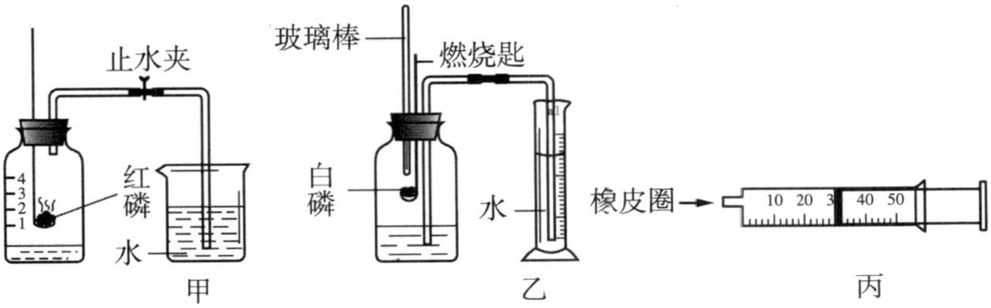

图 4-2-12

[误差分析] 几名同学对测量值偏小原因的分析如下。

甲:红磷的量不足,未能把瓶内氧气耗尽。

乙:将燃烧匙伸入集气瓶瞬间,部分空气逸出。

丙:实验前导管中有空气,实验后一部分本应进入容器的水滞留在导管中。

丁:由于广口瓶的形状造成很难均分五等份,影响测量结果。

(1) 以上原因分析中,其中一名同学的观点被大家一致否定,你认为是哪名同学的观点?________(填"甲""乙""丙"或"丁")。

[方案改进] 根据以上讨论,为了减小实验误差,提高实验结果的精准度,学习小组同学设计了如图乙所示的改进装置。(已知:红磷的着火点是240℃,无毒;白磷的着火点是40℃,有剧毒)

(2) 比较图甲、图乙的实验方案,下列关于图乙实验方案的叙述正确的是________(填字母,可多选)。

A. 利用着火点更低的白磷并采用加热后的玻璃棒"内引燃",建立封闭空间,使实验结果更精准

B. 可以解决图甲方案中一部分水滞留在导管中带来的误差问题

C. 改用量筒内水的体积变化来确定消耗氧气的体积,使测量结果更精准

D. 彻底地解决了实验的安全性问题,符合绿色化学理念

(3) 小金同学认为,图乙所示的实验装置还需在橡皮管处补充一个止水夹,请表达你的观点及理由:________。

[问题反思] 小组同学多次实验,测量值总是小于$\frac{1}{5}$。经过老师指导,小组同学讨论后认为,可以从模型中"消耗氧气"的方法入手对实验做进一步改进。

[资料] 暖宝宝是利用铁粉在空气中氧化的原理制成的。

[方案迭代] 讨论后,项目学习小组设计了如图丙所示的装置,用暖宝宝粉代替红磷,利用铁粉在空气中氧化的原理进行实验。操作步骤如下:①将滤纸用水浸润后黏附在针筒内壁;②把暖宝宝粉倒入针筒,轻轻转动,使其涂抹均匀;③涂上凡士林,将活塞插入针筒,盖上橡皮帽,观察并记录

活塞移动情况。经多次实验后,测得空气中氧气的体积分数均约占$\frac{1}{5}$。

(4) 从消耗氧气的方法角度分析，图丙所示的方案与图甲所示的方案相比,测定结果更精准的原因是________。

[心得交流] 科学探究需要不断根据结果反思探究过程，优化方案,实现方案的迭代更新。

答案 (1) 乙 (2) ABC (3) 不需要。理由:增加止水夹后,容易导致瓶塞飞出 (4) 铁生锈消耗的氧气比红磷燃烧消耗的氧气更彻底

【评析】 试题将教材上的“测量空气中氧气体积分数”实验进行改编，对问题进行更深层次的研究。命题者对实物模型进行迭代改进,考查了学生的模型建构和推理论证能力,同时也启发学生勇于用批判性的眼光看待教材中的实验,养成质疑、创新的习惯。本题围绕《课程标准》的要求,让旧实验焕发出新生命,问题设置层层深入,对教师在日常教学过程中重视实验教学,关注学生的知识形成过程和思维培养,激发学生学习兴趣,注重培养学生的辩证思维,以及基于事实证据推测、寻找原因,理性分析的习惯,引导学生的学习从知识本位转向方法和思维,提升科学素养,起到了积极的导向作用。

二、科学实验探究试题的命制

初中科学实验一般可分为验证性实验与探究性实验两类。探究性实验是指人们根据一定的目的,采用一定的实验手段和方法,探索未知自然事物或现象的内在性质或规律的一类科学实验。此类实验的考查,往往关注科学探究基本步骤及其中渗透的科学方法、科学思想等。例如,设置问题情境,提出科学问题,并针对科学问题进行合理猜想与假设;制订计划并搜集证据,分析证据并得出结论;对结果进行解释与评估;准确表达观点,反思探究过程与结果等。而验证性实验是通过实验过程验证已有的科学理论、原理、学说、公式等,旨在加深学生对它们的认识和理解。此类实验的考查,更关注实验目的、实验原理、实验材料与器具、实验步骤、实验注意事项、实验现象及结果记录等。接下来,我们主要基于验证性实验,来探讨科学实验探究试题的命制。

（一）探究性实验探究试题的命制

由于探究性实验探究试题重在对学生科学探究能力的考查，因此可根据科学探究的基本步骤“提出问题、作出假设、制订计划、搜集证据、处理信息、得出结论、表达交流和反思评价”这八个环节来命制试题。在实际命题过程中，我们往往将这八个方面概括为问题、证据、解释、交流四个要素。

1. 提出问题，建立猜想与假设

具有科学探究意识，知道科学探究始于问题，能在学习和日常生活中发现问题、提出合理猜测与假设。试题可以从以下几方面着手命制：提出或识别可以通过科学探究解决的问题；判断一项探究活动围绕什么问题展开；根据已有研究，提出可以进一步探究的科学问题；针对问题进行合理的猜想与假设。

例15 甲状腺激素是一种重要的动物激素，对动物的生长、发育具有重要意义。

Ⅰ. 现以某品种小鼠为实验对象研究甲状腺激素的功能，研究小组设计了以下实验：

①将若干健康同龄成年小鼠随机分成数量相同的甲、乙两组。

②待实验鼠安静后，测量实验鼠体长，计算平均值。

③实验处理：甲组每天注射甲状腺激素制剂，乙组每天注射等量生理盐水。

④在相同并适宜的条件下饲养一段时间后，测定甲、乙两组每只实验鼠的体长，并分别计算两组实验鼠的体长平均值。

⑤分析实验前后体长数据，计算各组平均体长的增加量，进而得出结论。

请回答下列问题：

（1）根据上述实验设计，他们研究的问题是________________。

（2）纠正实验设计中存在的一个错误：________________。

Ⅱ. 协同作用是指多种物质同时作用于生物体所产生的作用超过各自单独作用的总和。若要探究甲状腺激素与生长激素对小鼠生长是否具有协同作用，在上述已纠正的实验设计基础上，还需要补充两组实验：丙组每天注射生长激素，丁组__________（注：由于激素作用的特殊性，实验设计中对各试剂的量和浓度不作具体要求）。

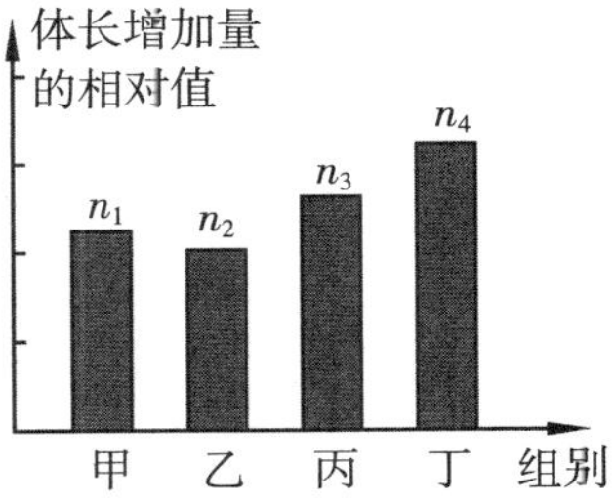

图 4-2-13

实验结果如图 4-2-13 所示，n_1～n_4 为各组小鼠体长增加量的相对值。对实验数据分析后发现数据关系为__________，说明这两种激素对小鼠生长具有协同作用。

答案 Ⅰ.(1)探究甲状腺激素对小鼠的生长(体长)是否有促进作用 (2) 应该用幼年小鼠作为实验对象 Ⅱ.每天注射甲状腺激素和生长激素 $n_4>n_1+n_3-n_2$[或$(n_4-n_2)>(n_1-n_2)+(n_3-n_2)$]

【评析】 本题以用小鼠为实验对象研究甲状腺激素的功能相关实验为情境，考查学生以下几种能力：在科学探究中提出问题，并准确地表述问题的能力；根据实验原理和探究要求对实验方案和步骤进行评价的能力；根据已有研究，提出可以进一步探究的科学问题，并在原来的探究基础上进行进一步探究的能力；对所获取的信息进行数据关系分析与结论相关性联系分析能力。试题注重学生高阶思维能力的培养，让学生经历思维探索过程、获得深刻体验的深度学习，对学生的思维能力和解决问题的能力要求较高。

例16 （重在建立猜想与假设）某兴趣小组在研究冰熔化实验时，发现冰熔化时有快有慢，他们想知道影响冰熔化速率的因素，于是提出了以下两种猜想：

猜想一：环境温度可能会影响冰熔化速率。

猜想二：冰的形状可能会影响冰熔化速率。

(1) 请你列举生活中一个实例说明“猜想一”是合理的：__________。

(2) 小丽同学对“猜想二”有自己的想法，为了验证“猜想二”，小丽设计了如下实验方案。

a. 量出 50mL 蒸馏水 3 份，分别倒入容积都为 50mL 的长方体、正方体和球体塑料模型盒中。

b. 倒入模型盒中时确保没有水溅出。

c. 把模型盒放到冰箱冷冻室里，冷冻足够长时间。

d. 用字母 A、B、C 分别给 3 个烧杯做标注。

e. 把模型盒从冰箱里拿出来，迅速将每块冰放入对应的烧杯中。

f. 观察并记录三块冰块熔化所用的时间。

请你回答下列问题(已知实验中的三块冰块表面积从大到小依次是长方体、正方体和球体)：

①该实验方案步骤 a、b 的设计目的是______________。

②小丽通过实验分析，验证了冰块的形状会影响冰块熔化速率。在这三种形状的冰块中，熔化最慢的是____________，理由：__________________。

答案 (1)熔化需要吸热，若环境温度(比冰的温度高)与冰的温度相差较大，则冰在相同时间内吸收的热较多。河里的冰在气温高时熔化较快，所以猜想一是合理的 (2) ①使冰的质量相同而形状不同 ②球体的冰块与相同体积的正方体、长方体、球体比较，球体的表面积最小，受热面积最小

【评析】 该试题的情境源于学生实验，但探究的内容又不是学生所知的，真实而新颖。对于猜想与假设的考查，大多数试题考查学生根据研究的问题，建立猜想与假设的能力，而本题却从“懂得猜想与假设能被事实证据支持或否定”这一点出发，考查学生对于猜想与假设合理性的判断，以及设计实验验证猜想与假设的能力，有利于学生进一步理解“提出的猜想假设应该可被检验，具有可操作性”这一理念。

2. 设计方案，获取事实证据

能针对探究目的和条件，设计探究的思路，选择合适的方法(观察、实验、调查、访问、资料查询等)，制订探究方案，能正确实施探究方案，使用各种手段和方法收集信息。例如，能通过观察、调查和实验等方式获取证据，掌握《课程标准》要求的实验器材的使用，以图或表等多种方式呈现收集的数据。

例17 (重在方案设计)为了探究酸性环境对唾液淀粉酶催化作用的影响，请根据所提供的实验器材设计一个实验方案。

实验器材：试管、1%淀粉溶液、新鲜唾液、5%HCl 溶液、量筒、温度计、烧杯、碘液、蒸馏水、滴管、酒精灯、三脚架、石棉网、火柴、记号笔、计时器。

(1) 该实验的原理是：①__________；②碘液能使淀粉变蓝。

(2) 设计该实验的主要步骤(可用文字、表或图简要表述)。

(3) 预期本实验的结果是________。

答案 (1) 唾液淀粉酶能催化淀粉分解

(2) ①取2支洁净的试管,用记号笔编为1号和2号。

②用量筒量取1 mL新鲜的唾液、2 mL蒸馏水,加入1号试管中,用量筒量取1 mL新鲜的唾液、2 mL 5% HCl溶液,加入2号试管中。

③在烧杯中加入适量水,用酒精灯加热并用温度计测量水温,使水温保持在37℃左右。分别用量筒量取2mL 1% 淀粉溶液,加入1号和2号试管中,然后将上述2支试管放入烧杯中,37℃恒温水浴5分钟。

④待溶液冷却后,往2支试管中分别滴入1滴碘液,然后摇匀,观察并记录2支试管中溶液颜色的变化情况(合理即可)

(3) 2号(加5%HCl溶液)试管中溶液变蓝色,1号(加蒸馏水)试管中溶液不变蓝

【评析】 本题源于教材实验,侧重考查学生的科学探究能力,主要考查学生能否根据科学探究的目的和条件,选择合适的方法制订探究方案的能力。在探究方案的设计过程中,具体考查学生对控制变量法是否真正地理解并应用,以及自变量的改变、因变量的观察、无关变量的控制、对变量下操作性定义等方面的能力。第(1)题还考查了学生对实验原理的理解,第(3)题考查了学生能否区分实验结果与结论,从而较为全面地考查了学生科学探究的能力。

例18 (重在实验器材的使用或数据记录)为了探究物质(X)的作用,研究者提出了以下实验思路:

(1) 实验分甲、乙两组,每组至少取3只青蛙。

甲组:青蛙+注射物质X溶液(用青蛙的生理盐水配制,即0.65%NaCl溶液)。

乙组:青蛙+注射0.65%NaCl溶液(青蛙的生理盐水)。

(2) 检查两组(每只)青蛙的泄殖腔开口处有无卵细胞,进行观察值的记录并求每组的平均值。

(3) 在适宜的环境中饲养一定时间后,检查两组(每只)青蛙的泄殖腔开口处有无卵细胞,求每组平均值并进行统计分析。

请回答下列问题:

（1）实验目的：＿＿＿＿＿＿＿。

（2）预测实验结果及结论：＿＿＿＿＿＿＿。

（3）设计实验记录表格。

答案 （1）探究物质 X 对青蛙排卵的影响（作用）

（2）如果甲组平均值明显高于乙组平均值，说明物质 X 对青蛙排卵有促进作用；如果甲组平均值和乙组平均值基本相同，说明物质 X 对青蛙排卵无影响；如果甲组平均值明显低于乙组平均值，说明物质 X 对青蛙排卵有抑制作用

（3）物质 X 对青蛙排卵影响实验记录表：

项目		甲组			乙组		
		1	2	3	1	2	3
注射（开始）前的卵细胞	观察值						
	平均值						
注射（一段时间）后的卵细胞	观察值						
	平均值						

【评析】 本题对学生从以图或表等多种方式呈现的信息中收集数据的能力，预测实验的结果与结论的能力要求极高。第(1)题根据题干实验目的“探究物质(X)的作用”可知该实验的自变量是有无 X 物质，根据步骤(2)“检查两组(每只)青蛙的泄殖腔开口处有无卵细胞，进行观察值的记录并求每组的平均值”，可知该实验的因变量是蛙的排卵量，故该实验的目的确切地说是探究物质 X 对青蛙排卵的影响。本实验是探究性实验，故实验结果是开放性的。第(2)题对实验结果与结论的预测与要求较高，要求所有可能的结果都要考虑到。第(3)题重在以图或表等多种方式呈现收集到的数据，对于学生设计表格的要求较高，用于实验的记录表格，要体现两个变量：自变量和因变量。

3. 处理信息，得出结论

具有分析论证能力，会使用各种方法和手段分析、处理信息，描述、解释探究结果和变化趋势，将证据和科学知识建立联系，得出基本符合证据的结论。例如，基于证据，分析相关现象或原因；使用技术来分析数据；对收集到的证据的可靠性进行评估；评价证据是否支持所得出的结论。

例19 (重在处理信息，得出结论)植物种子的萌发受许多因素的影响。研究人员在人工气候培养室(温度、湿度等可调控)的适宜条件下进行了某品种玉米种子的萌发研究。各组种子 7 天后的萌发率数据如下表：

温度/℃ \ 萌发率/% \ 土壤含水量/%	20	15	10
25	100	96	74
20	92	84	66
15	44	36	10
10	4	0	0
5	0	0	0

根据上表数据你能得出哪些结论？________(写出 2 条结论即可)。

答案 在 5～25℃之间，土壤含水量相同时，温度越高，该品种玉米种子的萌发率越高；当土壤含水量在 10%～20%，且温度相同时，土壤含水量越高，该品种玉米种子的萌发率越高；当温度为 5℃、土壤含水量为 10%～20%时，该品种玉米种子的萌发率为 0；当温度为 25℃、土壤含水量为 20%时，该品种玉米种子的萌发率最高(写出 2 条即可)

【评析】 本题主要考查学生如何处理实验结果，分析表格中的数据，得出实验结果的能力。数据处理是学生科学探究中极其重要的研究能力，但以往的学习中往往过分强调正确结论，使学生形成一个数据表只能得出一个正确的结论思维惯性。本题表中的数据可从横向和纵向、萌发率最高和最低等方面进行分析，可以得出 6 条以上结论。题目要求只要总结出 2 条结论即可，既降低了试题的难度，又体现了根据相同数据可以得出不同结论的思想。

例20 现要制作一个简易弹簧测力计，要求：①测量范围为 0～30N；②分度值为 1N；③用木板 M 做刻度板；④相邻两刻度线之间的距离相等且适当大一些。

为了满足上述要求，小明对已有的四根弹簧做了如下测试：如图 4-2-14，把弹簧挂在竖直木板 M 上，测出弹簧原长 L_0，把 30 N 的重物挂在弹簧下端，测出弹簧总长 L，测试结果见下表。请你帮小明选择一根最合适的弹簧，并说明不选其他三根的理由。

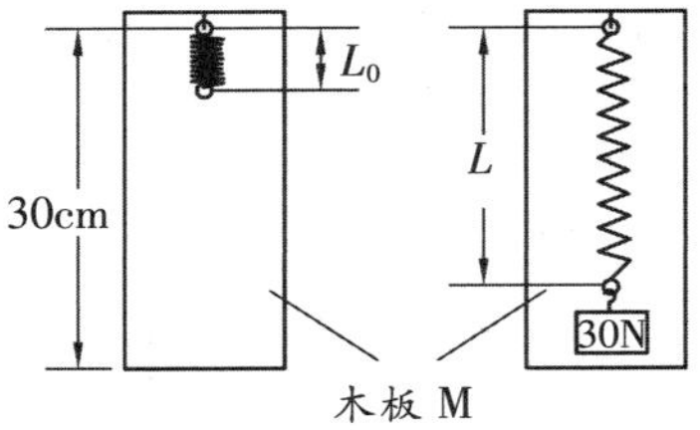

图 4-2-14

弹簧代号	甲	乙	丙	丁
L_0/cm	2.00	4.00	4.00	8.00
L/cm	20.00	22.00	6.10	35.00
取走重物后弹簧能否恢复原状	不能	能	能	能

答案 选乙弹簧。不选用其他三根弹簧的理由：①甲弹簧在取走重物后无法恢复形变；②丙弹簧原长 L_0=4.00cm，挂重物后，弹簧总长 L=6.10cm，形变量太小，不能满足相邻两刻度线之间的距离适当大一些的要求；③丁弹簧最终长度为 35cm，大于木板长度 30cm，不满足要求

【评析】 目前大多数测试中，对于数据的处理都局限在“多次测量取平均值”这一方法上。本题根据探究弹簧测力计原理的实践活动，通过设计制作弹簧测力计，对弹簧测力计制作原理“在一定范围内，弹簧的伸长量与所受的拉力成正比”的实验进行诠释。在此过程中，学生不但对数据进行比较、分析，还要将数据与制作要求逐一结合，进行解释。这是对数据处理的一种有益尝试。

例21 （重在对收集到的证据进行可靠性评估）将燃烧的蜡烛放入图甲装置中，一段时间后，蜡烛会慢慢熄灭。兴趣小组探究其原因的过程如下（气体的含量用体积分数表示）：

（1）甲同学认为，蜡烛熄灭是装置内的氧气被消耗完了。他设计了如图乙所示的实验装置，待蜡烛熄灭后，用凸透镜聚焦太阳光使白磷的温度达到着火点，观察到________现象，从而否定了自己的猜想。他重新进行实验，测得蜡烛燃烧过程中烛焰附近的二氧化碳含量从 0.04%上升到 7.4%，氧气含量从 21%下降到 13.8%。

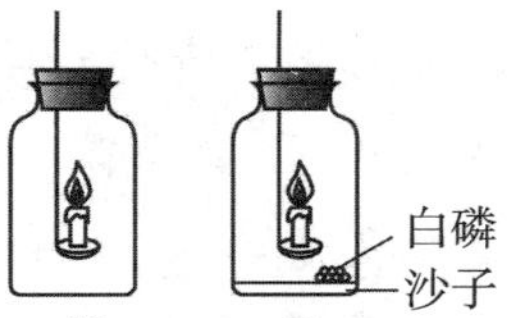

图 4-2-15

（2）甲同学又认为，可能是二氧化碳含量过高导致蜡烛熄灭。乙同学不赞同甲同学的观点，他改变如图甲所示的装置中的气体成分，只进行了一

次实验，就否定了甲同学的观点。乙同学进行的实验是________。

实验序号	氧气含量	二氧化碳含量	蜡烛能否燃烧
A	21%	8.4%	能
B	21%	3.4%	能
C	12.8%	3.4%	不能

(3) 还有一种观点：随着蜡烛的燃烧，氧气含量下降，产热速度变慢；当产热量小于散热量，烛芯的温度下降至着火点以下，蜡烛熄灭。如果该观点正确，将如图甲所示的装置置于温度更低的环境中实验，那么测得烛焰附近的氧气含量最小值会如何变化？请解释原因：________。

答案 (1) 白磷燃烧 (2) A (3) 大于 13.8%(或变大)。原因：低温环境中，烛焰散热快，降温快，为了维持蜡烛燃烧，需要增加产热，所以需要浓度更高的氧气

【评析】 本题围绕基于证据，分析相关现象或原因，对收集的证据的可靠性进行评估，评价证据是否支持所得出的结论等方面设计了三个小题。第(1)题，白磷燃烧说明装置内必定含有氧气(助燃剂)，否则白磷不能燃烧，考查现象与猜想间的逻辑关系。第(2)题，探究是否因为二氧化碳含量过高而导致蜡烛熄灭，需要控制氧气含量不变(仍为 21%)，二氧化碳含量高于 7.4%，重在考查证据与观点间的关系。第(3)题，考查学生理解观点的基础，预测实验现象。

4. 表达交流，反思评价

具有交流与合作的意愿和能力，能准确表述、评估和反思探究过程与结果。例如，准确表达自己的探究问题、过程和结果；对他人的探究过程和结果能提出建设性的意见。

例22 (重在对探究过程与结果的评估和反思)我们常用乙醇溶液进行杀菌消毒。那么乙醇溶液的浓度(体积分数)越高，杀菌消毒效果就越好吗？对此，某科研机构曾做过下列研究。

[实验步骤]

①取 10 片无菌载玻片，均匀涂抹上等量的金黄色葡萄球菌的菌悬液。

②待干燥后，向 9 片载玻片分别滴加相同体积的不同浓度乙醇溶液，另外 1 片滴加相同体积的无菌蒸馏水。

③10min 后，测各载玻片上的活菌量。测得的活菌量计作 n，其中无菌蒸馏水试验组的活菌量计作 n_0。

④实验重复 3 次。

⑤用牛痘病毒替换金黄色葡萄球菌，按上述步骤进行实验。

［数据处理］

利用得到的实验数据计算相应的 $\frac{n}{n_0}$，并取平均值。以 $\frac{n}{n_0}$ 的平均值来表示乙醇溶液的杀菌消毒效果。数据处理结果如图 4-2-16 所示。

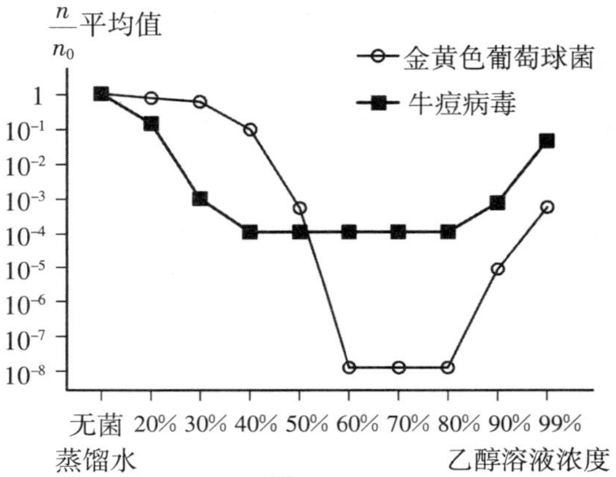

图 4-2-16

［实验结论］

由实验可知：针对实验中的金黄色葡萄球菌和牛痘病毒，当乙醇溶液的浓度超过 80% 时，杀菌消毒的效果随乙醇溶液浓度的增大而________。

［实验反思］

科研人员发现该实验中 60%～80% 的乙醇溶液杀菌消毒效果较好。为了证明其是否具有普适性，下一步的实验思路是：选取更多种类的______________，设置更多浓度梯度的乙醇溶液，多次重复实验，计算相应的 $\frac{n}{n_0}$，并取平均值，进行对比。

研究表明：70%～75% 的乙醇溶液杀菌消毒效果最好。

［实际应用］

在疫情防控期间，常使用乙醇溶液进行杀菌消毒。根据上述结果，并结合乙醇的性质，下列使用方法合理的是________（填字母，可多选）。

A. 无水乙醇按需求稀释后再用来杀菌消毒

B. 使用乙醇溶液杀菌消毒时要避免明火，远离高温物体

C. 可用适宜浓度的乙醇溶液对快递包装盒的表面进行擦拭消毒

答案 减弱 细菌和病毒 A、B、C

【评析】 本题在形式上关注“对探究过程与结果的评估和反思”，并能根据实验结果及时修改实验方案，形成解决问题的多种方法或设计进一步探究的方案。例如，[实验结论]由图可知当乙醇溶液浓度超过80%后，溶液中金黄色葡萄球菌和牛痘病毒的数量随乙醇溶液浓度的增大而增多，说明乙醇杀菌消毒效果随乙醇溶液浓度的增大而减弱。[实验反思]为证明结论的普适性，需要选择更多种类的细菌和病毒，进行多次实验，并对其结果进行观察分析。[实际应用]A. 由题可知，乙醇溶液在70%～75%时杀毒效果最好，需要使用乙醇杀菌消毒时，应将无水乙醇适当稀释，以达到较好的杀菌消毒的效果。B. 由于乙醇具有可燃性，因此在使用过程中需避免明火，远离高温物体，以防引起火灾。C. 由题可知，适宜浓度的乙醇溶液具有杀菌消毒的效果，可以用来对包装盒表面进行擦拭消毒。

例23 三棱镜是一种重要的光学元件，光通过三棱镜的传播路线是怎样的呢？小越用红光以一定角度射到三棱镜上，光路图如图甲所示。改变入射角度，光路图如图乙、图丙所示。

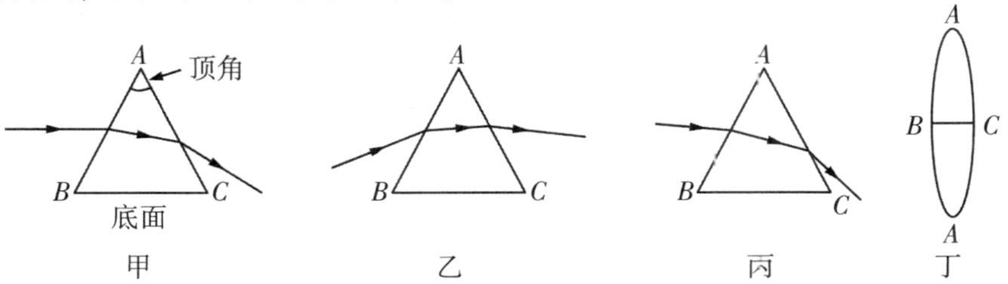

图 4-2-17

（1）经过两次折射后，红光均向三棱镜的________（填“顶角 A”或“底面 BC”）偏折。

这个规律对于其他的单色光成立吗？小越选用其他不同的单色光重复上述实验，发现了同样的规律。

（2）了解了小越的探究后，老师建议小越把凸透镜分割成两部分进行

思考，如图丁所示。小越经过分析和综合，理解了凸透镜对光具有________作用的原因。

（3）利用三棱镜还可以进行的探究实验是________。

答案　（1）底面 *BC*　（2）会聚　（3）光的色散或凹透镜对光的作用

【评析】　第(1)题的探究已经得出了红光及其他不同单色光通过三棱镜的传播路线的规律。第(2)题在原来的探究结论基础上，进一步探究与思考，使学生对第(1)题结论的理解更进一步。第(3)题在第(1)题的基础上，从实验器材运用的角度，对该实验进行了进一步的拓展。这都体现了科学探究中“准确表达自己的探究问题、过程、结果和结论；能提出增加证据可靠性或获得进一步证据的相关探究的具体改进建议；根据探究的过程和结果设计进一步的探究”等特点。

（二）验证性实验探究试题的命制

由于验证性实验探究试题重在对学生实验能力的考查，因此，可根据实验的主要环节（如实验目的、实验原理、实验材料与器具、实验步骤、实验注意事项、实验现象及结果记录等）来命制试题。

例24　（重在实验目的）小金为研究绿色植物的光合作用做了如下实验：

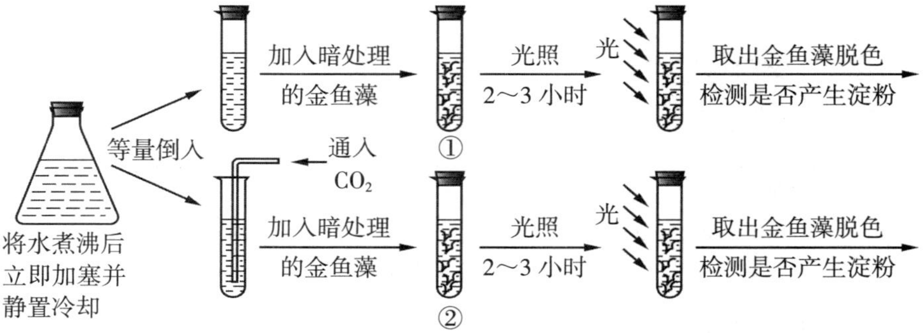

图 4-2-18

（1）该实验的目的是________。

（2）将锥形瓶中的水煮沸并立即加塞，其目的是________。

（3）①②试管中的金鱼藻在加入前要经过 24 小时暗处理，若暗处理后立即脱色并滴加碘液，能否观察到金鱼藻叶片变蓝色？__________（填“能”或“不能”）。

（4）②试管中金鱼藻在光照过程中产生大量的气泡，这些气泡中的气体主要是__________。

答案 （1）研究金鱼藻的光合作用是否需要二氧化碳 （2）去除水中原有的二氧化碳并防止空气中的二氧化碳溶于水 （3）不能 （4）氧气（或 O_2）

【评析】“研究二氧化碳是不是绿色植物光合作用的原料实验”是一个经典的探究实验。本题通过新的实验方案为经典实验赋予了新的情境，从而实现在新情境下考查学生根据图示的实验过程理解实验目的、实验前处理、排除外界因素对实验的干扰等实验设计的能力。第(1)题主要考查学生根据图示的实验过程理解实验目的。第(2)题考查实验操作，以及操作背后渗透的控制实验变量时如何排除内外因素的干扰，理解光合作用实验前暗处理的结果。第(2)(3)(4)题还考查学生对于实验操作中的暗处理、煮沸、加塞等操作背后的原理是否真正理解，从而让学生不但知道实验目的，以及为达成这一目的而进行的系列操作，还理解此操作所渗透的实验设计原理与实验思想。

例25 （重在实验原理与实验设计的考查）用如图甲所示电路测量额定电压为 2.5V 的小灯泡的电阻，根据实验数据绘制的小灯泡的 I–U 图象如图乙所示。

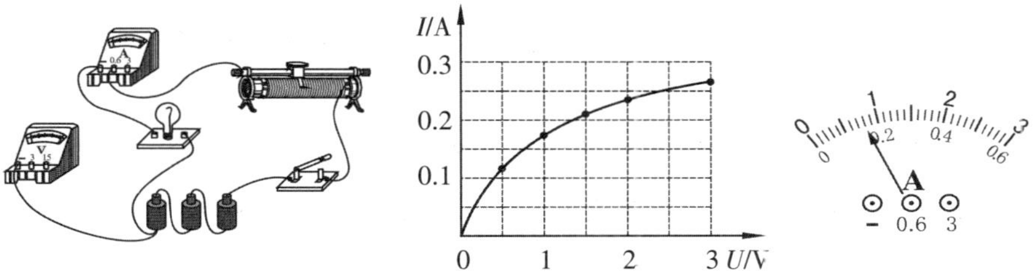

甲　　乙　　丙

图 4–2–19

（1）为了保证实验顺利进行，应选用________（填字母）滑动变阻器。

A. “20Ω 0.5A”　　B. “50Ω 0.3A”　　C. “100Ω 0.2A”

（2）用笔画线代替导线，将图甲所示电路补充完整。

（3）电路连接完整后闭合开关，小灯泡不亮，电流表有示数，电压表无示数，可能是小灯泡________。

（4）排除故障后进行实验，当滑动变阻器的滑片位于某一位置时，电流表示数如图丙所示，为了测量小灯泡正常发光时的电阻，应将滑片向______（填“左”或“右”）移动。

（5）由图象可知，小灯泡正常发光时的电阻为________Ω，额定功率为________W。

（6）由图象可知，实验过程中小灯泡的电阻是逐渐变大的，滑动变阻器接入电路的电阻是逐渐变小的，则小灯泡电阻的变化量ΔR_L________（填“大于”“小于”或“等于”）滑动变阻器电阻的变化量ΔR。

答案　（1）B　（2）图略　（3）短路　（4）右　（5）10　0.625　（6）小于

【评析】　本题源于教材中的课后练习题，但命题者采用改进、拆分、组合、交换、迁移、综合等形式，从器材选取、实验原理、实验装置的正确连接、实验仪器的使用——电表读数、电路故障分析，到实验操作、数据分析与应用、图像分析等，全方位考查了学生对电学实验的理解与掌握，特别是最后一题，小灯泡的电阻变化由定性分析到由图像反映具体的物理量变化量的大小，对学生无疑是一大挑战。试题的问题设置环环相扣，多角度全方位考查学生的学科核心素养。这样既能纠正“重教辅轻教材”的教学行为，还能引导教师进一步重视对教材资源的深度挖掘和利用。

例26　（重在实验步骤与现象的考查）小金自学了电学，知道了欧姆定律。他想用实验来验证欧姆定律所表述的“通过导体的电流与这段导体两端的电压成正比”的结论，于是找了实验器材：电压表、电流表、电源、滑动变阻器、开关各一个，若干定值电阻、导线。请你利用这些器材帮他设计一个验证此结论的实验方案。

（1）画出实验的电路图。

（2）写出实验的步骤以及需要测量的物理量。

答案 (1)

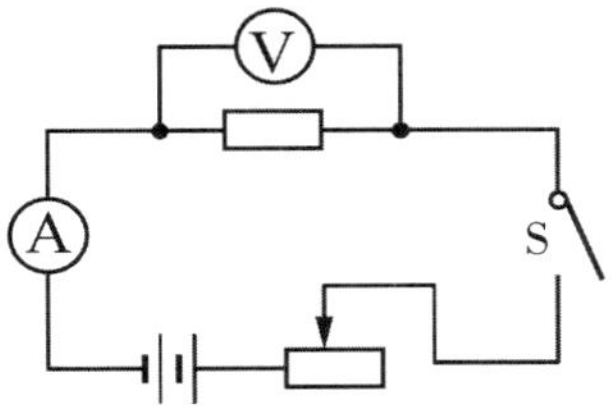

图 4–2–20

(2) ①按照电路图连接电路，将滑动变阻器滑片移到阻值最大处，闭合开关。

②移动滑片，用电压表和电流表分别测出定值电阻 R 两端的电压 U_1 和通过的电流 I_1。

③再移动滑片，重复步骤②，测得另两组对应的数值 U_2、I_2 和 U_3、I_3。

④比较$\frac{U_1}{I_1}$、$\frac{U_2}{I_2}$、$\frac{U_3}{I_3}$的数值，得出验证结论。

然后更换不同阻值的定值电阻，重复以上实验步骤①～④。

【评析】 本题基于对欧姆定律内容的理解，考查学生从提出电学问题，到设计电路、设计合理的方案、记录并分析数据，最后得到结论的完整的验证性实验的过程，主要考查针对验证性实验的目的和条件制订、选择合适的方法，设计实验方案，撰写实验步骤的能力。同时，在描述实验步骤的过程中，也对学生科学思维的严密性及电学基本实验操作和控制变量等能力做了一定的考查。

例27 (重在实验操作与注意事项的考查)小金为了探究氧化铜与氢气的反应和反应产物，用如图 4–2–21 所示的装置进行实验。注射器内装满氢气，并将注射器针头扎入橡皮塞中。先将少许氧化铜粉末送入长柄 U 形石英玻璃管内并平铺于管底，再将少量白色的无水硫酸铜粉末送入长柄 U 形石英玻璃管中并平铺于直管中部，然后将一个气球套在长柄 U 形石英玻璃管的直管出口处，连接好整个实验装置并检查装置气密性……

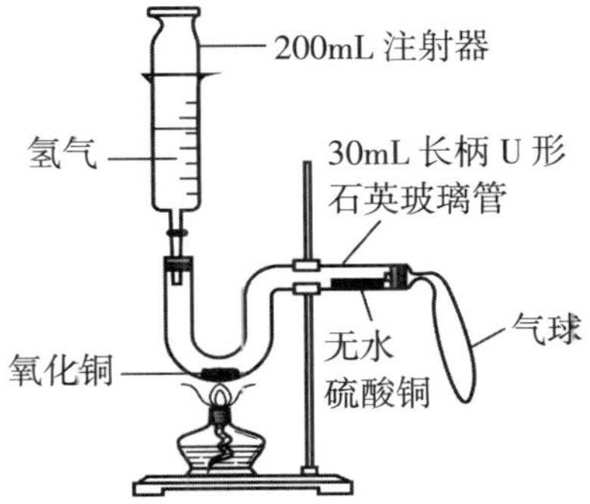

图 4–2–21

（1）为了确保实验安全，在点燃酒精灯加热前的操作是________。

（2）装置末端连接的气球的作用是________。

（3）实验过程中，当观察到________现象时可判断一定有产物水生成。

（4）实验开始时加入 a 克纯氧化铜粉末，实验结束后取出U形管底的固体，称量为 b 克，当 b 为________（用含有 a 的式子表示）时，可判断氧化铜已完全转化为铜。

答案 （1）通入氢气 （2）收集尾气（或防止空气中的水蒸气进入）（3）U形石英玻璃管的直管中部白色粉末变蓝 （4）$0.8a$

【评析】 本题源自铜和氧化铜之间的相互转化实验，着重考查学生对氢气还原氧化铜反应安全操作的理解以及实验过程中现象与原理的解释，同时也考查学生能根据化学反应方程式进行简单计算的能力。科学实验的过程除了需要有仪器的选择、装置的连接、正确的操作，现象的观察与记录、实验安全等外，还需要知道这些实验设计与操作中的逻辑所在、实验安全意识及背后的设计意图。

例28 （重在实验的反思与改进的考查）1674年，英国化学家约翰·梅献为测定空气中的氧气含量开展如下实验（装置如图甲）。

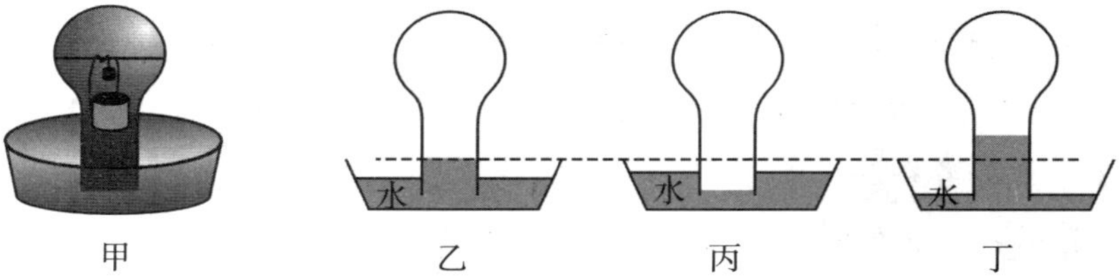

图 4-2-22

Ⅰ. 将一根长度等于玻璃钟罩最宽部分直径的铁棒横放在钟罩里，把装有稀硝酸的陶罐通过铁钩挂在铁棒上，用绳索将小铁块悬挂在陶罐的正上方（铁块的升降通过在钟罩外拉动或放松绳索来实现）。

Ⅱ. 调整水槽中初始水位，如图乙，再使铁块浸入稀硝酸中，观察到铁块表面迅速产生大量气泡，钟罩内水面下降。［稀硝酸有强氧化性，能与铁发生如下反应：$4HNO_3+Fe \xlongequal{} Fe(NO_3)_3+NO\uparrow+2H_2O$］

Ⅲ. 当水位降至接近钟罩口时（如图丙），立即取出铁块，以防气体外逸。

Ⅳ. 等待一段时间后，水面稳定在如图丁的位置。（一氧化氮会与氧气等物质发生如下反应：$4NO+3O_2+2$__?__ $=$ $4HNO_3$）

分析与评价：

（1）步骤Ⅳ中的“？”处应填________。

（2）从图丙到图丁过程中，钟罩内水位上升的原因是________。（忽略温度变化的影响）

（3）小科重复了上述实验，虽然实验时装置气密性良好，且钟罩内液面上方气体体积均能精确测量（即测定气体体积的误差忽略不计），但经多次实验测定，发现每次测得空气的含氧量都小于$\frac{1}{5}$，原因是__________。

答案 （1）H_2O （2）一氧化氮与氧气参加了反应，气体减少，使钟罩内气压减小。外界大气压大于钟罩内气压，水被压入钟罩，导致钟罩内水位升高 （3）实验中较难控制铁与稀硝酸反应生成的一氧化氮恰好与装置中的氧气完全反应。无论是一氧化氮过量还是氧气过量，均会使测得的结果偏小

【评析】 试题采用测定空气中氧气含量的科学史材料为背景，让学生重温科学家为测定空气中的氧气含量而开展的实验历程，体会科学研究具有可重复性，引导学生像科学家一样针对实验的原理、现象展开分析，对实验作出评价，分析实验误差产生的原因，并结合质量守恒定律、气压等核心知识，考查学生的表达能力和批判质疑能力，引导师生在教学过程中关注学生思维的严谨性与批判性思维的培养。

例29 将酒敞口放置，酒精度（酒中酒精的体积百分比）会变化吗？小科认为：只要确定酒的密度是否变化就能作出判断。于是，他利用身边的物品，动手制作“密度秤”来测量酒的密度。

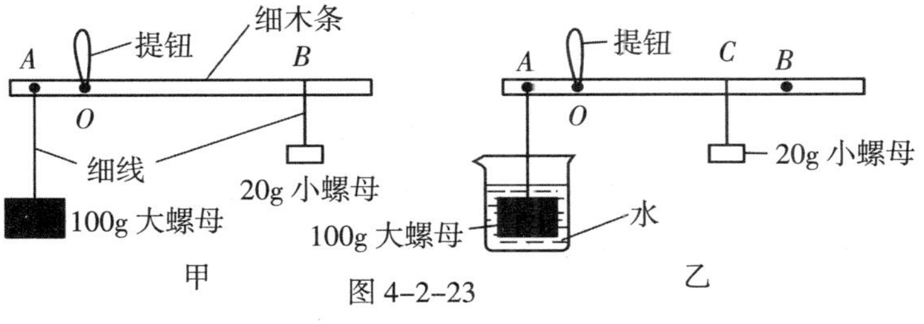

图 4-2-23

步骤Ⅰ:按图甲制作好秤杆,提起提钮,移动秤砣(小螺母),当秤杆水平平衡时用笔将此时秤砣的悬挂点 B 标记为“0”刻度(单位:g/cm^3)。

步骤Ⅱ:按图乙所示,将大螺母浸没在水中(大螺母必须浸没且不碰底),提起提钮,移动秤砣,当秤杆水平平衡时,用笔将此时秤砣的悬挂点 C 标记为“1”刻度。再将 BC 两刻度之间分为 10 等份。

步骤Ⅲ:测量酒的密度。

(1) 应用:小科用该密度秤分别测出瓶盖刚打开和敞口一段时间后酒的密度约为 $0.92g/cm^3$ 和 $0.96g/cm^3$,已知酒精密度为 $0.8g/cm^3$,应用密度知识可判断出其酒精度________(填“变大”“不变”或“变小”)。

(2) 反思:在制作和测量过程中,大螺母必须浸没的原因是________。

(3) 拓展:小科若要测量食盐水的密度,他应先在密度秤上增加大于 1 的刻度,请你写出利用直尺和笔标定刻度的过程:____________。

答案 (1) 变小 (2) 控制排开的液体体积相同 (3) 方法一:先测出 BC 的长度,以 C 点为起点,向左画出与 BC 等长的 CD,再把 CD 长度十等分。方法二:先测每小格的长度,以 C 点为起点,向左画出与前面每小格等距的刻度

【评析】 第(1)题,白酒是酒精和水的混合液,因为水的密度大于酒精的密度,所以水越多,白酒的密度越大,酒精越多,白酒的密度越小。第(2)题,大螺母受到浮力的大小直接影响所测液体的密度,而浮力受到液体密度和排开液体体积的影响,根据控制变量法的要求可知,探究浮力的大小与液体密度的关系时,必须使排开液体的体积相同。第(3)题,根据图可知,液体的密度越大,刻度值越靠左,且液体的密度与刻度值成正比。B 点为 0,C 点为 1,可以根据 BC 的长度在 C 点左侧量取得 D 点,这就是刻度 2 的位置,将 CD 之间平均分成 10 份,每份就是 0.1,据此刻度标注完成。也可以将 CB 之间平均分成 10 份,得到 0.1 的长度,据此在 C 点左侧依次画出对应的刻度值。

本题的设计体现验证性实验探究试题中的技术与工程实践的特点。要求学生:能针对实际需要明确问题,提出有创意的方案,并根据科学原理或限制条件进行筛选;利用工具和材料进行加工制作;根据实际效果进行修改迭代;用自制的简单装置及实物模型验证或展示某些原理、现象和设想。

三、科学实验探究试题的命制流程

《课程标准》中试题命制的流程为：明确测评指标—预估试题的难度水平—确定测评题目的题型—确定试题情境和任务—确定测评题目的评分标准。科学实验探究试题的编制可依据以下流程展开：

（一）明确测评指标，确定试题难度

测评指标是试题命制的出发点，体现了试题的考查意图。科学实验探究试题主要是检测学生探究与能力的发展水平，促进学生科学素养的发展。科学实验探究试题应注重对实验基本知识、实验探究技能的考查，力求真实反映学生解决实验探究问题的能力，测量出实验探究能力的不同水平。当然，在命制科学实验探究试题时，还需要确定试题考查的内容，体现以知识为载体，实现对能力与素养的考查。例如，测评学生的实验与探究能力，可依据实验探究的过程或要素，结合纸笔测试的特点，将其细化为“提出问题能力、作出假设能力、制订与实施实验计划能力、分析与论证能力、评价与反思能力”等；依据 SOLO 分类理论，将细化的实验探究能力分为单点结构水平（提取单个信息）、多点结构水平（提取多个信息）、关联结构水平（将信息进行整合）、抽象拓展结构水平（将信息进行抽象、拓展、迁移）等四个层次水平，其中“提出问题能力”的层次水平及评价要点如下表所示，在试题命制过程中可选择具体的层次水平和评价要点，在此基础上，结合学生的水平，预估试题的难度水平。

层次水平		评价要点
单点结构水平	—	—
多点结构水平	识别简单实验情境的实验变量，直接提出科学问题	观察简单实验情境中的实验材料、实验条件、实验现象等，能识别实验的自变量和因变量，基于实验变量直接提出科学问题
关联结构水平	经整合、分析、推理得出复杂实验情境的实验变量，提出可探究的科学问题	观察复杂实验情境中的实验材料、实验条件、实验现象等，将获取的实验相关信息进行联系和整合，形成知识网络，经分析和推理得出实验的自变量和因变量，从而能提出可探究的科学问题

续表

层次水平		评价要点
抽象拓展结构水平	将实验变量迁移应用于生产生活情境中，提出清晰的、有价值的、可探究的科学问题	观察并整合复杂实验情境中的实验材料、实验条件、实验现象等，经分析和推理得出实验的自变量和因变量，将实验的自变量和因变量迁移应用于生产生活情境中，紧密联系生产生活实际提出清晰的、有价值的、可探究的科学问题

（二）选取适宜素材，创设情境任务

情境素材是能够刺激学生在解答试题过程中展示自身的能力与素养的重要载体，是学生进行相应思维活动的基本要素。设置合理的试题情境能使学生顺利理解题目所表达的意思，从而调动所学的知识与技能开展解题活动。若选取的情境素材不真实、材料处理不妥当，可能会影响学生的作答，导致学生的应答表现偏离原始的测评指标。因此，正确选取和处理情境素材是命题的关键环节。在科学实验探究试题的命制中，可从多方面获取命题素材。但有了原始素材，并不等于就有了试题情境，还需要对原始素材进行选择和加工，尽可能选择情境真实程度高的素材，尽量剥离素材中的无关因素，以及有可能对学生产生干扰的影响因素，谋划情境的呈现方式，思考与情境具有强相关的设问，在综合上述问题的基础上编写试题的情境，如下表所示。

命题素材	情境真实程度	情境呈现方式	设问与情境的相关程度
科学史和科学发展 实验、探究、实践活动 自然与环境 生活与生产 ……	假设情境 理论情境 真实情境	文字 图片 表格	弱相关 中相关 强相关

（三）谋划命题要素，精心组织语言

命制试题时要注意以下一些问题：题干中保留哪些探究环节，才能使题目结构严谨、探究相对完整？在哪些探究环节能设置问题，才能使探究水平合理、发挥学生的潜力？“进行实验”环节如何设计，才能体现操作技能、关注科学方法？考查哪些知识、方法和情感，才能突出能力立意、拓宽学生

思维？等等。当然，对没有设问的某些探究环节也要略有保留，通过艺术铺垫使有关要素之间关系顺畅，从而突出实验过程，彰显问题价值。在此基础上，就可以遣词造句，打造题目雏形。另外，命题时还要注意情境鲜活、关联巧妙，陈述准确、语言简练，文字适量、图形逼真等。

（四）依据能力维度，设计具体问题

设计具体问题简称设问，是为了表述试题对学生应答的操作要求，反映试题的立意。基于情境素材进行设问是命题的核心环节，设问是否合理直接关系到试题的测评指标的评价能否顺利实现。在实验探究试题的命制中，要依据测评指标及水平，综合考虑试题情境的呈现方式和设问。如针对“提出问题能力”中的多结构水平“识别简单实验情境的实验变量，直接提出科学问题”，可进行如下设计：

范式Ⅰ：呈现简单实验情境中的实验过程、实验现象等，让学生根据该现象出现的可能原因，提出问题。例如，可设问“在做……实验的过程中，出现了……实验现象，该现象可能与……因素有关，请根据上述信息，提出问题”。

范式Ⅱ：介绍简单实验情境中对照组、实验组的不同操作，给出同一检测指标，让学生找出实验的自变量和因变量，从而提出问题。例如，设问“某实验小组将……分为两组，实验组进行……操作，对照组进行……操作，一段时间后，测量……，则该实验小组探究的问题是……”。

（五）预估学生作答，制定评分标准

评分标准包含试题答案表述、试题赋分细则两部分内容，是一个指导评价学生学习质量的客观标准。制定一个科学且严谨的评分标准是提高试题信度和效度的有效途径。因此，在制定评分标准的过程中，要预估学生的作答情况，对可能出现的各种合理答案进行分类和相应的水平划分，充分考虑试题评分的客观性和可操作性，合理判定评分宽严、减小赋分误差。

第三节　科学探究能力测评试题的命制与实践

科学探究与实验能力是学生在进行科学探究活动过程中获取知识，认识和解决问题的能力。通过评价促进学生科学探究与实验能力的提升是目前我国新课程改革的主要方向。但目前大部分区域对学生科学探究能力的测评是以纸笔考试为主。而纸笔考试作为评价的主要方式，并不能全面且真实反映学生的科学探究能力水平，近几年各地学业水平考试中有关于科学探究的试题，如根据情境提出问题，根据数据解释结果、制订实验计划等，都只是对科学探究能力中几个要素的评价。而对于学生实验设计能力，及其背后的实验思想、方法，实验操作能力，表达能力，交流与合作等能力，是较难通过纸笔测试进行评价的。更何况纸笔测试缺乏真实探究任务，无法对学生的最初反应进行评判，因此不能评价学生科学探究能力潜在的特质。部分地区逐渐认识到基于表现性评价的科学探究能力测试及实验操作评价对科学探究能力的考查更能反映学生的真实水平，逐渐在测评中增加实验考查或科学探究能力测评等环节。

一、科学探究与实验能力测评

目前科学探究与实验能力的测评主要是基于真实情境的完整实验探究活动。学生依据真实情境的表现性评价任务，完成提出问题、建立猜想与假设、设计实验方案、收集实验事实与证据、得出结论、评价与交流等完整的实验探究活动。教师依据 PTA 评价量表对学生探究的各个环节进行完整的评价，全面评价学生的探究实践能力，综合考查学生知识的迁移和应用能力，考查学生的问题解决能力，考查学生设计实验方案等文字书写能力，以及动手实验操作能力。在此探究过程中，学生既经历了提出问题、建立猜想与假设、设计实验方案、得出结论等“动脑”过程，又进行了实验操作、收集证据等“动手”过程。教师依据学生“动脑”书写的工作单和“动手”进行的实操两个部分，诊断学生的探究能力和实验能力。

(一) 确立表现性评价目标

表现性评价目标基于《课程标准》，明确学生实验探究活动的目的，为表现性评价任务及评价标准的编制提供依据。表现性评价目标应指向学生的“科学观念”“科学思维”“探究实践”“态度责任”等核心素养，以及培育学生“实验设计与实施”“实验结果记录”“分析与论证数据”等关键能力。

现以“铁粉、氧化铜混合物与足量稀硫酸反应的实验探究”为例，将具体的评价目标汇总如下表所示。

	科学核心素养	学科关键能力	评价具体目标
表现性评价目标	探究实践	实验方案设计能力	能够合理设计和改变自变量。
			能够正确控制无关变量。
			能正确表征因变量。
		实验方案实施能力	能基于给定的条件和材料依据实验方案实施并完成实验。
			能规范正确称取固体粉末质量以及量取液体试剂体积。
			能规范正确使用各种仪器。
		结果记录能力	能设计合理科学的实验记录表。
			能如实科学地记录实验现象与数据。
	科学思维	数据分析论证能力	能正确分析和处理实验现象与数据。
		实验结论概括能力	能基于实验数据及现象，分析概括得出实验结论，并能正确进行误差分析。

(二) 设计表现性评价任务

表现性评价任务是开展表现性评价的媒介和载体，是对学生表现实施评价的可操作平台。表现性评价任务要基于真实情境且与评价目标相匹配，为评价学生是否达成评价目标而设计。

1. 对应性——与评价的目标相匹配

表现性评价任务为评价学生某一教育(教学)目标达成情况而设计，因此，表现性评价任务要与表现性评价目标相匹配。通过评价学生任务达成情况，判断学生是否达到目标，进而评价学生的实验探究能力，评估学生科学核心素养，达到将抽象评价量化的目的。

2. 可测性——评价标准可测评任务

表现性评价任务是对学生实验探究过程中的表现实施评价的载体，依据评价标准测评学生任务达成情况。因此，表现性评价任务要具有可测性，教师依据设计的评价标准逐项打分，准确测评学生任务的达成程度。

3. 可操作性——任务可以操作实施

表现性评价任务基于真实情境，学生利用提供的实验器材完成表现性评价任务。因此，评价任务要具有可操作性，设计的真实情境要具有明确的指向性，提供的实验器材需齐全有效，实验原理需合理全面，以确保实验探究活动有序完成。

表现性评价任务的样例：

铁粉、氧化铜混合物与足量稀硫酸反应的实验探究

【背景资料】某同学在一份资料中查到“将铁粉、氧化铜粉的混合物投入足量稀硫酸溶液中，是铁粉先跟稀硫酸反应，至铁粉完全反应后氧化铜再和稀硫酸反应”；在另一份资料中查到“将铁粉、氧化铜粉的混合物投入足量稀硫酸溶液中，铁粉、氧化铜粉同时跟稀硫酸反应，没有先后顺序”……这使该同学产生疑问。请根据该同学的疑问，利用下列实验器材进行相关的探究：

【实验目的】实验时室内温度条件下，探究铁粉、氧化铜粉混合物跟足量稀硫酸反应时有无先后顺序。

【实验原理】

$Fe + H_2SO_4$(稀) $=\!=\!=$ $FeSO_4 + H_2\uparrow$

$CuO + H_2SO_4$(稀) $=\!=\!=$ $CuSO_4 + H_2O$

$CuSO_4 + Fe$ $=\!=\!=$ $FeSO_4 + Cu$

【实验器材】

4.9 %（约 0.5 摩/升）的稀硫酸（约 500 毫升），9.8%（约 1.2 摩/升）的稀硫酸（约 300 毫升）、19.8 %（2.6 摩/升）的稀硫酸（约 50 毫升），还原铁粉（分析纯）100 克，氧化铜粉 100 克，天平（电子天平、托盘天平各 1 架），量筒

（100 毫升、10 毫升各 2 个），烧杯（50 毫升 6 个、250 毫升 3 个、500 毫升 1 个），胶头滴管 2 支，标签纸，方形小纸片若干。

【实验探究】

一、请设计实验方案并进行实验与记录数据。

要求：

1. 写出简要的设计思路。

2. 针对不同情况分别写出简要的操作步骤，并设计相应的实验数据记录表。

3. 按照实验操作规范进行实验。

二、分析与论证。

要求：分析实验现象与数据，并写出你的发现。

三、得出结论并进行评估。

1. 实验结论。

2. 请分析实验误差及其产生原因。

3. 确定实验探究水平评价指标。

实验方案设计的评价指标：

（1）试剂选用不合适/试剂选用合适。

（2）步骤不科学/步骤科学。

（3）能考虑 1 个因素/能考虑到 2 个因素/能考虑到更多因素。

（4）单角度/多角度，提示角度/自觉角度。

（5）没有预测无方向/作出了一部分预测后再设计/作出了比较全面预测后再设计等。

得出结论的能力水平指标：

（1）缺少证据的推理/局部的证据推理/目的、证据、结果形成系统的推理链。

（2）只考虑定性证据下得出结论/能将定性证据和定量证据结合起来得出结论。

（3）得不出结论/得出的结论不完整/得出比较完整的结论等。

设计实验记录表评价指标：

（1）零散的观察（没有形成观察视角）/能够从多个角度观察（有多个观

察视角)/系统地观察。

(2)记录没有条理/记录有条理/能够完整记录等。

4. 编制实验探究评价 PTA 量表

根据实验的评价要素以及教师对学生表现的预判,编制与表现性评价任务、评价指标相匹配的评价标准。

“铁粉和氧化铜混合物与足量稀硫酸反应时有无先后顺序”PTA 量表

<table>
<tr><th>评价任务</th><th>评分标准与规则(每条标准满分 3 分)</th><th>得分</th><th>权重</th><th>扣分依据</th></tr>
<tr><td rowspan="3">实验设计思路与方案</td><td>S1(1)在方案设计中考虑到硫酸浓度大小可能对反应时先后顺序有影响“这一因素”,并正确设计实验步骤。</td><td></td><td>×4</td><td></td></tr>
<tr><td>S2(2)在实验操作步骤的设计时,考虑到铁粉和氧化铜相对比例会影响到对实验现象的观察。</td><td></td><td>×2</td><td></td></tr>
<tr><td>S3(3)在实验方案设计时,能够根据所给不同浓度硫酸的总体积因素来设计实验步骤。</td><td></td><td>×2</td><td></td></tr>
<tr><td rowspan="4">实验操作</td><td>S4(1)规范、正确称量固体粉末的质量。</td><td></td><td>×2</td><td></td></tr>
<tr><td>S5(2)规范、正确量取液体试剂的体积。</td><td></td><td>×2</td><td></td></tr>
<tr><td>S6(3)规范、正确使用胶头滴管。</td><td></td><td>×2</td><td></td></tr>
<tr><td>S7(4)规范、正确使用烧杯。</td><td></td><td>×2</td><td></td></tr>
<tr><td rowspan="4">设计实验记录表并记录实验现象与数据</td><td>S8 不同比例的铁粉、氧化铜粉与足量的 4.9% 的稀硫酸液反应。
<table>
<tr><th>序号</th><th>铁粉/g</th><th>氧化铜/g</th><th>4.9%的稀硫酸</th><th>实验现象</th></tr>
<tr><td>1–1</td><td>0.5</td><td>1.6</td><td>150</td><td>立即出现红色固体,无气泡产生,充分反应后上层溶液呈蓝色。</td></tr>
<tr><td>1–2</td><td>1.2</td><td>1.6</td><td>150</td><td>立即出现红色固体,无气泡产生,充分反应后上层溶液呈浅绿色。</td></tr>
<tr><td>1–3</td><td>1.8</td><td>1.6</td><td>150</td><td>立即出现红色固体,到红色固体不再增加后有明显气泡现象,充分反应后上层溶液呈浅绿色。</td></tr>
</table>
</td><td></td><td></td><td></td></tr>
<tr><td>S8(1)列出对照组表格。</td><td></td><td>×2</td><td></td></tr>
<tr><td>S8(2)变量设置合理。</td><td></td><td>×2</td><td></td></tr>
<tr><td>S8(3)记录实验现象正确。</td><td></td><td>×2</td><td></td></tr>
</table>

续表

<table>
<tr><th>评价任务</th><th>评分标准与规则（每条标准满分 3 分）</th><th>得分</th><th>权重</th><th>扣分依据</th></tr>
<tr><td rowspan="4"></td><td>S9 相同比例的铁粉、氧化铜粉与足量的不同浓度的稀硫酸溶液反应。
<table>
<tr><th>序号</th><th>铁粉/g</th><th>氧化铜/g</th><th>稀硫酸</th><th>实验现象</th></tr>
<tr><td>2-1</td><td>1.2</td><td>1.6</td><td>9.8%稀硫酸150mL</td><td>立即出现红色固体，无气泡产生，充分反应后上层溶液呈浅绿色。</td></tr>
<tr><td>2-2</td><td>1.2</td><td>1.6</td><td>19.8%稀硫酸150mL</td><td>立即出现红色固体，临时产生大量无色气泡，触摸烧杯外壁有放热反应现象，充分反应后上层溶液呈浅蓝色。</td></tr>
</table></td><td></td><td></td><td></td></tr>
<tr><td>S9（1）列出对照组表格。</td><td></td><td>×2</td><td></td></tr>
<tr><td>S9（2）变量设置合理。</td><td></td><td>×2</td><td></td></tr>
<tr><td>S9（3）记录实验现象正确。</td><td></td><td>×2</td><td></td></tr>
<tr><td rowspan="2">分析与论证数据</td><td>S10（1）从第一组对比实验的现象中可以得出：铁粉跟氧化铜粉以不同比例组成的混合物在跟足量的 4.9% 稀硫酸反应时，存在明显的反应顺序：氧化铜与稀硫酸先反应，生成硫酸铜，接着硫酸铜跟铁粉发生置换反应，最后剩余铁粉跟稀硫酸反应生成硫酸亚铁和氢气。</td><td></td><td>×2</td><td></td></tr>
<tr><td>S10（2）从第二组对比实验现象（结合 1-2）中可以得出：铁粉和氧化铜粉的混合物分别 9.8%、19.8% 的稀硫酸反应会产生不同现象。当该混合物跟 19.8% 的稀硫酸反应时，氧化铜跟硫酸、铁跟硫酸、铁跟硫酸铜三个反应同时发生。</td><td></td><td>×2</td><td></td></tr>
<tr><td>实验结论</td><td>S11 铁粉、氧化铜粉混合物跟稀硫酸反应时，稀硫酸的浓度对反应先后顺序有影响。</td><td></td><td>×3</td><td></td></tr>
<tr><td>误差分析</td><td>S12 合理分析实验误差。</td><td></td><td>×2</td><td></td></tr>
<tr><td>加分表现满分 7 分</td><td></td><td></td><td>×1</td><td></td></tr>
</table>

5. 科学探究与实验能力测评的方式和实践

科学探究与实验能力测评的方式为学生根据表现评价任务进行现场动手操作，独立完成，教师依据 PTA 量表对其进行评价。具体实施过程如下：

（1）解读 PTA 量表。

首先教师应对 PTA 量表进行统一的解读，确保评价的科学性与公平性。本案例中 PTA 量表具体解读内容为：一是设计实验方案时将硫酸浓度或者铁粉和氧化铜相对比例作为实验自变量，权重依次是×4、×2；将不同浓度硫酸的总体积因素作为无关变量并进行控制，权重是×2。二是因本案例中存在两种实验方案，学生可以依据不同方案进行实验操作及设计表格、记录数据。因此，对学生实验现象及实验结论两项表现性任务也有两种不同的评价标准，即分别对应的是表中 S8、S10 以及 S9、S11 的内容。三是分析与论证数据部分，因学生回答各异，教师应严格依据评分标准逐点扣分。

（2）依据量表评价。

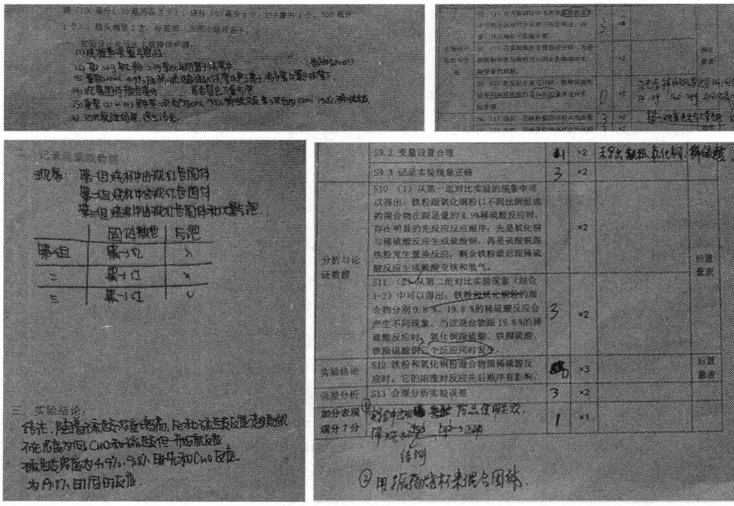

图 4–3–1

学生根据表现评价任务进行现场动手操作，独立完成，教师依据 PTA 量表对其进行评价。如图 4–3–1 所示，将某考生完成的表现性任务与教师评分情况进行对比呈现。该考生的扣分内容及扣分依据为：①S3（3）内容扣 3 分，扣分依据是考生未明确无关变量的内容，没有控制不同浓度硫酸的总体积相等；②S9（2）内容扣 2 分，扣分依据是学生设计的表格不够准确，未从无关变量、自变量、因变量的记录角度设计表格，即表格未记录铁粉、氧化铜的质量、稀硫酸的浓度及体积等内容，只记录实验的现象；③S12 内容扣 3 分，扣分依据是学生虽然能够正确分析与论证实验数据，但没有写出具体的实验结论。

（3）师生达成共识。

考生实验及教师评分结束后，师生间需要进行交流，教师指出学生的扣分处，并说明扣分依据。学生可以提出疑问，教师依据实验录像或者照片再与学生进行沟通，最终师生达成共识，学生如对评价结果无异议就签字，然后离开考场。

为了验证 PTA 量表评价的效度以及更好地开发、实施 PTA 量表，教师对学生可进行访谈，并记录与分析访谈的内容，为今后进一步改进 PTA 量表提供依据。笔者设计的访谈内容及学生访谈记录如图 4-3-2 所示。

调研展评教师访谈记录表

一、访谈内容

①学生访谈问题

1.谈谈在实验中遇到的困难？以及自己是如何解决的？为何采取此种方法解决，是基于怎样的思考？实验结果和你的预期是否相同？你认为实验失败的原因是什么？

2.通过本次实验考查，你认为平时应该如何提升自己的实验操作及探究能力，教师可以给你提供哪些帮助？

②教师基于量表阐述

基于教师对学生科学探究中各环节的表现，结合 PTA 量表，指出学生在操作中被扣分的内容，针对部分操作，指出扣分的原因。

③共同探讨

1.检核量表中哪些标准需要细化改进，如何改进？

2.学生扣分较多的操作或者有待改进的探究能力是什么？对此你平时教学时有哪些指导或者启示？

二、记录内容（请写在下面和反面）

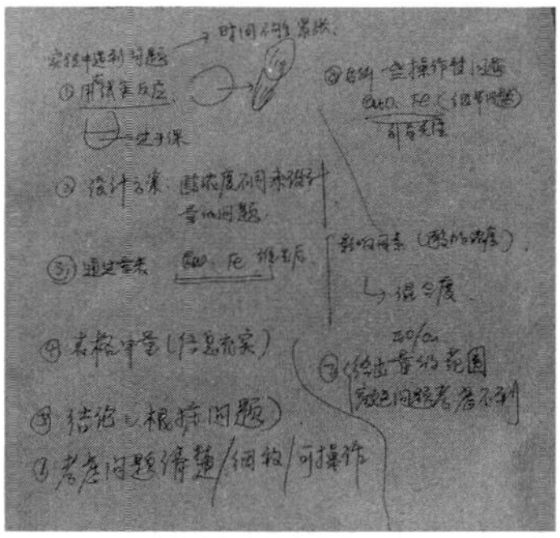

图 4-3-2

教师通过访谈了解学生在实验中容易遇到的困难。学生通过访谈，知道实验应注重实验仪器的选择(如选烧杯还是试管)，需要正确控制无关变量，从无关变量、自变量、因变量角度设计实验表格，得出的结论需依据提出的问题、设计实验需细致且具有可操作性等。同时学生提出教师可以在日常课堂探究教学中，引导学生多关注实验细节问题等建议。学生也表示通过本次表现性评价，学会更好地进行实验探究的方法，并表示对解题也有一定的帮助。

(六) 科学探究与实验能力的实践应用策略

学生的实验操作细节及实验记录的文字能凸显学生的科学思维及科学态度，教师可据此评价学生的科学探究能力。因此，应用 PTA 量表进行表现性评价的关键是密切关注学生的每一个实验细节。

教师依据 PTA 量表进行评价后，必须与学生进行充分交流沟通，一是确保评价的公平和公正，学生能够认可评价结果；二是师生交流实验的过程,也是指导学生实验探究的过程。学生从 PTA 量表中能清晰地知道实验探究的评价标准,并依据标准反思自身实验探究的不足之处,从而达到自主提升探究能力的目的,最终实现以评促探的目的。

二、科学实验操作评价

初中科学是一门以实验为基础的学科,对初中学生实验操作技能的评价,是科学教学的一个基本环节。实验操作评价活动的实施,对实验教学过程中涉及的学生、教师和学校诸因素都将产生作用,对实验教学起到诊断、调控和促进作用。

(一)实验操作评价的主体和客体

评价主体即评价者,评价客体即被评价者,也就是评价对象。评价的过程是主体对实验教学价值的认识过程,它们之间相互作用的形式是客体对主体的作用,表现为评价实践过程中主体对实验教学行为的反映;主体对客体的作用表现为主体对实验教学的指导。

按照评价主体与客体的关系,实验操作评价可分为他评和自评两种基本模式。他评是教师对学生的评价:教师为评价主体,学生为评价客体。其逻辑关系和价值判断依据是以学生实践活动能力各方面发展水平为标志的教学状况,通过评价信息反馈,为教师提供诊断的依据。目前各地的实验操作考试以他评作为主要评价方式。而自评是学生的自我评价:学生为评价主体,学生的实验操作状况为评价客体。其中学生的实验过程是评价中心。其判断准则是学生实验的态度、情感、实验方法、操作技能、实验原理及其社会价值的形成状况,通过自我诊断、自我调节、自我认识,达到改善教学状况,提高学生动手能力的目标。

(二)科学实验操作试题的命制

1. 命题指导思想

初中科学实验操作考查的命题,应能全面反映学生知识质量,正确检查和评定不同程度学生的知识水平和动手能力、观察能力、分析综合能力、创新能力等方面的水平,以求促进科学教学,促进素质教育质量的提高。

2. 命题范围和要求

初中科学实验操作考试命题以《课程标准》为基本依据，以其列出的必做实验为主要内容，试题主要考查《课程标准》要求学生掌握的实验技能和操作要求，包括实验仪器的选择和组装、实验操作、实验现象的观察、实验数据的记录和处理以及简单的误差分析。每题均有评分标准，便于评分标准的统一。

3. 命题基本原则

（1）客观性原则。实验操作考试的评价与文化课笔试不同，其中不可避免地夹杂着些许人情因素。为此，在制订命题内容、评分细则、考核要素时应尽量给予客观性评价，避免需凭监考教师主观认定给予分值的不公正隐患。如在操作考核要点评分中，不出现诸如“操作熟练”“操作动作规范”“观察后结果正确”等主观性评价要素，避免“人情分”的出现。

（2）难度适宜对等原则。由于每个考生的实验不同，而每个实验的难易也不同，这样对部分考生有失公允。为此，在命题时应降低难度较大的实验，采取如下方法减小实验操作难度的差异：①评价时相对降低一下操作要求；②进行“粗”评价，即少设评价“采分点”，把该实验的分值分布到几个大的步骤之中；③对“简单实验”的评价提高评价要求，进行“细”评价，即多设评价“采分点”或者以实验操作考试的实际得分，以每个实验得分的平均分为基础进行赋分等措施。这样可以避免由于试题自身限制形成的不公平现象，使试题的难易基本对等协调。

（3）解决“时间差”对考试试题公正性的影响。实验操作考试实际上是半公开考试，试题一旦公开即完全暴露。但整个考试的周期长达几天直至一周，这样，对先考的学校学生来说不利，因为后考的学校学生在待考的时间差内可以进行突击训练，成绩自然理想。为此，应建立操作考试试题库，每天开考前由主考官抽出当天考试的一组试题供考生应考，考生可以根据题组随机抽取题组内的某一个题目或多个题目进行考试。这样，一方面能做到每天考试内容的不确定性，避免由于“时间差”而造成的不公正因素；同时开发“仪器、药品相同，实验内容不同”的 N 个不同试题的模板，只提前公布仪器准备而不公布试题，既能杜绝考前集训现象，又能使考试范围尽可能多地涵盖教材中的所有实验，真正促进平时常规实验教学的正常开展。

三、试题与检核要求举例

试题举例(1)

实验:探究平面镜成像规律

【实验器材】玻璃板(20cm×25cm×3mm)、白纸(8开)、固定夹2个、直尺(30cm)、直角三角尺、白色光屏、废液缸、铅笔。

【实验药品】火柴、完全相同的蜡烛2支。

【实验要求】

1. 利用玻璃板(20cm×25cm×3mm)、白纸(8开)、2个固定夹安装成实验操作台。

2. 利用完全相同的蜡烛2支、直尺(30cm)、直角三角尺、铅笔和实验操作台,完成下列要求:

(1) 找到烛焰和烛焰像的大小关系,举手示意后继续实验。

(2) 找到烛焰到玻璃板的距离和烛焰像到玻璃板的距离关系,举手示意后继续实验。

(3) 找到烛焰和烛焰像连线与玻璃板的所在直线的关系,举手示意后继续实验。

(4) 判断烛焰的像是实像还是虚像。

3. 总结平面镜成像规律及本次实验中的得失。

检核要求举例(1)

实验:探究平面镜成像规律

【实验器材】玻璃板(20cm×25cm×3mm)、白纸(8开)、固定夹2个、直尺(30cm)、直角三角尺、白色光屏、废液缸、铅笔。

【实验药品】火柴、完全相同的蜡烛2支。

【实验要求】

检核要点	操作行为要点	检核标准		检核标准的理由说明
		分值	扣分	
准备	检查材料用具是否齐全、完整、好用	2分	未检查桌面仪器或检查有误-1	检查仪器是最基本的实验习惯，是后续实验的基础
	白纸处理方法	2分	没有对折、划线-1	器材的合理处理是学生基本操作的必要技能和知识
观察	玻璃板放置正确	2分	没有沿着对折线放置-1 没有竖直放置 -1	
	点燃蜡烛并放在玻璃板一侧	2分	蜡烛点燃方法不正确-1 没有将蜡烛竖直放置在白纸上-1	点燃蜡烛是学生生活中必备的生活技能
	判断像的虚实的方法正确	3分	光屏的位置放置不正确 -1 眼睛观察的位置不正确-1	通过实验方法判断像的虚实，使学生理性认识实验的方法
	确定烛焰像的位置并能正确标记烛焰和像的位置	5分	不能正确确定烛焰位置-1 不能正确标记烛焰和虚像的位置-1 烛焰位置没有三处，少一处-1	动手实验获取数据，多次实验避免实验的偶然性是学生必备的实验技能
记录	实验记录	5分	没有设计实验数据记录表格-3 填写的数据没有相对应-2	设计数据记录表格并记录实验现象，是应该具备的基本实验习惯
	平面镜成像规律归纳正确	3分	平面镜成像规律归纳不完整-3	实验结论的得出是学生必须掌握的知识
	有正确的科学态度和精神，基于实验事实真实记录实验现象	3分	没有边做实验边完成相关现象和数据的填写-1 没有基于真实的实验现象和数据填写-2	基于真实的实验现象和数据，边做实验边完成相关现象和数据的填写，是学生应该具备的基本实验态度和责任
整理	正确整理实验仪器、清理桌面	3分	没有正确处理实验废弃物-1 没有正确整理实验仪器并清理桌面-2	仪器整理是最基本的实验要求，不整理可能会导致仪器遗失等问题

试题举例(2)

实验：制作与观察人体口腔上皮细胞

【实验器材】显微镜、载玻片、盖玻片、镊子、滴管、牙签、吸水纸、纱布。

【实验药品】 0.9%生理盐水、0.01%亚甲基蓝溶液。

【实验要求】

一、制作人体口腔上皮细胞临时装片

二、观察人体口腔上皮细胞临时装片

(1) 对光、放片、调焦。视野中观察到清晰的口腔上皮细胞时,举手示意监考教师。

(2) 请在右边的方框内绘上你观察到的人体口腔上皮细胞结构图,并注明各结构名称。

【分析与讨论】

1. 制作临时装片时,为什么要在载玻片上滴 1 滴生理盐水?

2. 若视野中观察到有多个口腔上皮细胞叠加在一起,分析出现该现象的原因。

检核要求举例(2)

实验:制作与观察人体口腔上皮细胞

【实验器材】显微镜、载玻片、盖玻片、镊子、滴管、牙签、吸水纸、纱布。

【实验药品】0.9%生理盐水、0.01%亚甲基蓝溶液。

【实验要求】

检核表现	操作行为要点	检核标准		检核标准的理由说明
		分值	扣分	
准备	检查材料用具是否齐全、完整、好用	1	未检查桌面仪器或检查有误-1	检查仪器是最基本的实验习惯,是后续实验的基础
	用纱布把载玻片和盖玻片擦拭干净	1	未擦拭或擦拭不洁净-1	擦拭玻片是实验成功与否和实验效果的重要保障,洁净的玻璃片有利于实验观察
制作	用滴管在载玻片中央滴 1 滴 0.9% 生理盐水	2	滴管使用错误-1 滴 0.9% 生理盐水太多或未滴在中央-1	滴管的正确使用是初中学生最基本的实验技能; 水未滴在中央会影响后续实验观察
	漱净口,用消毒牙签在自己口腔内壁上沿同一方向轻刮几下,把刮下来的口腔上皮细胞涂抹在生理盐水中,尽量涂均匀	3	未在口腔内壁上刮取细胞-1;刮取的细胞数太少-1;刮取细胞后,涂抹不均匀-1	未在口腔内壁上刮取细胞或刮取的细胞数比较少,涂抹不均匀造成细胞重叠等,导致实验失败

续表

检核表现	操作行为要点	检核标准		检核标准的理由说明
		分值	扣分	
	用镊子夹起盖玻片，使盖玻片的一侧先接触载玻片上的水滴，然后慢慢放平，制成临时装片	5	未用镊子夹取–1 未先接触生理盐水–1 有明显气泡–2 未将多余的水分吸去–1	镊子的使用是基本操作规范；盖玻片一侧未先接触生理盐水，易导致气泡存在；存在气泡不利实验观察；水分过多不利于实验操作和观察
	在盖玻片一侧加1滴亚甲基蓝溶液，在相对应的另一侧用吸水纸吸水，使染液浸润全部标本	2	未将标本整体染色或染色不均匀–2	不染色不利于细胞结构的观察
观察	右手握镜臂，左手托镜座；显微镜放在实验室略偏左位置	2	取显微镜不正确–1 未放在略偏左–1	显微镜使用的基本操作要求
	对光方法正确，视野明亮(举手)	2	未找到明亮视野–2	合适的视野亮度是实验实验成功与否的关键
	安放装片正确	2	未将装片中的上皮细胞处对准中央–1 未正确使用压片夹–1	装片位置放置错误，会导致观察实验不能进行；不正确的压片方式会污染装片
	按步骤使用显微镜，视野中能看到口腔上皮细胞(2次举手)	5	未在低倍镜下找到像–2 未正确使用物镜转换器–1 图像不清，未使用细准焦螺旋–2	低倍镜下找到物像是高倍镜下观察的前提和条件；不正确使用物镜转化器可能导致仪器损坏；未正确使用粗、细准焦螺旋可能会导致镜头或装片受损；图像不清是实验错误的表现之一
整理	正确收起显微镜	1	未正确收起显微镜–1	未正确收起显微镜会导致显微镜不能入箱或损坏显微镜
	将废物放入垃圾桶，整理用过的材料，清理实验桌	1	未按要求整理器材–1	仪器整理是最基本的实验要求，不整理可能会导致仪器遗失等问题
记录	作出观察到的显微图像	2	比例不合适，明暗不合理–1，没有标注名称或标注错误–1	记录实验现象是应该具备的基本实验习惯
	分析讨论正确	1	分析讨论有错误–1	处理实验后的分析是应该具备的分析能力

试题举例(3)

实验：配制溶质的质量分数为10%的氯化钠溶液50克

【实验器材】

量筒(10mL、50mL、100mL)各1个、托盘天平(100g)1台、砝码1盒、烧杯(100mL)1个、玻璃棒1支、滤纸(或称量纸)若干、药匙1个、胶头滴管1个、500～1000mL试剂瓶1个。

【实验药品】氯化钠晶体、蒸馏水。

【实验要求】

1. 计算:配制溶质的质量分数为10%的氯化钠溶液50克,需要氯化钠________克,水________毫升。

2. 称量和量取:用托盘天平称取所需的氯化钠,放入烧杯中。用量筒量取所需的水。(操作时举手示意监考教师)

3. 溶解:将用量筒量取的水,倒入盛有氯化钠的烧杯里,用玻璃棒搅拌,直到氯化钠晶体完全溶解。

4. 转移:将配得的溶液倒入试剂瓶,待用。(操作时举手示意监考教师)

实验分析与讨论:

1. 溶解时,实验操作中用玻璃棒不断搅拌的目的是________________。

2. 在其他操作均正确的前提下,以下操作分别产生的后果是:

(1) 第2步用量筒量取水时,仰视读数,则所配置的溶液中的氯化钠的质量分数将________(填“偏大”“不变”或“偏小”,下同)。

(2) 第3步溶解中,将用量筒量取的水倒入盛有氯化钠的烧杯时,有少量水溅出(食盐未溅出),则所配置的溶液中的氯化钠的质量分数将______。

(3) 若第4步转移已配好的溶液时,有少量溶液溅出,则所配置的溶液中的氯化钠的质量分数将________。

检核要求举例(3)

实验:配制溶质的质量分数为10%的氯化钠溶液50克

【实验器材】

量筒(10mL、50mL、100mL)各1个、托盘天平(100g)1台、砝码1盒、烧杯(100mL)1个、玻璃棒1支、滤纸(或称量纸)若干、药匙1个、胶头滴管1个、500～1000mL试剂瓶1个。

【实验药品】氯化钠晶体、蒸馏水。

【实验要求】

检核表现		操作行为要点	检核标准		检核标准的理由说明
			分值	扣分	
准备		检查材料用具是否齐全、完整、好用	1	未观察桌面仪器或检查有误−1	检查仪器是最基本的实验习惯，是后续实验的基础
观察与操作	计算	溶质和溶剂的用量计算	2	溶质的质量计算错误−1 溶剂的质量计算错误−1	简单的计算是实验操作的一部分
	天平的使用和固体药品的称量	天平水平放置；游码调零，调节天平正确	2	称量前游码没有调零−1 指针没有指向刻度盘中央−1	天平的正确使用是实验最基本的技能之一
		天平两盘上分别放相同大小的称量纸或滤纸（也可用小烧杯）	1	未放滤纸或小烧杯称量−1	
		称量物放天平左盘，砝码放天平右盘	1	物体和砝码位置放错−1	
		称量时应用镊子在天平右盘内加减砝码	2	没有用镊子加减砝码−1 用手移动游码−1	
		称量完毕，游码回零；砝码放回原处	3	游码没有回零−1 用手拿砝码−1 砝码未放回砝码盒−1	
	液体药品的计量	量筒的规格选择适宜；加入水的操作正确	4	量筒规格选择错误−2 加水的操作错误−2	量筒的规格选取和正确使用，是初中学生最基本的实验技能
		用胶头滴管补加液体至刻度	2	没有用胶头滴管补加液体至刻度−2	滴管的正确使用，是初中生最基本的实验技能
		读数方法正确	1	视线没有与液面最低处保持水平	量筒的正确读数，是初中生最基本的实验技能
	溶解	在烧杯中溶解；用玻璃棒搅拌，搅拌时玻璃棒尽量不碰到杯壁或底部	4	食盐没有全部溶解−2 玻璃棒碰到杯壁或底部多次或声音太响−2	玻璃棒的正确使用，是初中生最基本的实验技能
	装瓶	用玻璃棒引流，将所配溶液倒入试剂瓶	2	未用玻璃棒引流−2	用玻璃棒引流，是初中生最基本的实验技能

续表

检核表现	操作行为要点	检核标准		检核标准的理由说明
		分值	扣分	
整理	正确整理实验仪器、清理桌面	3	没有正确处理实验废弃物−1 没有正确整理实验仪器并清理桌面−2	仪器整理是最基本的实验要求，不整理可能会导致仪器遗失等问题
记录与分析	正确记录数据并书写实验分析	2	有两处及以上错误−2	记录实验现象是应该具备的基本实验习惯

第五章　科学优秀试题赏析

2023年及之前的二十年，浙江省初中学业水平考试都是由各地、市自行组织命题和测试，浙江省教育厅教研室每年开展一次对各地区初中学业水平考试试卷质量评价工作。考试命题对学校教育教学具有重要引导作用，各地区相关部门对命题工作非常重视，通过多种方式组织人员不断加强研究与学习，提升理论水平，提高试卷质量，每年都涌现出较多的优秀试题。现选取浙江省各地区近几年初中学业水平考试中的部分优秀试题，并作简要评析。

第一节　科学客观性试题赏析

初中科学学业水平考试试题中的客观性试题主要是选择题。下面选取各地区初中科学学业水平考试中的部分选择题进行赏析。

例1　硫酸锌($ZnSO_4$)可用于治疗锌缺乏引起的食欲不振、生长发育迟缓等病症。下列选项中的两种物质，不能直接反应制得硫酸锌的是(　　)

A. Zn和H_2SO_4　　B. ZnO和H_2SO_4

C. $ZnCO_3$和H_2SO_4　　D. Zn和Na_2SO_4

答案　D

【评析】　本题以制取硫酸锌为问题情境，立足"物质的结构与性质"这一核心概念，考查了硫酸的性质和金属活动性顺序的应用。题干情境简单，文字表述指向明确；选项既具有同质性，又具有较好的相对独立性。测试结果表明，四个选项的选择率分别为5.12%、5.98%、11.78%、77.1%，说明干扰项的迷惑性较好，思维深度合适，反映出试题具有较高的有效性。

例2 利用频闪照相技术，拍摄击出的羽毛球在相同时间间隔的位置如图 5-1-1 所示。从①→②过程中，羽毛球(　　)

A. 重力变小，速度变大

B. 重力变小，速度变小

C. 重力不变，速度变大

D. 重力不变，速度变小

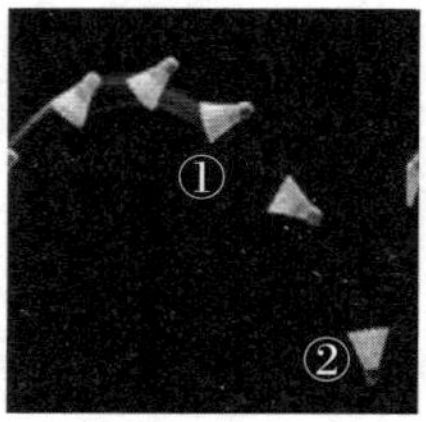

图 5-1-1

答案　C

【评析】　本题立足"物质的运动与相互作用"这一核心概念，利用频闪照相技术所拍摄的图片，将学生熟悉的羽毛球被击出后在空中的复杂运动过程清晰呈现，从而使题干的文字表述简洁精练。在选项编制上，将重力的影响因素和速度大小两个考点进行结合设置，使选项之间既具有一定的迷惑性，也具有较好的独立性。

例3 如图 5-1-2 所示是雨滴在空中下落过程中速度与时间的关系图。雨滴在 t_1～t_3 三个时刻中具有的动能分别是 E_1、E_2、E_3。若不考虑下落过程中雨滴的质量变化，则动能的大小关系是(　　)

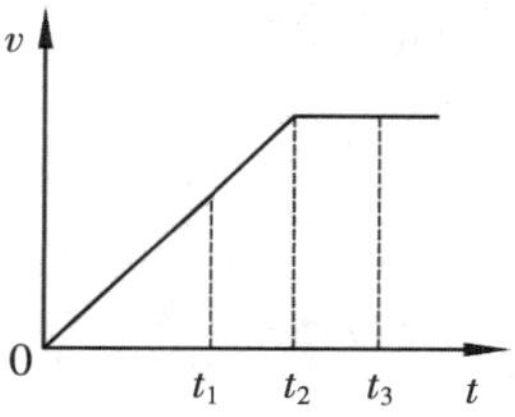

图 5-1-2

A. $E_1<E_2<E_3$　　B. $E_1>E_2>E_3$

C. $E_1<E_2=E_3$　　D. $E_1=E_2<E_3$

答案　C

【评析】　本题立足"能的转化与能量守恒"这一核心概念，以大家熟悉的雨滴下落现象作为情境，用坐标图展示雨滴下落时的速度变化，考查学生非连续性文本的阅读能力和对动能与速度关系的判断。

例4 小科整理了人体内物质代谢过程的知识结构及说明，其中说明有错误的是(　　)

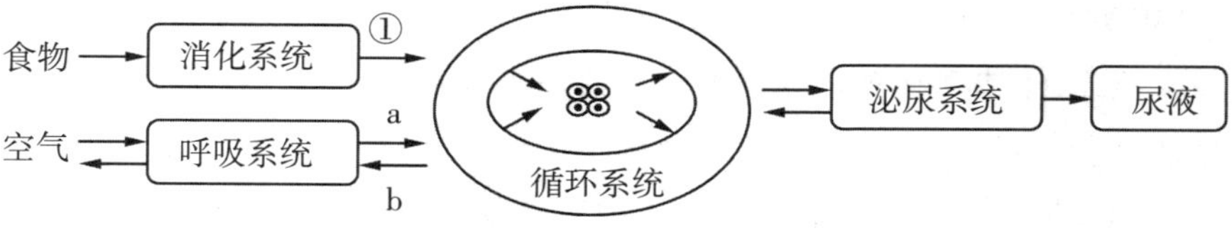

图 5-1-3

A. 消化系统①过程表示食物的消化和吸收，主要在胃内完成

B. 呼吸系统的主要器官是肺，是 a、b 物质交换的场所

C. 血液循环系统由心脏、血管和血液组成，负责物质运输

D. 泌尿系统的主要器官是肾脏，是形成尿液的器官

答案 A

【评析】 本题综合“生命系统的构成层次”“生物体的稳态和调节”两个核心概念的内容，以小科整理的人体内物质代谢过程的知识结构模型作为素材创设情境，四个选项对应人体物质代谢知识结构中的四个系统。小科整理的人体物质代谢过程的知识结构模型，渗透了学习方法的指引，同时体现了人体是一个统一的整体。

例5 物质的结构决定性质，性质决定用途。下列物质的结构、性质和用途之间匹配正确的是(　　)

选项	结构	性质	用途
A	稀盐酸中含有氢离子	具有酸性	检验溶液中是否含有银离子
B	稀盐酸中含有氯离子	具有酸性	检验溶液中是否含有银离子
C	氢氧化钠溶液中含有钠离子	具有碱性	吸收二氧化硫气体
D	氢氧化钠溶液中含有氢氧根离子	具有碱性	吸收二氧化硫气体

答案 D

【评析】 “结构与功能”既是生命科学的重要观念，也是科学课程内容的 4 个跨学科概念之一。化学学科中的“结构决定性质，性质反映结构”“性质决定用途，用途反映性质”也是物质科学中结构与功能相统一的体现。本题立足“物质的结构与性质”这一核心概念，采用表格的方式，将常见的酸(盐酸)和碱(氢氧化钠)的“结构—性质—用途”建立起直观的联系，要求考生以正向思维与逆向思维相结合的方式进行分析、判断。另外，试题在考查“常见化合物的结构与性质”的同时，较好地体现了结构与功能观。

例6 汽车开动和人的生命活动都需要能量，能量是各种运动的量度。给汽车开动和人的生命活动提供能量的两个过程如图 5-1-4 所示，下列分析错误的是(　　)

A. 都通过剧烈的氧化反应释放能量

B. 都将化学能转化为其他形式的能

C. 都参与自然界的碳循环和氧循环

D. 都遵循能量的转化和守恒定律

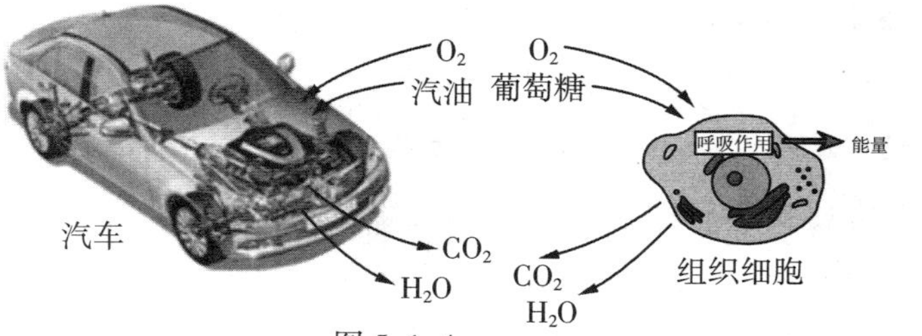

图 5-1-4

答案 A

【评析】 物质与能量是不可分割的，物质变化过程中往往伴随着能量变化。本题以汽车燃料的燃烧和组织细胞的呼吸作用作为研究对象，通过比较两者的氧化剧烈程度和能量转化形式，体现了“物质与能量”的跨学科概念；通过分析两者变化前后的碳—氧循环、能量的转化与守恒，体现了“稳定与变化”的跨学科概念。

本题综合“物质的结构与性质”“能的转化与守恒” 两个核心概念的内容，将学科基础知识与生活现象建立联系，从学科的本质进行剖析，体现从“现象——一般概念—核心概念—观念”的形成过程，立意深远。

例7 以可靠的实验事实为基础，通过推理得出结论的研究方法称为科学推理法。下列结论通过这种方法得出的是(　　)

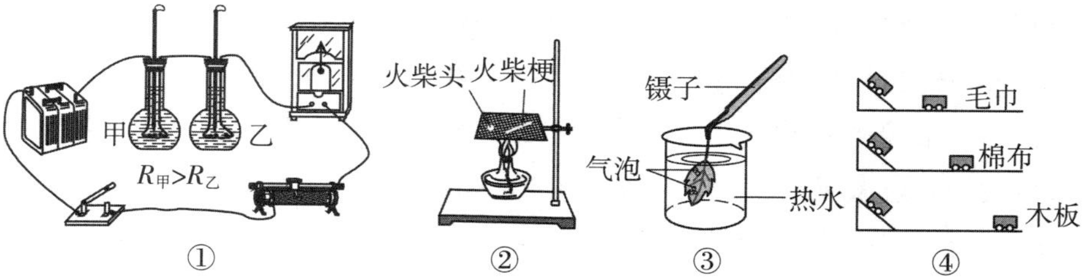

图 5-1-5

A. ①电流产生的热量与电阻大小有关

B. ②可燃物燃烧需要温度达到着火点

C. ③叶片的下表面一般气孔数目较多

D. ④牛顿第一定律

答案 D

【评析】 本题以实验结论为抓手，通过图片呈现复杂的实验过程，要求学生结合信息回忆相应的实验过程，并提炼每个研究过程中所应用的科学思维方法。试题内容信息量大，内涵丰富，既考查了科学本质，也体现了学科特点。所选材料经合适的处理和呈现，使题目表达简洁、明了，指向明确，较好地体现了命题技术和考试评价对教学的导向作用。

例8 如图 5-1-6 所示是教室壁挂式实物展台示意图，MN 为展示台，PQ 为连杆拉住展示台，m 为展示物。以下是展示台承载展示物时杠杆的示意图，其中正确的是(　　)

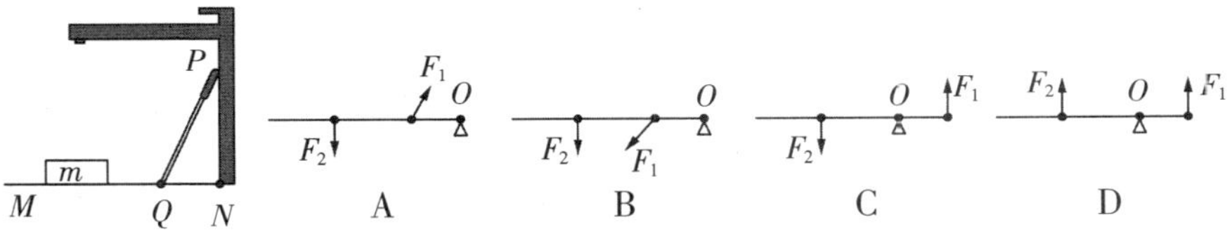

图 5-1-6

答案 A

【评析】 本题以学生可能较为熟悉的实物展台为情境素材，立足于“能的转化与能量守恒”这一核心概念，考查学生根据实物抽象概括出杠杆模型的能力。从实物中抽象出杠杆模型，需要学生发挥想象力，想象杠杆转动时的情境，判断出相对固定的点，即杠杆的支点，并在此基础上确定杆杆的其他几个要素。

例9 对所学知识进行及时整理，有利于加深对知识的理解。下列科学概念间的关系中，符合：①包含②和③，②包含④和⑤，且②与③并列，④与⑤并列的是(　　)

A.
- ①原子
  - ②原子核
    - ④质子
    - ⑤离子
  - ③核外电子

B.
- ①物质性质
  - ②化学性质
    - ④酸碱性
    - ⑤延展性
  - ③物理性质

C.
- ①宇宙
  - ②银河系
    - ④太阳系
    - ⑤地月系
  - ③河外星系

D.
- ①种子植物
  - ②被子植物
    - ④单子叶植物
    - ⑤双子叶植物
  - ③裸子植物

答案 D

【评析】 本题借助概念图，整理和表达了概念之间的逻辑关系和层次结构，是一种适用于整理和表达较为复杂概念体系的有效方法，可以帮助学习者梳理思路、发现关联，提高思维效率。这样的考查角度和呈现方式，较好地发挥了考试对教学的引导作用。四个选项涉及物质科学、生命科学、地球和宇宙空间科学，体现了在科学思维层面的学科融合。

例10 利用图形对概念间的关系进行归纳梳理，可以直观地反映两者的个性和共性。下列图形中左右两部分表示两个概念的个性，相交部分表示它们的共性，其中归纳梳理错误的是(　　)

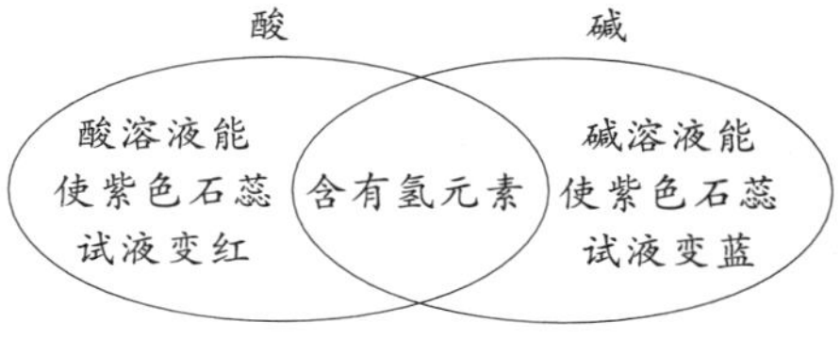

A

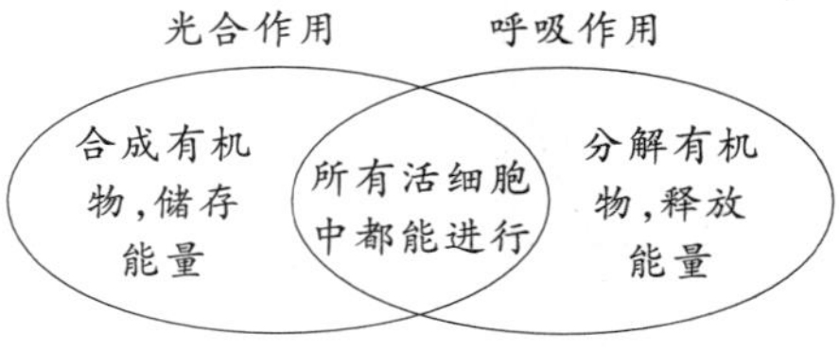

B

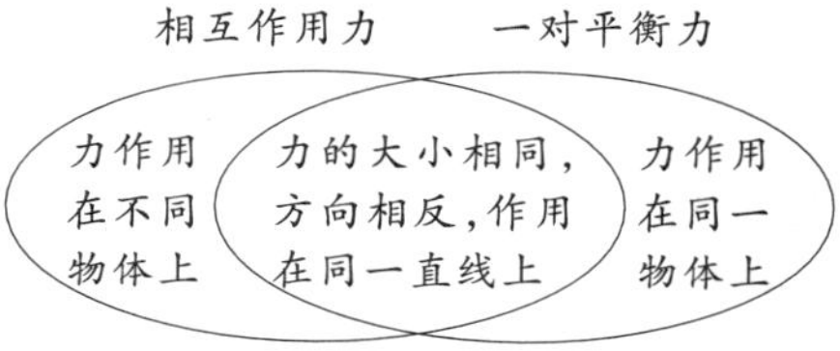

C

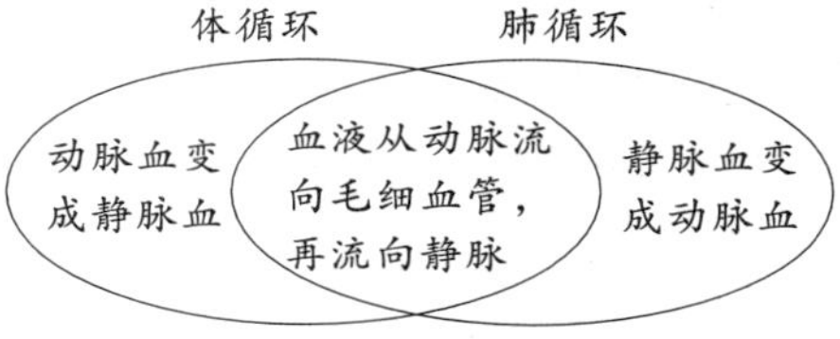

D

答案 B

【评析】 本题用概念关系图形呈现每个选项中的两个易混淆概念之间的交叉关系，是在对每个概念进行分析、比较和归纳的基础上，再抽象和概括出两个概念之间的关系，较好地体现对学生学习方法的引导，也体现了不同学科之间在科学思维上的相通之处。

例11 导线中自由电子定向移动需要“动力”的推动，图 5–1–7 用高度差形象地表示了由电池提供的这种推动作用，那么高度差表示的量是(　　)

图 5–1–7

A. 电流　　B. 电阻

C. 电压　　D. 电功

答案 C

【评析】 电流是一种看不见但又真实存在的物质，电学所涉及的各个概念也都十分抽象，在教学中常采用类比的方法，如把电流比作水流，电压就类似于水压，电阻就类似于水管对水流的阻碍作用。本题结合图像来呈现“高度差”对导线中自由电子的推动作用，也是采用了形象的类比方法。初中科学中，有较多的内容都可以采用这类方法。例如，用水类比声波；用容器容纳液体的能力类比物体容纳能量的能力，即比热，等等。本题的考查方式，既对教学有良好的导向作用，也对命题的角度选择有借鉴作用。

例12 判断物质之间是否发生化学反应需要证据支持。在一定量的氢氧化钠溶液中加入适量稀盐酸后，能证明两者发生化学反应的是(　　)

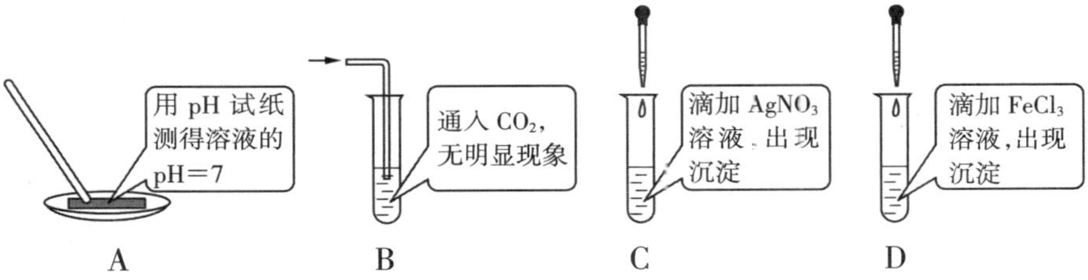

答案 A

【评析】 本题从“实验”和“证据”的角度，立足“物质的结构与性质”核心概念，考查酸碱盐的主要性质，体现科学推理过程中的“证据”意识。以图片的形式呈现实验过程，既减轻了学生的文字阅读负担，又提升了试题的活泼性。

例13 在实验中应严格遵守实验室安全守则和操作规范。下列操作或处理方法正确的是(　　)

A. 轻微烫伤用大量冷水冲洗　　B. 用手直接拿加热中的三脚架　　C. 鼻子凑到试管口闻气味　　D. 手持试管加热

答案 A

【评析】 本题四个选项中的图片，来自教材“走进实验室”一课中的“意外事故的处理方法”“实验室里的操作”，是学生实验过程中经常出现的问题。这样的情境和考查角度，体现了对实验操作的规范性和对实验室安全教育的重视，同时也能引导教师重视教材的研究。

例14 图 5–1–8 为某同学在观察洋葱表皮细胞实验中的某一操作。其目的是(　　)

A. 移动装片

B. 更换目镜

C. 切换物镜

D. 调节亮度

图 5–1–8

答案 C

【评析】 显微镜的使用是生命科学中最重要、最基本的一项实验技能。本题通过图片展示显微镜操作的某一情境，要求学生根据图片信息判断这一操作的目的，考查学生对显微镜的各结构名称和功能的认识，以及显微镜的操作技能。通过这种灵活的考查方式，可以更好地引导师生要重视实验、要“真做”实验，不能“背”实验、“记”实验。

例15 如图 5–1–9 所示，在“探究平面镜成像规律”时，固定蜡烛甲，为确定其像的位置，下列操作正确的是(　　)

A. 移动丙靠近乙

B. 移动丙远离乙

C. 移动乙靠近丙

D. 移动乙远离丙

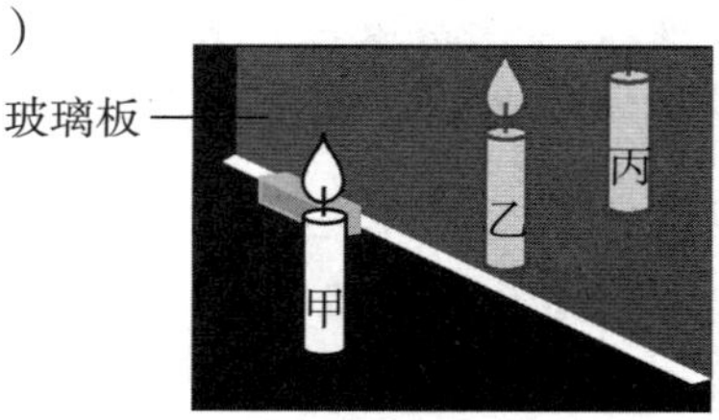

图 5–1–9

答案 A

【评析】 本题考查的是“探究平面镜成像特点”的实验，属于《课程标准》中 7～9 年级学生必做的 48 个探究实践活动之一。以图片方式呈现实验过程中某一环节的场景，考查学生根据要求选择正确操作的能力。需要学生先根据图片中蜡烛的数量和它是否燃烧来确定哪个是实物、哪个是像，再选择具体操作。考查方式新颖，体现对实验操作的考查新方式，引导教师重视教材实验，要真正开足、开好实验。

例16 按如图 5-1-10 所示电路进行实验，将滑动变阻器的滑片从右向左移动，电磁铁吸引的大头针枚数增多。此实验说明影响电磁铁磁性强弱的一个因素是(　　)

A. 电流的大小　　B. 电流的方向

C. 线圈的匝数　　D. 铁芯的粗细

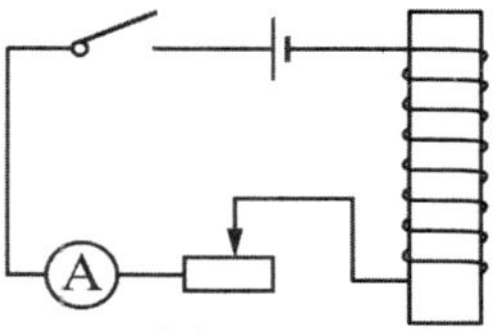

图 5-1-10

答案　A

【评析】 本题以探究影响电磁铁磁性强弱因素的实验作为背景素材，涉及电路分析、滑动变阻器的使用、欧姆定律的应用，以及控制变量法在探究实践中的应用，较为综合地考查了学生的科学知识和科学思维能力。

例17 通过实验可以比较铁、铜、银三种金属的活动性强弱。下列装置能够达到实验目的的是(　　)

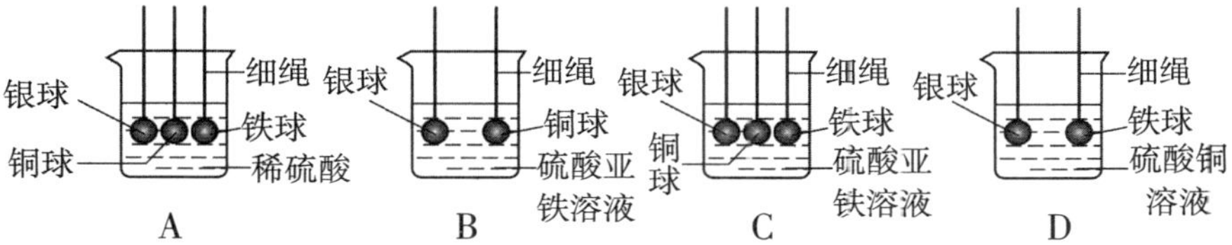

答案　D

【评析】 本题立足于“物质的结构与性质”这一核心概念，以探究金属活动性强弱的探究实验作为问题情境，考查学生对金属活动性顺序的应用和实验的分析与设计能力。以简洁的图片和文字标注相结合的展示方式，使实验方案直观形象，避免了冗长的文字表达，也使试题更为活泼美观。

例18 学习了“质量测量工具的进化”的 STEAM 课程后，小敏认识并使用了如图 5-1-11 所示的台秤，发现指针偏转角度与所测物体质量成正比。根据台秤示数变化规律，小敏想选用电流表或电压表的示数来反映所测物体质量大小，设计的电路最合理的是(　　)

图 5-1-11

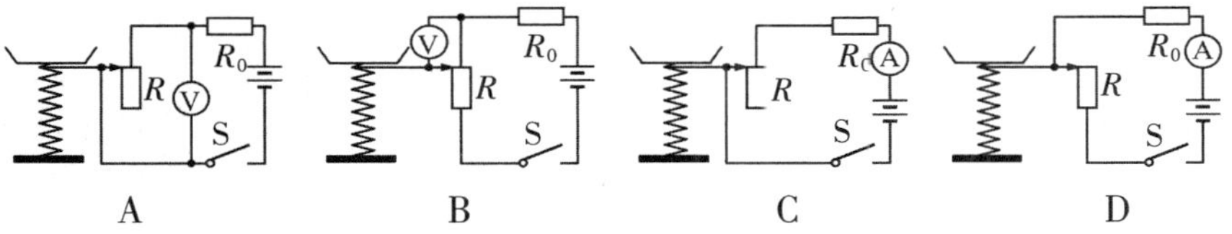

答案 B

【评析】 本题以生活中常见的台秤作为背景素材，以应用电流表或电压表设计具有类似台秤功能的任务作为问题情境，体现 STEM 教育理念，着眼于技术和工程实践能力，考查学生应用所学知识分析和解决真实问题的能力，引导教师积极响应新课程标准中关于加强工程、技术与社会的教学导向。

例19 2022 年 4 月 26 日，中国营养学会发布了《中国居民膳食指南(2022)》。下列行为符合平衡膳食要求的是(　　)

A. 食物多样，合理搭配　　B. 只喝饮料，不吃果蔬

C. 多吃少动，不控体重　　D. 只吃鱼肉，多盐多油

答案 A

【评析】 本题以《中国居民膳食指南(2022)》的发布这一时事为背景素材，立足于"生物与环境的相互关系"这一核心概念，考查均衡膳食的科学观念。试题紧扣时代脉搏，题干表述简洁，选项对仗工整，干扰项体现了学生平常中存在的一些不健康习惯，较好地渗透了生命健康教育。

例20 台州气候适宜，盛产各种酸甜爽口的水果，深受市民喜爱。分析下表，酸性最强的水果是(　　)

水果名称	东魁杨梅	涌泉蜜橘	楚门文旦	玉麟西瓜
pH	2.5～3.5	4.0～5.0	4.5～5.5	5.5～6.5

A. 东魁杨梅　　B. 涌泉蜜橘　　C. 楚门文旦　　D. 玉麟西瓜

答案 A

【评析】 本题以当地盛产的水果作为试题的背景素材，立足于"物质的结构与性质"这一核心概念，考查溶液的酸碱性强弱的表示方法。选项中的每个水果名称都是以该种水果品质最佳的产地命名，既具有浓厚的地方特色，又渗透了热爱台州家乡的情怀。

例21 节日期间，宁波三江口上演了主题灯光秀。光与"影"交相辉映，营造出幸福祥和的节日气氛，如图 5-1-12 所示。大楼的彩灯在水中形成"倒影"，是因为光射到江面发生了(　　)

图 5-1-12

A. 光的反射　　　　B. 光的折射

C. 光的直线传播　　　　D. 光的色散

答案　A

【评析】　本题以宁波当地著名的景点——三江口作为试题的背景素材，立足“物质的运动与相互作用”这一核心概念，在具体情境中考查光的传播，四个选项的设置具有较强的同质性。用图片呈现三江口的美丽灯景，图片清晰、景色优美，可激发学生对宁波家乡的热爱。

例22　2023 年 3 月，“探索一号”科考船完成了首次环大洋洲载人深潜科考任务，搭载的“奋斗者”号多次完成了深度超过万米的下潜。不考虑海水密度与潜水器体积的变化，潜水器在海面下下潜的过程中(　　)

A. 浮力不变，压强变大

B. 浮力变大，压强变大

C. 浮力变大，压强不变

D. 浮力不变，压强不变

图 5-1-13

答案　A

【评析】　本题以当年发生的我国重大科考突破作为试题的背景素材，立足“物质的运动与相互作用”这一核心概念，在考查浮力和压强的大小变化判断的同时，体现着国人的自豪感，渗透了爱国主义情怀。通过将浮力变化和压强变化进行组合的方式设置选项，在保证选项与题干之间有合理的逻辑性基础上，还能使四个选项既具有同质性，又有相对独立性，从而保证了选项的有效性。

例23　2023 年世界环境日的主题为“减塑捡塑”，倡导减少使用、回收利用塑料制品。空矿泉水瓶属于(　　)

A　　　　B　　　　C　　　　D

答案　A

【评析】 随着时代的发展,很多地区都实行了垃圾分类。本题以当年世界环境日的主题作为试题背景,选项以图片形式呈现垃圾的分类,使试题活泼、美观。考查学生对空矿泉水瓶的分类,属于容易题,体现了环境保护意识的渗透。

例24 人体的血管分为动脉、静脉和毛细血管三种,下列说法中属于描述毛细血管的是(　　)

A. 献血时针头刺入的血管

B. 手背上一条条的“青筋”

C. 中医“切脉”时触摸的血管

D. 擦破皮肤表层时渗出少量血液的血管

答案 D

【评析】 本题通过展现大家都非常熟悉且深有体会的生活真实情境为背景,让学生体会“科学就在身边,科学并不神秘”的课程理念。通过日常的“生活现象”往往都是“科学问题”的典型事例,引发师生关注生活、关注健康,落实了生命安全教育、健康教育和学以致用的教育思想。考查学生利用科学知识解决实际问题的能力,体现能力立意的命题理念。

例25 为了说明骑电动车要戴安全头盔的道理,某同学做了一个模拟实验:将两个相似的鸡蛋甲、乙分别放在纸筒上,鸡蛋甲上方放一个轻质瓶盖,拿一根筷子用大小相同的力分别敲击,如图 5-1-14 所示。结果鸡蛋甲完好无损,鸡蛋乙立即破碎。下列有关叙述错误的是(　　)

A. 放上瓶盖后可以增大受力面积

B. 敲击时鸡蛋上部受到的压强甲比乙大

C. 鸡蛋乙被敲碎说明力能改变物体的形状

D. 要提高实验的可靠性还需多次实验

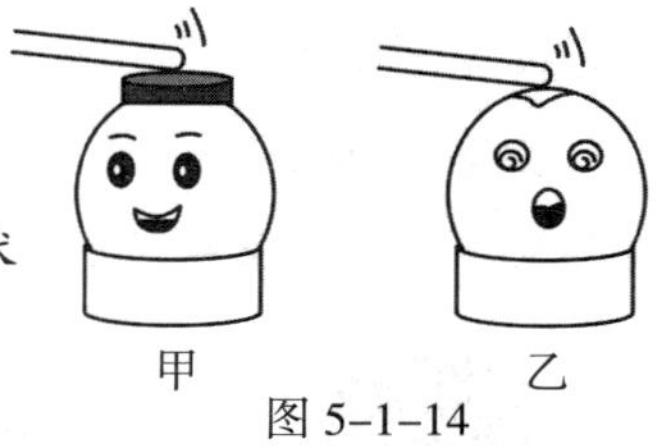

图 5-1-14

答案 B

【评析】 该题结合“骑电动车要戴安全头盔”的模拟实验,考查学生有关压强大小的影响因素、力的作用效果、提高实验可靠性等相关知识,并将模拟实验所获得的证据类比和迁移到真实生活场景,得出“骑电动车要戴安全头盔”的必要性,具有潜移默化的育人功能,引导学生增强交通安全意识。

第二节 科学主观性试题赏析

初中科学学业水平考试试题中的主观性试题主要是填空题、实验探究题和解答题。下面选取各地区初中科学学业水平考试中的部分相应题型对其进行赏析。

一、填空题

例1 某地区发现一种未知植物的化石，科学家通过技术手段确定该植物叶片在生命活动中总是处于卷曲状态，图 5–2–1 为其显微结构示意图。

(1) 该叶片中的叶绿体主要分布在______(填“上”或“下”)表皮附近，这样更有利于进行光合作用。

(2) 科学家猜测该植物具有很强的保水能力，以下支持这一猜测的有______(填字母，可多选)。

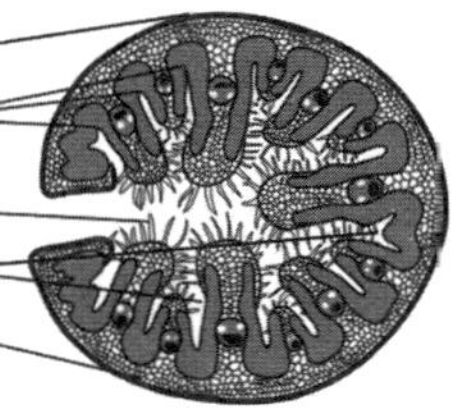

图 5–2–1

A. 气孔着生部位向内凹陷

B. 叶片卷起，水蒸气可以积聚在卷起的叶片内

C. 叶片下表皮的表面分布有大量绒毛，能降低叶下表皮附近的空气流动速度

答案 (1) 上 (2) ABC

【评析】 该题以一种特殊“植物化石”的叶片作为情境，考查学生在陌生情境中的信息获取和非连续文本——图片的阅读能力。同时，也考查了学生将所获取的信息与生命科学中“结构和功能”等核心概念相整合，并解决问题的能力。试题情境新颖，图片中的叶片结构清晰，情境与问题匹配度高，能较好地体现生物体结构与功能相适应的生命观念。

例2 我国人工种子的研究已取得很大进展。人工种子制作的一种方法是：先将组织培养成胚，胚外包裹一层能提供养分的胶体，在胶体外包一层具有保护功能的外膜即可。回答下列问题：

（1）人工种子中能提供养分的胶体，相当于天然种子中的________（填种子的结构名称）。

（2）通过人工种子进行播种繁殖，属于植物生殖方式中的________（填“有性”或“无性”）生殖。

答案 （1）胚乳 （2）无性

【评析】 该题以现代生物技术制作“人工种子”为背景，考查种子的结构、功能以及植物的生殖方式。学生需将这种“人工种子”制作过程中的信息与教材中的种子结构进行对应，并根据“人工种子”用于繁殖的过程判断生殖方式，考查了学生对知识的理解和迁移应用能力，体现思维的灵活性。

例3 重为 0.027 牛的乒乓球，从 1 米高的 *A* 点自由下落，第一次落地弹起至 0.6 米的最高点 *B*（如图甲）。将乒乓球置于装有适量水的杯子中，一起从 1 米高处自由下落，杯子落地后乒乓球弹起的高度远大于 1 米（如图乙）。

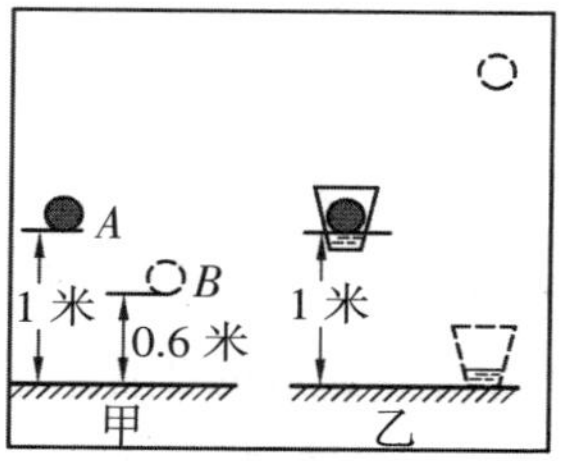

图 5-2-2

（1）图甲中的乒乓球从 *A* 点下落到弹起至 *B* 点的过程中，机械能减少________焦。

（2）图乙中的乒乓球弹起的高度远大于 1 米，是由于乒乓球弹起瞬间机械能增大，此时对乒乓球做功的物体是________。

答案 （1）0.0108 （2）水

【评析】 本题以乒乓球自由下落，反弹上升到一定高度的现象为情境，考查学生能否从能量守恒观的视角，分析机械能转换。与此相对应的是乒乓球置于盛有水的杯子里面下落并反弹的高度，通过对比，考查乒乓球上升高度增加的原理。为了引导学生答题，题目设问的难度下移到对乒乓球做功的物体判断。本题情境真实，引导学生从能量守恒观视角对生活中常见的科学问题进行分析，具有良好的导向性。

例4 图甲是一种稀释瓶，用户可以根据需求用它以一定体积比对原液进行稀释，图乙是它的 7 种不同比例的稀释方式。小科用该稀释瓶按 1∶2 的比例稀释原液，原液是密度为 1.5g/mL、溶质质量分数为 50% 的 NaOH 溶液。稀释过程中，不考虑温度

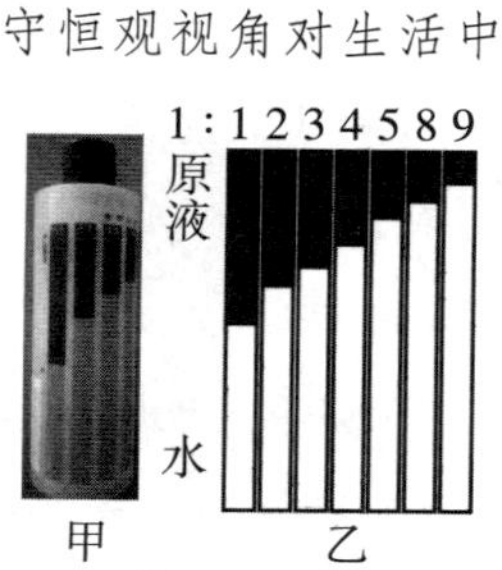

图 5-2-3

变化和混合前后的体积变化。

(1) 当水加到 1∶1 刻度线时，水对稀释瓶底的压强为 p_1，当水加到 1∶2 的刻度线时，水对稀释瓶底的压强为 p_2，则 p_1______(填“>”“<”或“=”)p_2。

(2) 稀释得到的 NaOH 溶液的密度为______g/mL，溶质质量分数为______。(计算结果分别精确到 0.1g/mL 和 0.1%)

答案 (1) < (2) 1.2 21.4%

【评析】 试题以生活中常见的稀释瓶为载体，真实有效地再现了配置一定质量分数溶液的情境，引导学生应用所学的质量、体积、密度、压强、溶质质量分数等知识解决生活中的实际问题，体现了科学源于生活、应用于生活的理念。尤其是第(2)题，要求学生根据图示的比例确定瓶内所装入的原溶液与水的体积比，进而计算溶液的总质量，求出稀释后的溶液质量分数及密度，有效地考查了学生对非连续性文本的解读能力和分析计算等数理能力。

例5 模型可揭示现象和解释本质，帮助我们认识和理解一些复杂的事物。在人体消化系统中，酶催化脂肪分解的过程模型如图 5-2-4，A 代表______，它在反应前后，具有化学性质不变的特性。该过程发生在______，它是消化和吸收的主要场所。

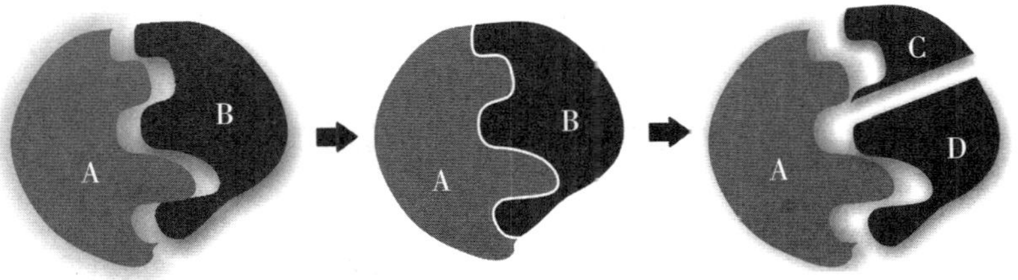

图 5-2-4

答案 酶(或催化剂) 小肠

【评析】 本题对催化剂的作用过程采用了模型表征的方式，考查学生对酶这一核心概念以及消化过程的理解，同时考查了学生解读模型以及运用模型的能力，试题呈现方式新颖，体现模型认知素养。

例6 图 5-2-5 是小明制作的地表形态变化的概念图，还有部分未完成。

(1) 概念图中的“？”应填入的内容是________。

(2) 温州江心屿最初主要是由泥沙在瓯江下游沉积而成。“江心屿的形成”可以放入概念图中的举例________(填序号)。

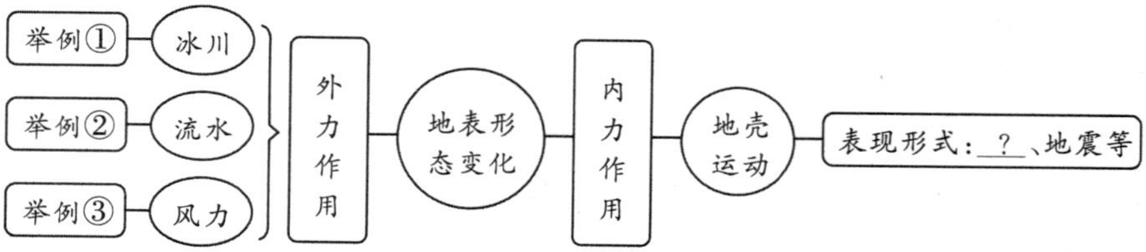

图 5-2-5

答案 (1) 火山 (2) ②

【评析】 本题以地表形态变化的概念图建构作为问题情境，考查地壳运动的表现形式和形成原因。需要学生应用分析、综合、抽象概括等思维方法，完成模型的理解、建构和应用。第(2)题，结合当地的地形地貌，应用模型、基于证据，对身边的自然现象进行解释，从而进一步理解模型，考查学生应用科学知识解释自然现象的能力，以及模型的建构和认知能力。

例7 小科学习了物质的性质后，梳理单质、氧化物、酸、碱、盐与X之间的转化关系如图 5-2-6 所示。“→”表示某一种物质经一步反应可转化为另一种物质，部分反应物、生成物及反应条件已略去。

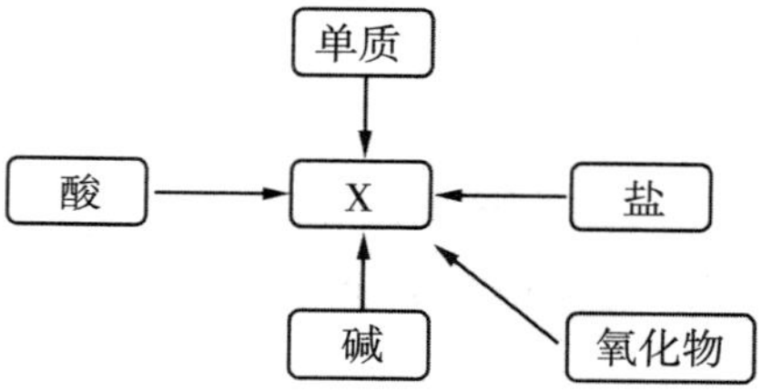

图 5-2-6

(1) 若X是氯化钠，它在物质分类上属于化合物中的______，图中碱的化学式为__________。

(2) 若X是水，则能实现图中物质转化的基本反应类型有______(填字母，可多选)。

A. 化合反应　　B. 分解反应　　C. 置换反应　　D. 复分解反应

答案 (1) 盐　NaOH　(2) A、B、C、D

【评析】 本题以建构物质的转化关系的思维导图模型作为问题情境，考查物质的转化、酸碱盐的化学性质、基本反应类型判断、化学式书写等内容，以及模型建构和推理论证的科学思维。试题考查内容综合度高，难度梯度设置合理，同时渗透着对学生学习方法的引导。

例8 科学中普遍存在着“系统与模型”。

(1) 内燃机可看作一个动力系统,工作时将化学能转化为内能,内能再转化为________。

(2) 人体可看作一个生命系统,时刻进行着物质和能量的转换。处于生长发育期的青少年,同化作用强度大于________作用。

(3) 建立模型是解决系统问题的常用方法。如图甲为 50 毫升溶质质量分数为 10%的蔗糖溶液模型,其中 5 个"○"代表所有的蔗糖分子。往该溶液中加水使其溶质质量分数稀释为 5%，稀释后溶液密度变小。在图乙中补充完成稀释后的蔗糖溶液模型(要求画出液面和蔗糖分子分布)。

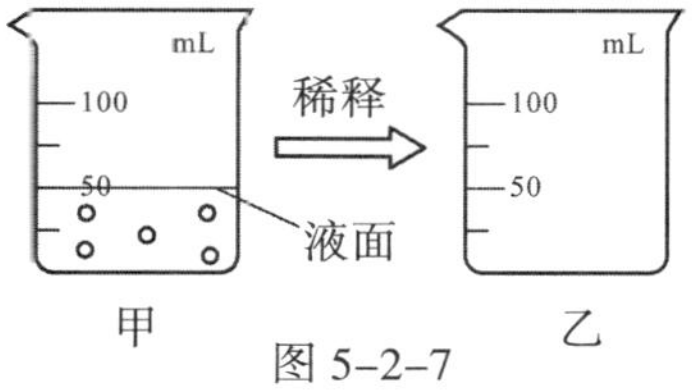

图 5-2-7

答案　(1) 机械能　(2) 异化　(3) 如图 5-2-8(答题要点:①液面超过 100mL;②溶质分子间距变大,分子均匀分布)

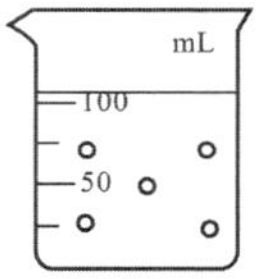

图 5-2-8

【评析】　本题以跨学科概念"系统与模型"作为核心,从内燃机的能量转化、生物的新陈代谢、溶液稀释的三个维度阐述"系统与模型"这一跨学科概念在物质科学和生命科学中的应用，体现了系统和模型的普遍性,同时体现了科学课程的综合性。第(3)题以画图的方式呈现模型,能反映学生的模型建构能力,以及思维的深刻性和灵活性。试题的情境素材和问题设置角度均较为新颖,具有较好的教学导向和较强的命题借鉴意义。

例 9　在探究压力作用效果与受力面积的关系时,小敏用拇指和食指分别以如图 5-2-9 所示两种方式压在铅笔两端。

(1) 小金提出疑问,认为图________的方式不合理,因为该方式没有控制________。

(2) 若笔尾横截面积约为 0.5 厘米^2,整个截面都和食指充分接触，当食指用 0.5 牛的力压铅笔时,食指受到的压强约为________帕。

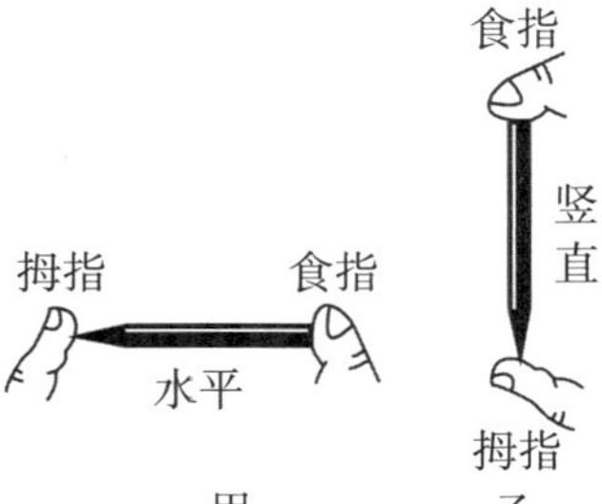

图 5-2-9

答案　(1) 乙　压力相同　(2) 10000

【评析】　本题以学生平常的学习用品——铅笔作为实验器材开展探究实验,第(1)题考查学生观察的精细性品质,以及应用控制变量法进行实验设计时思维的严谨性，第(2)题考查压强的计算。这样的情境素材，具有引导师生利用生活和学习用品随时随地开展小实验和科学探究的作用。

例10 某同学用图甲装置验证质量守恒定律。

(1) 将图甲中的两种溶液混合，观察到________的现象，证明两者发生了化学反应，且天平仍然保持平衡，可验证质量守恒定律。

(2) 仅利用图甲的器材，可继续验证质量守恒定律的实验是________(填字母)。

A. 冰熔化成水

B. 铜丝和硝酸银溶液反应

C. 碳酸钙固体和稀盐酸混合

(3) 该同学以电解水为例，用图乙从分子和原子的角度解释质量守恒定律的微观本质，请你帮他补充完整。

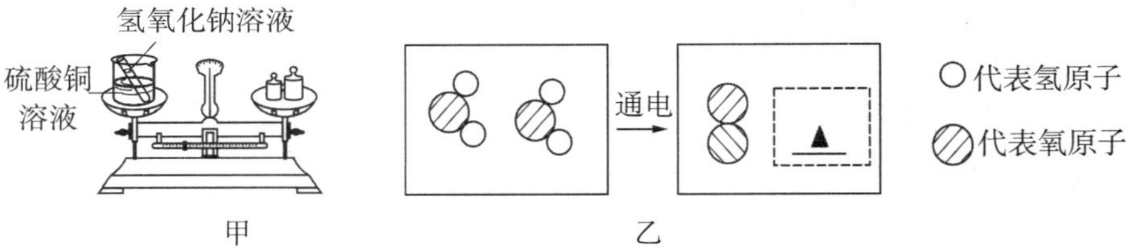

图 5-2-10

答案 (1) 蓝色絮状沉淀 (2) B (3) ○○ ○○

【评析】 本题以教材的重要实验——验证质量守恒定律为问题情境，第(1)题体现证据意识，第(2)题从表面上看是考查实验方案设计，实质上是和第(3)题一起分别从宏观和微观的角度考查学生对质量守恒定律概念的内涵和外延的认识程度，以及逻辑思维的严谨性。三个问题紧紧围绕验证质量守恒定律实验，从三个不同的角度进行考查，层次分明，难度逐级递进。

例11 图 5-2-11 是小敏制作的简易显微镜，凸透镜 B 相当于显微镜的____________(填结构名称)。用该装置观察时，保持两凸透镜之间距离不变，缓慢向上移动两镜的过程是在____________(填"对光"或"调焦")。请对该装置提出一条合理的改进建议：________________________。

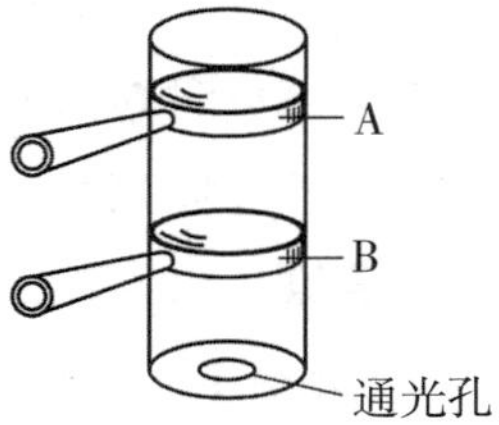

图 5-2-11

答案 物镜 调焦 加装反光镜(合理即可)

【评析】 本题以制作、使用简易显微镜为情境,很好地考查了学生对显微镜的结构、使用方法的理解与掌握情况,引导开展实践教学。最后的设问"对该装置提出一条合理的改进建议",题目开放,在简洁的题目情境中考查了学生发散性思维和创造性思维。

例12 小科设计并制作了如图 5–2–12 所示的咸水淡化装置,同时针对该装置设计了评价表。

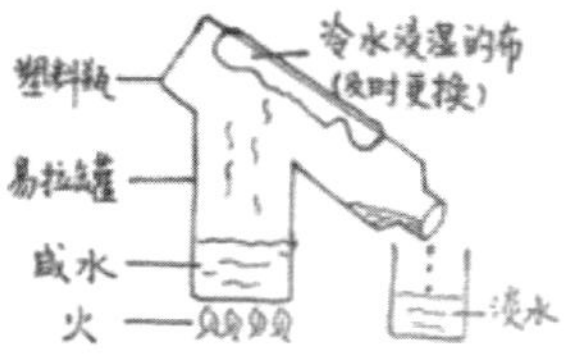

设计草图

实物图

图 5–2–12

"咸水淡化装置"评价表(节选)

评价指标	优秀	合格	待改进
指标一:装置结构	结构完整,有加热、冷却和收集装置	结构较完整,缺少较好的冷却装置	结构不完整,有1处以上缺失
指标二:淡化效果	能从咸水中制得淡水,速度较快、连续稳定	能从咸水中制得淡水,但效果不明显	不能从咸水中制得淡水
指标三:?	……	……	……

(1) 易拉罐中的咸水先经过汽化,后经过________(填物态变化名称)变成淡水流入容器。

(2) 根据评价需要,请你提出一项评价指标写在指标三"?"处。______。

答案 (1) 液化 (2) 节能环保(或操作简便,或推广价值较大,或制作成本低等,合理均可)

【评析】 本题提供了一个可直接借鉴的技术与工程实践案例,展示了"构思与设计、操作与实现、验证与优化"等实践过程。本试题导向教、学、评方式的多样化,鼓励师生开展技术与工程实践,通过可操作的活动,体验技术与工程的过程,更深刻地理解技术与工程对社会的影响,逐步把知识转化为一种解决实际问题的能力,把知识、创意、动手实践融为一体,以更好地适应未来社会发展的需求。

例13 “小数据”引发“大发现”。1892年，瑞利经多次实验测得从空气中分离出来的氮气密度为1.2572克/升，与相同条件下纯净氮气的密度比较，发现均偏大0.5%，继续研究发现了氩气。

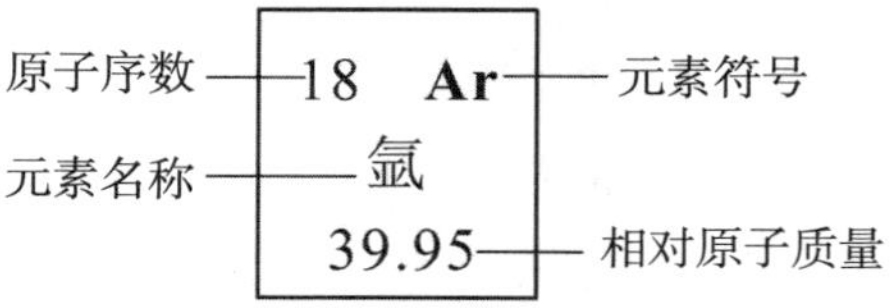

图5-2-13

（1）元素周期表中氩元素的信息如图5-2-13所示，则氩原子的质子数为__________。

（2）瑞利认为偏大0.5%的细微差别不是误差。下列事实能支持瑞利这一观点的是________（填字母，可多选）。

A. 所有的科学实验中都是存在误差的

B. 当时的实验技术，能使误差小于0.5%

C. 当时其他科学家重复该实验，也得到相近的结果

答案 （1）18 （2）BC

【评析】 瑞利因发现稀有元素“氩”和在气体密度精确测量方面所作出的贡献，获得1904年度诺贝尔物理学奖。本题以这一科学史实作为问题情境，第(2)题的不定项选择内容，体现了：当观察、实验结果与预期不一致时，不急于下结论，而是分析原因，再次观察、实验，以事实为依据作出判断。这样的考查，使学生在解题过程中体会科学研究需要严谨求实的科学态度，以及科学家不懈努力、勇于探索和精益求精的科学研究精神。

例14 北宋沈括在《梦溪笔谈》中记载：“信州铅山有苦泉，流以为涧。挹其水熬之则成胆矾，烹胆矾则成铜。熬胆矾铁釜，久之亦化为铜。”

（1）胆矾的化学式为$CuSO_4 \cdot 5H_2O$。已知$CuSO_4$中硫元素的化合价为+6价，则铜元素的化合价为________价。

（2）由“熬胆矾铁釜，久之亦化为铜”可知铁与硫酸铜溶液反应生成铜，说明铁的金属活动性比铜________。

答案 （1）+2 （2）强

【评析】 本题以我国北宋时期对当时社会科技发展的记载作为背景材料，结合初中生的学习情况，两个小题分别考查了学生化合价的计算能

力和根据实验结果判断金属活动性的强弱，同时体现我国悠久与辉煌的科技发展历史，渗透了爱国主义教育。

例15 杨梅(如图 5-2-14)是温州特产水果之一。杨梅树雌雄异株，即雄性植株只开雄花，雌性植株只开雌花，其花为风媒花。

(1) 杨梅酸甜汁多，此性状是由________决定的。

(2) 温州市某学校计划在生态园中种植 1 株雄性杨梅树和 5 株雌性杨梅树。为了使杨梅树能够在自然条件下完成传粉，某同学在设计 6 株杨梅树种植分布时，除查询植株的合理间隔距离外，还需查询的关键信息是______________。

图 5-2-14

(3) 杨梅易滋生霉菌，霉菌繁殖会在果实表面形成白点。针对长有白点的杨梅是否可以食用，三名同学有不同的观点：

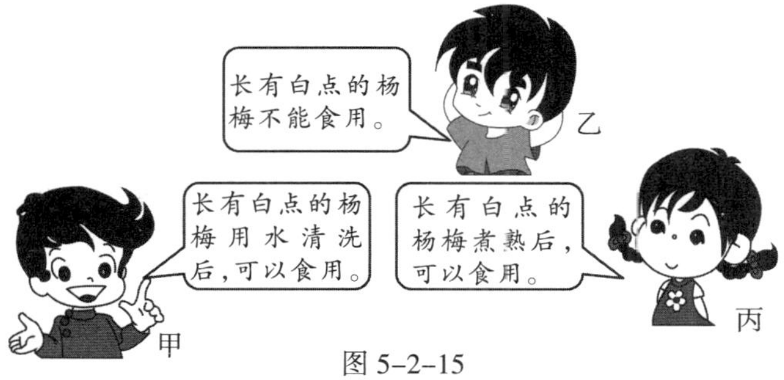

图 5-2-15

针对上述三个观点，选择一个你支持的观点并说明理由。__________。

答案 (1) 基因 (2) 杨梅花粉成熟时期的风向 (3) 乙，白点含有较多霉菌，会产生毒素，食用后可能引起食物中毒(合理即可)

【评析】 本题以当地的特产水果——杨梅作为情境素材，体现了热爱家乡的情感教育。第(1)(2)题立足“生命的延续和进化”，考查生物遗传和生殖。其中第(2)题将杨梅树的种植与植物异花传粉的条件进行结合，需要学生在获取和分析题中信息的基础上，再结合自然条件进行分析，能较好地考查学生应用所学知识分析问题、解决问题的能力。第(3)题以解决实际生活中常有的现象——杨梅存放时表面出现白点，作为问题情境，设置了开放性的问题，渗透着发散思维和辩证思维的培养，以及食品安全、生命健康的教育。

例16 2021 年 5 月，我国“天问一号”着陆巡视器成功着陆于火星乌托邦平原（如图甲），实现了我国首次地外行星着陆。图乙是其阶段Ⅲ着陆过程中的高度随时间的变化关系。

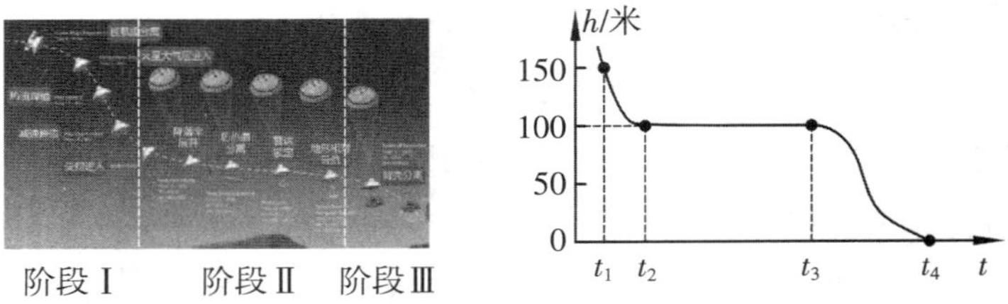

甲　　　　　　乙

图 5-2-16

（1）火星大气密度是地球的 1%，大气中氧气含量为 0.15%，没有液态水，表面平均温度为−55℃，绕日公转周期为 687 天。下列关于火星的说法不合理的是________（填字母）。

A. 表面平均温度比地球低　　　　B. 公转周期比地球长

C. 大气中氧气含量比地球低　　　D. 雨、雪天数比地球多

（2）图乙中 t_1～t_2 时段，着陆巡视器在竖直向上的推力作用下，竖直下落的速度减小，该过程中推力 F 与重力 G 的大小关系是________。（不计大气阻力）

（3）着陆巡视器在火星上总重 4888 牛，其重力在 t_2～t_4 时段做功______焦。

答案　（1）D　（2）推力大于重力　（3）4.888×10^5

【评析】“天问一号”任务成功完成是我国航天事业自主创新、跨越发展的标志性成就。本题以此作为背景素材，三个小题紧扣主题，围绕火星和天问一号设置，彼此独立，且符合适标性原则。在考查知识与能力的同时，渗透了爱国主义教育。

二、实验探究题

例17 某同学用电压表和电流表测导体 R 的电阻。在正确连接电路的基础上，通过调节滑动变阻器 R_p，先后完成了四次实验，测得的电压和电流值如下面表所示。回答问题：

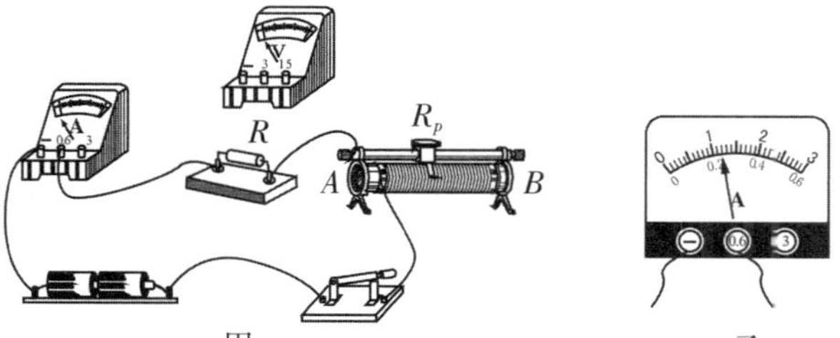

实验序号	U/伏	I/安
1	0.6	0.12
2	0.8	0.16
3	1.2	
4	1.8	0.36

图 5-2-17

(1) 根据实验要求,用笔画线作为导线在答题纸的图中正确连接电压表。

(2) 第 3 次实验时,电流表示数如图乙所示,此时电流为________安。

(3) 根据表中数据,在实验过程中,滑动变阻器 R_p 滑片移动的方向是________(填"$A\to B$"或"$B\to A$")。

答案 (1) 如图 5-2-18 所示 (2) 0.24 (3) $B\to A$

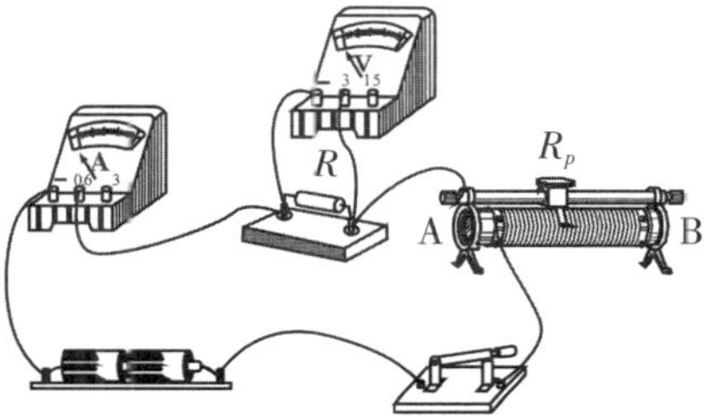

图 5-2-18

【评析】"伏安法测电阻"是科学 7~9 年级的 48 个学生必做探究实践活动之一。试题文字表述简洁明了;图片与表格相结合的形式,使试题活泼生动,同时渗透了实验过程中数据的记录和处理方法。试题设置的问题学生较为熟悉,考查实验过程中电压表的连接、电流表的读数、滑动变阻器的使用,这些都属于电学中的基本实验技能,对思维要求不高,属于容易题。

例18 植物光合作用速率可以用单位面积、单位时间内制造的有机物质量来表示。某同学按下列步骤测量樟树叶光合作用速率:

①选取 n 张对称性良好的樟树叶片,将每张叶片标记为如图 5-2-19 的 A、B 两部分。

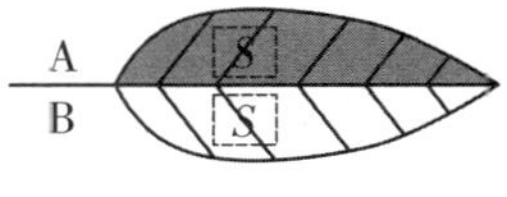

图 5-2-19

②将叶片的 A 部分作遮光处理,B 部分不作处理。

③光照 t 小时后,在所选的每张叶片 A、B 的对应部位各截取面积为 S 的小方块,分别烘干,称得 A 部分小方块的总质量为 m_A,B 部分小方块的总质量为 m_B。

④计算出樟树叶光合作用速率。

(1) 为了使实验结果更准确,步骤①中选取的樟树叶片在数量上有什么要求？________。

（2）另一名同学认为，上述方法在测量时没有考虑光合作用产物会运出叶片，这样会使测量结果存在较大的误差。为了减小误差，在步骤②之前对叶片最好的处理方法是________（填字母）。

A. 摘下叶片以切断叶柄

B. 环剥叶柄以切断筛管

C. 破坏叶柄木质部以切断导管

（3）樟树叶光合作用速率可表示为________（用字母表示）。

答案 （1）叶片数量尽可能多 （2）B （3）$\frac{m_B-m_A}{nSt}$

【评析】 本题建立在生命科学中的重要实验——光合作用的实验研究基础上，从定性到定量进行提升，涉及对照实验的设置、实验偶然性和实验误差的减小、无关变量的控制，以及对数据的处理能力的考查。情境素材来自教材，情境的处理与问题的设置，对学生的要求高于教材，考查学生的信息获取和分析、知识和技能的迁移应用、综合解决问题等高阶思维，具有较强的区分度。

例19 某科学兴趣小组用如图 5-2-20 所示装置研究平面镜成像特点。探究像距与物距关系时的实验步骤如下：

①在水平桌面上铺上白纸，将玻璃板竖立在白纸中间位置，记下玻璃板的位置。

②将点燃的蜡烛放在玻璃板前面，再拿另一支大小相同的未点燃的蜡烛竖立在玻璃板后面移动，直到看上去它跟玻璃板前面那支蜡烛的像完全重合，用笔记下两支蜡烛的位置。

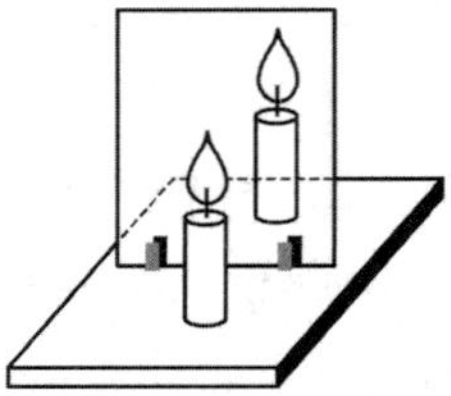

图 5-2-20

③移动点燃的蜡烛到另一个位置，重复上述实验。

④用直线连接每次实验中蜡烛和它的像的位置，用刻度尺测量出每次的物距和像距，记录数据如表。

（1）等效替代法是指在研究中，因实验本身的限制，要用与实验对象具有相似或共同特征的对象来替代的方法。本实验中用到的等效替代法具体体现在________。

（2）分析表格中的数据，可得出的结论是_________。

次数	物距/cm	像距/cm
1	5.0	5.0
2	8.0	8.0
3	12.0	12.0

（3）实验中，有同学用一张白纸挡在玻璃板和像之间，你认为该同学还能观察到烛焰的像吗？请说出你的理由。_________。

答案 （1）用未点燃的蜡烛替代像 （2）像距等于物距 （3）能，平面镜成像的原理是光的反射所成的虚像

【评析】“探究平面镜成像特点”是科学 7～9 年级的 48 个学生必做探究实践活动之一。本题立足教材重要实验，分别从方法、能力、科学概念的理解等三个不同角度开展考查。第(1)题考查学生是否认识到平面镜成像过程中使用了“等效替代法”；第(2)题考查分析实验数据，寻找规律的能力；第(3)题考查学生对平面镜成像中的难点，也是易错点——“虚像”这一专业名词概念是否真正理解。

例20 某小组同学在进行“伏安法”测电阻实验时，连接了如图甲所示的电路，闭合开关，移动滑动变阻器滑片，多次测量并记录实验数据。小组同学将第一次实验测得的数据绘制成图乙中的 a、b、c，发现电压表未调零。将电压表调零后，重做实验，第二次测量数据如图乙中的 A、B、C。

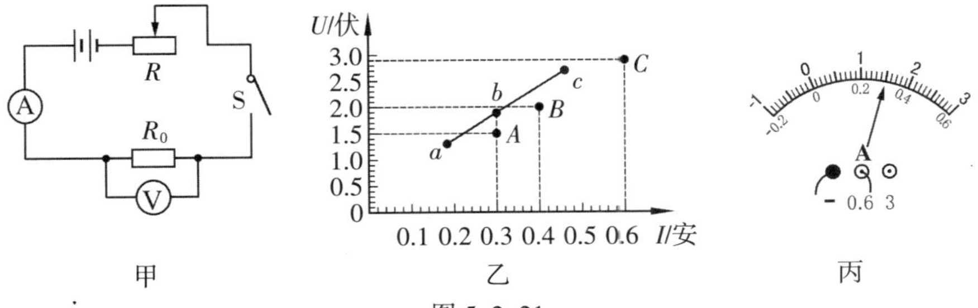

甲　　乙　　丙

图 5-2-21

（1）图丙是该小组在一次测量中的电流表指针位置，其示数为_______安。

（2）分析图乙中的第二次测量数据，待测电阻的阻值是________欧。（结果保留一位小数）

（3）小组同学讨论后发现，利用第一次的测量数据，能求出第一次实验中电压表接入电路前指针所指的刻度值，也能求出被测电阻的值。分析图乙，写出第一次实验电压表接入电路前指针所指的刻度值，并说明理由。

________________。

答案 （1）0.30 （2）4.9 （3）0.4 伏。理由：延长 a、b、c 三点连线，与纵坐标交于 0.4 伏（其他合理答案也可）

【评析】 本题以伏安法测电阻实验为问题情境，第(1)题考查电流表读数；第(2)题考查读图和数据分析能力，以及欧姆定律的应用；第(3)题考查学生对折线图的理解和应用，以及科学推理能力，将数与形建立联系，体现了科学之美。试题注重能力立意，三个小题难度层次分明，呈明显的递增趋势，设置合理。

例21 某学习小组为探究催化剂对 $KClO_3$ 分解制取氧气的催化效果，进行了如下实验。

实验一：取 ZnO、Fe_2O_3、CuO、MnO_2 四种催化剂各 1 克，碾细，分别与 5 克 $KClO_3$ 均匀混合后加入 4 支试管中，按如图 5-2-22 所示装置进行实验，测量并记录相应的时间，见表 1。

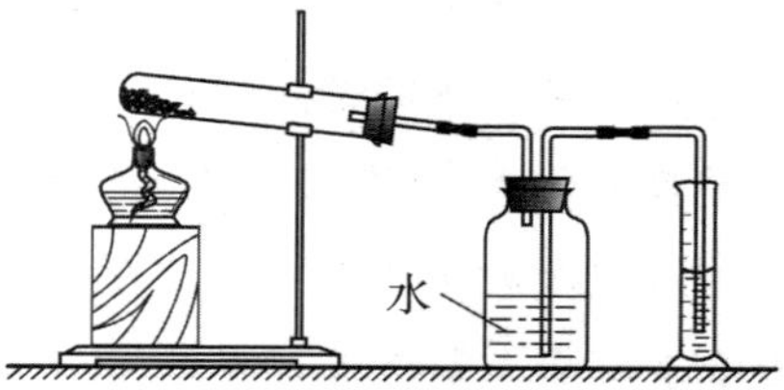

图 5-2-22

实验二：再取 4 份质量为 5 克的 $KClO_3$，分别加入不同质量碾细的 Fe_2O_3，均匀混合后加入 4 支试管中，按图示装置进行实验。实验记录见表 2。

表 1

序号	催化剂	时间/s
1	ZnO	179
2	Fe_2O_3	58
3	CuO	48
4	MnO_2	46

表 2

序号	Fe_2O_3 质量/g	时间/s	现象
1	1	58	固体熔化
2	2	59	
3	4	55	固体不熔化
4	6	57	

查阅资料：受热分解时，若发生“固体熔化现象”，会使反应不彻底，且易导致试管破裂。

（1）催化效果可通过记录的“时间”来比较，这里需要测量的是________的时间。

（2）“实验一”基于的假设是：催化效果可能与催化剂的______有关。

（3）小明认为：催化剂只改变反应速度，反应前后质量不变，为节约成本，可减少用量。请根据实验二的结果，并结合资料判断这种说法是否合理，并说明理由。

答案 （1）量筒中收集到相同体积水 （2）种类 （3）不合理。理由：催化剂质量不同时，产生一定体积氧气所需的时间基本相同，但催化剂过少会使 $KClO_3$ 固体熔化，反应不彻底，易导致试管破裂

【评析】“氧气的性质和制取研究”是科学7～9年级的48个学生必做探究实践活动之一。本题以氧气的实验室制取作为背景素材，利用学生熟悉的情境改变设问角度，这样的新问题设置能较真实地实现对学生探究能力的考查，且不增加学生获取信息的困难，试题源于教材而又不拘泥于教材。从形式上看，三个小题分别对探究环节中的“收集证据”“建立假设”和“交流、反思和评价”设置障碍，实现对学生控制变量、信息分析、推理、解释等多方面的探究能力考查。

例22 图甲是一个“水绵伞”：透明塑料袋中装满水和水绵（水生藻类植物），袋口的吸管能与外界连通，调节配重能使其直立于水底。光照一段时间后，发现“水绵伞”浮到水面。某同学自制了两个相同的“水绵伞”，置于离光源距离不同的水底（水中各处温度相同且不变），如图乙，以验证光合作用的影响因素。

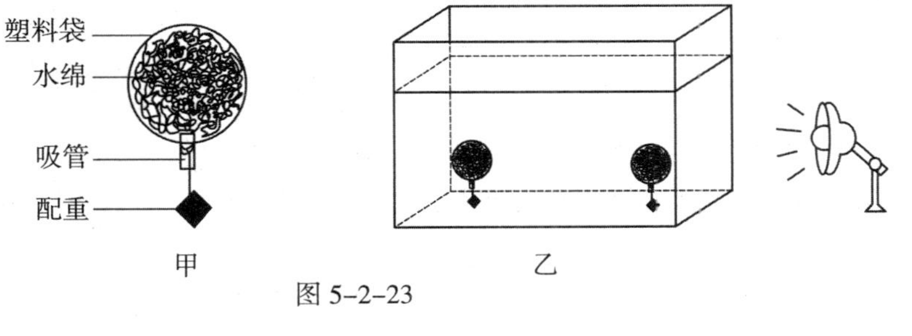

图 5-2-23

（1）本实验验证的是________对光合作用的影响。

（2）实验过程中，需要观测的是________。

（3）该同学观察了一整天，都没发现“水绵伞”上浮，可如何改进实验？

____________。

答案 （1）光照强度 （2）“水绵伞”上升到水面所需的时间（其他合理答案均可） （3）减轻配重（“增加光照强度”“增加水绵数量”等其他合理答案均可）

【评析】 本题以“利用水绵伞验证光合作用的影响因素”为载体，第(1)题需要学生结合图文信息，根据实验的设计，分析实验过程中的自变量；第(2)题考查因变量的观察方法；第(3)题考查实验的改进，体现创新思维。第(2)(3)题以探究性和操作性的问题或任务考查学生操作性定义和实验设计能力，答案开放多元，测评学生“真正理解了什么”和“会做什么”，关注学生在探究和实践过程中的真实表现与思维活动，改进了以往评价答案唯一性的局限，对教学起到积极的影响，对开放性试题的命制有一定的借鉴意义。

例23 某兴趣小组欲利用如图5-2-24所示的装置研究“镍铬合金丝电阻大小与温度的关系”。

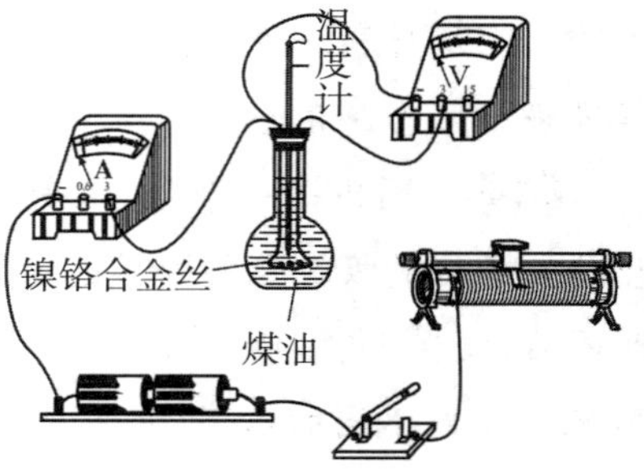

图5-2-24

(1) 图中的镍铬合金丝通电后，使烧瓶内煤油的温度升高，这是因为电流具有________效应。

(2) 请用笔画线代替导线将图中电路连接完整，并写出实验步骤。

答案 (1) 热 (2) 连线如图5-2-25(其他正确连接也可)。实验步骤：①连接电路，将滑动变阻器滑片移到阻值最大处，闭合开关；②移动滑片至合适位置；③观察温度计，间隔相同温度，多次同时读取温度计、电压表和电流表的示数并记录在表格中；④根据$R=\frac{U}{I}$，计算各温度下的电阻值；⑤分析表格中的数据，得出镍铬合金丝电阻大小与温度的关系

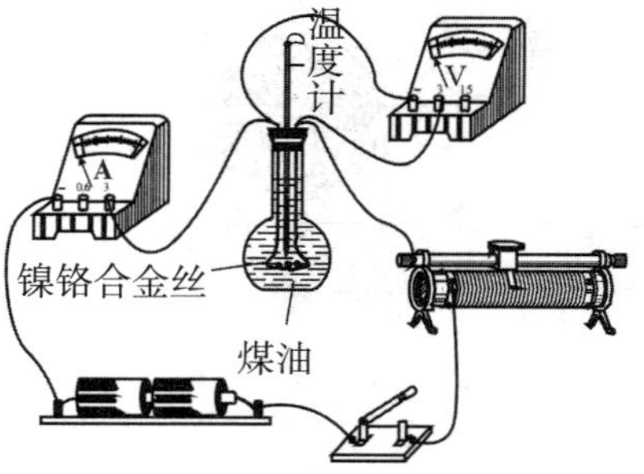

图5-2-25

【评析】 本题立足于教材，通过巧妙的方式组合了“电热大小影响因素”“伏安法测电阻”两个重要实验来设置情境，要求学生根据设问写出较为完整的实验步骤。这一类试题能较全面地考查学生的迁移能力、应变能力、对控制变量法的实际应用能力、科学语言的表达能力以及思维的逻辑

性和严谨性，实现较高层级探究能力水平的考查。这类试题引导教师需要对学生有计划地进行探究能力培养的进阶设计，最终实现学生能独立进行完整的科学探究过程。

例24 小科利用以下“认识物质性质”的思维模型，在老师的指导下学习未知气体 X 的性质。

图 5-2-26

(1) 变化→性质：小科用图甲装置进行实验，向左侧塑料瓶里倒入足量的气体 X，观察到试纸 A 不变红，试纸 B 比 C 先变红。据此推测气体 X 有哪些性质？____________。

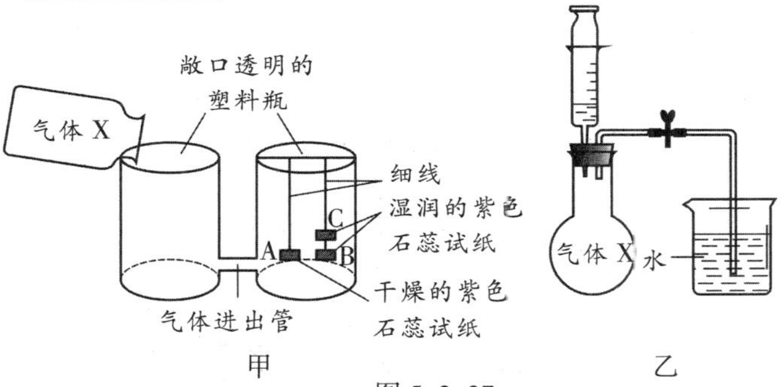

图 5-2-27

(2) 性质→变化：通过学习知道，气体 X 能与氢氧化钠反应，且不产生其他气体。如图乙，小科向充满气体 X 的烧瓶中注入 10mL 氢氧化钠溶液，反应结束后打开止水夹。预测将出现的现象，并写出对应的原因：____________________。

(3) 性质→应用：根据以上性质，若要收集一瓶干燥的气体 X，可将气体 X 干燥后，再选用下图中的________(填字母)方法进行收集。

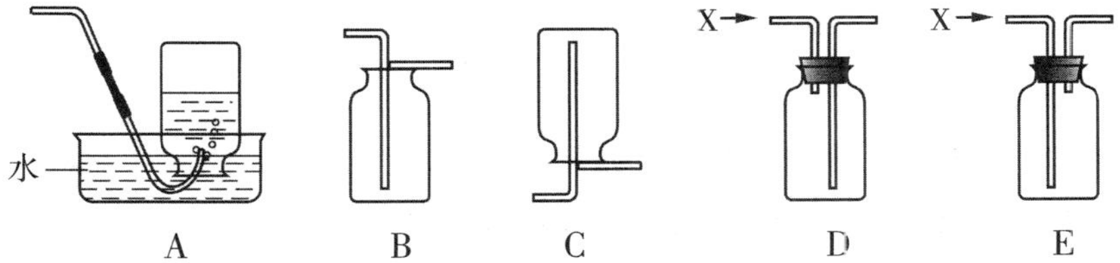

图 5-2-28

答案 (1) 气体 X 的密度比空气大,且能与水反应生成酸性物质 (2) 烧杯中的水倒吸进入烧瓶,原因:气体 X 与氢氧化钠反应导致瓶内气压减小,大气压将水压入烧瓶 (3) B 或 E

【评析】 本题多次采用了图文结合,不管是情境选择,还是问题的设置,都充分体现了对学生科学思维品质和能力的考查。题干展示的思维模型,对学生的学习方法具有指导作用。三个小题的问题设置,从不同角度紧扣题干的思维模型。不管是第(1)题的推测,第(2)题的预测,还是第(3)题的判断,都体现了对学生获取和分析信息,进行科学推理能力的考查。

例25 某同学探究收集满二氧化碳气体的集气瓶为什么需要正放。实验步骤如下:

①将有底的空纸筒盖上硬纸板,在电子秤上称得质量为 5.39 克。

②将该纸筒先后两次收集满二氧化碳气体,盖上硬纸板,分别正放、倒放在电子秤上,如图甲和图乙,观察并记录读数变化。

③将两次的读数变化绘制成图丙,并得出结论。

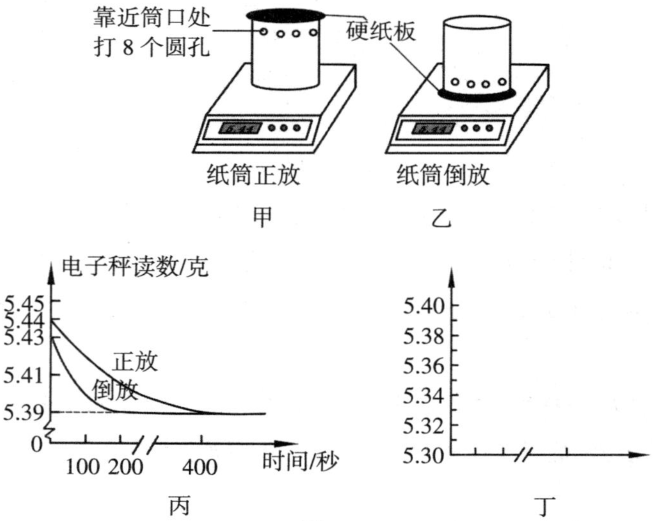

图 5-2-29

回答下列问题:

(1) 检验二氧化碳收集满的操作是________。

(2) 纸筒正放时,电子秤读数变小的原因是________。

(3) 结合图丙推测,若纸筒内收集满的是氢气,请在图丁中画出纸筒正

放、倒放时电子秤读数随时间的大致变化情况并标注。（纸筒收集满氢气后的质量为5.30克）

答案 （1）将燃着的木条靠近纸筒口，若木条熄灭，则二氧化碳已收集满 （2）二氧化碳逸出，空气进入，且二氧化碳密度比空气大 （3）如图5-2-30

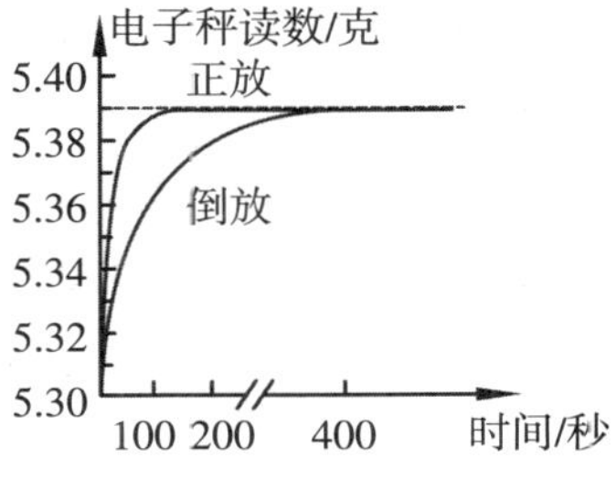

图 5-2-30

【评析】 本题以拓展实验作为背景素材，属于"新情境新问题"的试题，对学生的知识获取能力要求较高。试题通过文字与图表合理搭配，可降低阅读障碍，使试题简洁精练，以更好实现试题的考查功能。第(1)题，在二氧化碳逸出纸筒的同时会有空气进入，电子秤示数变小，是因为进入的气体密度比逸出的气体小，而不仅仅是气体逸出所致。这种"原因解释"类型的问题，可考查学生的推理论证能力，以及思维的逻辑性、严谨性等品质。类似于第(3)题的作图要求，是通过建构模型的形式考查学生解读模型和提取信息能力，以及应用比较、分析、抽象和概括等方法将复杂事物进行简化并抽象出事物本质属性的科学思维。

例26 科学学习小组开展了"自制测力计"的项目化学习。

[项目任务] 自制测力计并用于测量力的大小。

[项目准备] 提供材料如图甲，弹簧和橡皮筋的伸长量与受到拉力的关系如图乙。

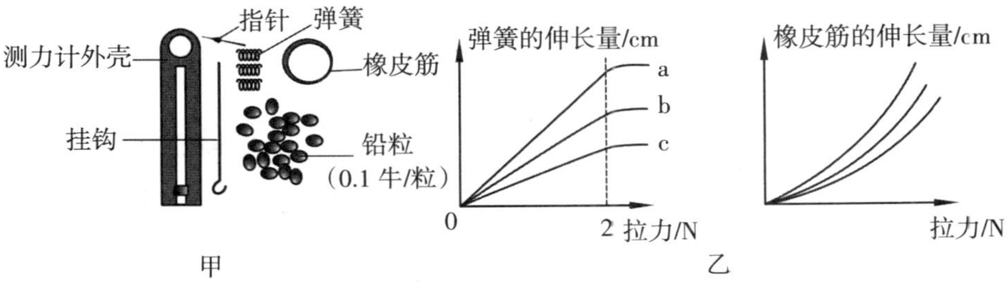

图 5-2-31

[评价量规] 老师指导小组同学制定了评价量规，表中为部分评价指标。

评价指标	评价等级		
	优秀	良好	待改进
调零方式	多种方式调零	只能移动指针调零	不能调零
精确度	达到0.1牛	达到0.2牛	大于0.2牛

（1）选择材料时，弹簧比橡皮筋更合适。理由是一定范围内，弹簧的伸长量与受到的拉力成________关系，便于均匀标注刻度。

（2）选用图乙中 b 弹簧制作测力计，确定“0 ”和“2 牛”刻度后，两者之间分为 10 等份，则该测力计的最小刻度为________牛，小组同学用制好的弹簧测力计称量身边小物件所受的重力。

［项目评价］

（3）自制测力计“调零方式 ”指标为良好。用该测力计测量水平拉力，应先将测力计水平放置，弹簧处于自由状态，指针调整到________刻度位置，方可进行测量。

（4）实测时，挂上 0.1 牛的铅粒，发现测力计示数几乎没有变化，为使“精确度”指标表现更优秀，需选取图乙中的________（填“a”或“c”）弹簧取代 b 弹簧制作测力计。

答案　（1）正比　（2）0.2　（3）0　（4）a

【评析】　弹簧测力计是力学中的基本测量工具，其结构原理和制造工艺都较简单。本题以自制测力计为任务，设计测力计的选材、制作、使用、改进等环节，体现技术与工程的一般过程和方法，考查学生获取信息、分析问题、设计等能力，以及质疑和创新思维。试题以评价量规作为学生设计与制作过程的引导，具有表现性评价的导向作用，也使学生对“结构与功能”这一跨学科概念有更深入的理解。试题文、图、表并行，有效地考查了学生对非连续性文本的阅读能力，也引导教师在教学中重视学生技术与工程实践能力的培养。

例27　某校“制作浮力秤”项目研究小组，制成如图 5-2-32 所示的浮力秤。使用过程中发现称量范围较小，有待提升改造。

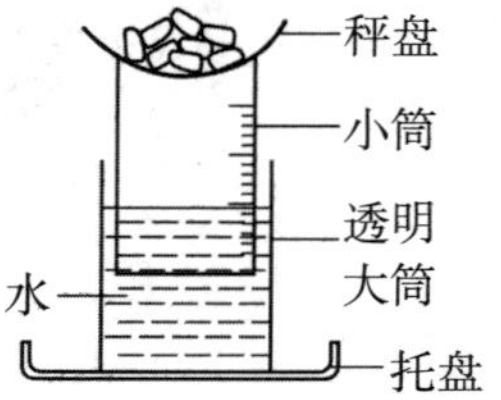

图 5-2-32

［原理分析］浮力秤是利用物体漂浮时 $F_{浮}=G_{物}$ 的原理工作的，浮力大小与液体密度和物体排开液体的体积有关。

［问题提出］浮力大小与液体密度存在怎样的定量关系？

［方案设计］

器材：悬挂式电子秤、金属块(4.0N)、大烧杯、水以及各种不同密度的溶液等。

步骤：

①将金属块挂在电子秤下，读取电子秤示数并记录。

②将金属块浸没在盛水的烧杯中，读取电子秤示数并记录，然后取出金属块并擦干。

③按照步骤②的操作，换用不同密度的溶液，多次重复实验。

［数据处理］

实验编号	1	2	3	4	5	6	7
液体密度 $\rho_{液}/(g/cm^3)$	—	0.8	1.0	1.2	1.4	1.9	2.0
电子秤示数 $F_{拉}/N$	4.0	3.6	3.5	3.4	3.3	2.6	3.0
浮力大小 $F_{浮}/N$	—	0.4	0.5	x	0.7	1.4	1.0

［交流分析］

(1) 表格中 x 的数据是________。

(2) 实验过程中，除步骤①外，其余每一次测量，金属块都需要浸没，其目的是________。

(3) 小组同学对实验数据进行了分析讨论，认为第 6 次实验数据异常。若电子秤工作正常，电子秤读数和表中数据记录均无误，则造成此次实验数据异常的原因可能是________。

［得出结论］……

［拓展应用］

(4) 根据以上探究，写出一种增大浮力秤称量范围的方法：________。

答案 (1) 0.6 (2) 控制排开液体的体积相等(合理即可) (3) 金属块碰到烧杯底部 (4) 换用密度比水大的液体(合理即可)

【评析】 本题以“制作浮力秤”的项目研究为主题，结合浮力这一力学重点知识，以“如何提升浮力秤的称量范围”作为驱动性问题开展探究，引导学生运用所学科学原理、思维方法和数学方法处理数据，得出浮力大小与液体密度和物体排开液体的体积之间的关系模型，并据此提出对“浮力秤”进行迭代改进的方法。试题将浮力相关知识巧妙地融合在了“浮力秤迭代升级”的项目推进过程中，体现了用项目化的方式来学习科学，以及学以致用的课程理念，同时对开展工程实践教学具有鲜明的导向作用。

例28 为了更精准地测量木块的滑动摩擦力，小丽引入拉力传感器并设计了如图甲的实验。她将一块长、宽、高均不同的长方体木块平放，拉动木板时发现传感器示数不稳定，同时观察到实验中木块总有些摆动，获得数据如图乙。是什么引起了木块的摆动，进而引起摩擦力测量值的不稳定？小丽继续实验，将同一木块侧放，重复实验，获得数据如图丙。

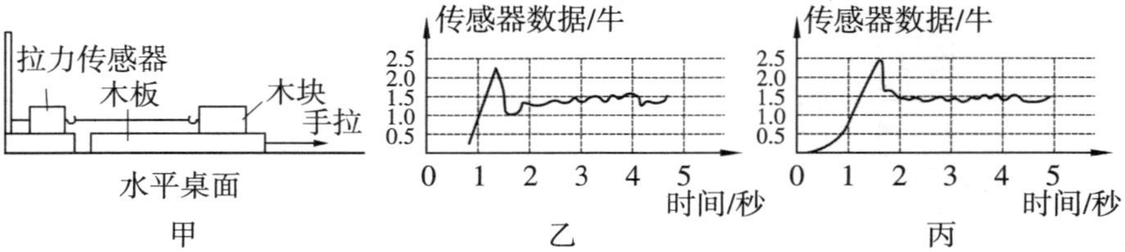

图 5–2–33

（1）实验中测量滑动摩擦力时，木板________（填“需要”或“不需要”）匀速直线拉动。

（2）分析图乙，第 1 秒末，木块所受摩擦力为________牛。

（3）继续实验环节基于的假设是________。

（4）小丽认为，本实验还可得出滑动摩擦力大小与接触面积有关。小科认为不正确，并从实验中找出了说服小丽的证据：________。

答案 （1）不需要 （2）1 （3）接触面积不同会引起木块摆动程度不同，进而引起滑动摩擦力测量值不稳定 （4）接触面积大小影响的是滑动摩擦力的稳定性，而不是滑动摩擦力的大小

【评析】 本题以滑动摩擦力的测量作为问题情境，涉及了实验操作、图像分析、控制变量的应用等能力，以及批判、质疑精神和证据意识。用改进和创新教材实验作为素材情境，打破测滑动摩擦力大小时，物体需要做匀速直线运动的要求；通过图片，直观显示了所测得摩擦力（拉力）的大小并不是恒定数值这一事实。从情境创设到问题设置，均体现了不迷信权威、热爱科学、勇于创新、严谨认真、实事求是的科学态度。

例29 材料一：1673 年，玻义耳做过如图 5–2–34 所示的实验：在密闭的曲颈瓶中加热金属时，得到了金属灰，冷却后打开容器，称量金属灰质量，发现与原来金属相比质量增加了。

材料二：1703 年，施塔尔提出“燃素学说”，主要观点有：①燃素是组成

物体的一种成分；②燃素在可燃物燃烧时会分离出来，且燃素可穿透一切物质。

材料三：1756 年，罗蒙诺索夫用金属铅重做玻义耳实验，发现冷却后容器的总质量没有变化。罗蒙诺索夫的解释是："容器里原来有一定量空气，且容器中的空气质量减少多少，金属灰的质量就比金属增加多少，在化学变化中物质的质量是守恒的。"后来，拉瓦锡等科学家经过大量的定量实验，推翻了"燃素学说"，质量守恒定律得到公认。

图 5-2-34

(1) 由"燃素学说"可知，物质燃烧后质量应该减少。请根据所学知识写出一个可以推翻"燃素学说"的事实：________。

(2) 罗蒙诺索夫重做了玻义耳的实验是基于金属加热后，增加的质量并非来自燃素而是来自________的假设。

(3) 对比材料一和材料三，玻义耳错过了发现质量守恒定律的一个重要原因是________。

(4) 质量守恒定律的发现过程，给我们的启示是____(填字母，可多选)。

A. 分析问题应该全面、严谨

B. 实验的成功与否，取决于药品的选择

C. 定量方法是科学研究的重要方法

D. 科学研究既要尊重事实，也要勇于创新

答案 (1) 铁丝燃烧后固体质量增大 (2) 空气 (3) 打开容器前没有称量容器的总质量 (4) A、C、D

【评析】 本题以质量守恒定律的科学发现史为命题素材，蕴含着分析与归纳、定性与定量的科学方法，在考查学生的问题、证据、解释和交流等科学探究能力的同时，体现严谨求实的科学态度，敢于提出并坚持自己的见解，勇于创新、勇于修正错误观点的科学精神。

例30 清明前后，有市民因食用"红心"甘蔗而发生中毒事件。甘蔗出现"红心"现象，是因甘蔗富含糖分和水分，易被节菱孢霉菌、镰刀菌、假丝酵母、枝孢霉、刺黑乌霉等多种霉菌侵蚀。为确定引起食用"红心"甘蔗中毒

的霉菌种类，某微生物研究所进行如下实验：

［实验准备］

①取正常甘蔗，榨汁后灭菌，均分6组，每组500mL。

②将从“红心”甘蔗中分离得到的上述5种霉菌，分别接种于其中的5组甘蔗汁中。

③将上述5组霉菌培养液和1组未接种的甘蔗汁在相同且适宜的条件下培养15天，备用。

④选同种健康、断乳小鼠750只备用。

［实验步骤］

①喂养实验：将备用的5组霉菌培养液和1组未接种的甘蔗汁各喂养20组小鼠(每组3只)，每次给每只小鼠喂养0.5mL，未出现中毒症状的隔2小时加喂1次，最多4次。

②统计小鼠中毒组数：若每组3只小鼠中有2只或3只小鼠出现中毒症状，再用备用小鼠重复实验，结果仍有2只或3只小鼠出现中毒症状，确定为中毒组。

③症状对比：将小鼠中毒症状与人食用“红心”甘蔗的中毒症状对比。

［实验数据］毒性试验结果统计表。

接种霉菌种类	节菱孢霉菌	镰刀菌	假丝酵母	枝孢霉	刺黑乌霉	无
小鼠中毒组数	12	0	3	0	0	0
与人中毒症状对比	相同	—	不同	—	—	—

［实验分析及结论］

(1) 步骤①用未接种的灭菌甘蔗汁以同样的方法进行实验，目的是________________。

(2) 根据实验结果可以判断：食用“红心”甘蔗导致人中毒的霉菌是________________。

［知识拓展］进一步研究发现：甘蔗被该霉菌污染后，产生了一种毒素。该毒素与黄曲霉素一样，高温下不易分解。由此联系生活实际，下列做法正确的是________(填字母)。

A.“红心”甘蔗榨汁后饮用

B. 不食用发霉变质的面包

C. 被黄曲霉素污染的花生加热后食用

答案 (1) 作对照 (2) 节菱孢霉菌 B

【评析】 本试题以学生熟悉的食物——甘蔗，常出现“红心”的情况作为情境，开展对“红心”产生原因的研究，并将研究结果应用于生活，在考查学生科学探究能力的同时，体现了“科学源于生活，应用于生活”的理念，也体现了关注食品卫生，构建健康生活的理念。

三、解答题

例31 如图 5-2-35 所示，随着深海载人探测技术的不断发展，人们对深海生物的了解也越来越多。

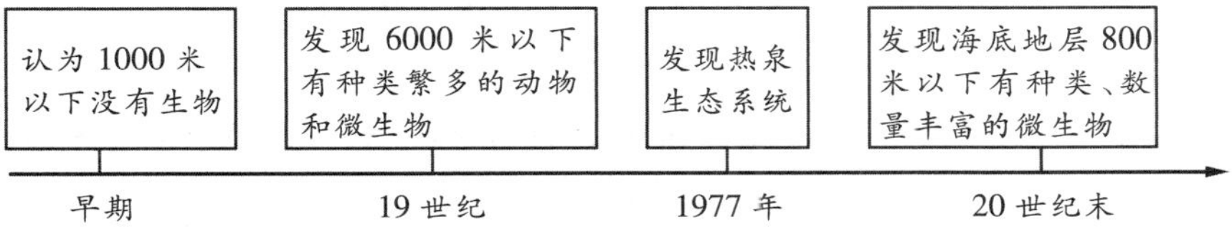

图 5-2-35

(1) 早期科学家认为 1000 米以下的海洋深处没有生命，其原因可能是__________(写出 1 点即可)。

(2) 19 世纪的科学家推测，深海生物的食物主要来自上层水域生物下沉的排泄物、尸体等，是因为他们认为深海生态系统缺乏能将无机物转化为有机物的某一成分。该成分是________。

(3) 深海地壳内喷出丰富的硫化氢、氢气等物质，周围微生物可以通过氧化硫化氢、氢气来获取能量，从而将无机物转化为有机物，为附近的动物提供能量，形成了特殊的热泉生态系统。该生态系统的能量主要来自________(填字母)。

A. 核能　　　　B. 化学能　　　　C. 机械能

(4) 研究深海生物的科学意义有________(写出一点即可)。

答案 (1) 没有光照(或“压强过大”“氧气含量低”等，合理即可) (2) 生产者 (3) B (4) 保护生物多样性(或“该环境与原始地球接近，可以研究生命的起源”等，合理即可)

【评析】 本题立足于“生命系统的构成层次”这一核心概念，以人类对深海探测的不断深入为主线，分别考查学生对生物与环境、生态系统的组成及功能、能量转化、生物多样性的意义等科学概念的内涵和外延的理解，在新的情境中能迁移应用所学知识，并用规范的科学术语进行表达和解释，同时把体现科技进步给人类带来的影响融入解题过程中，具有一定的教育意义。

例32 思维模型是依据事物发展内在规律建立的解决问题的基本框架，能引导有序思维、增进深度理解、促进问题解决。小科建构了“物质除杂”的思维模型（如图 5-2-36）。

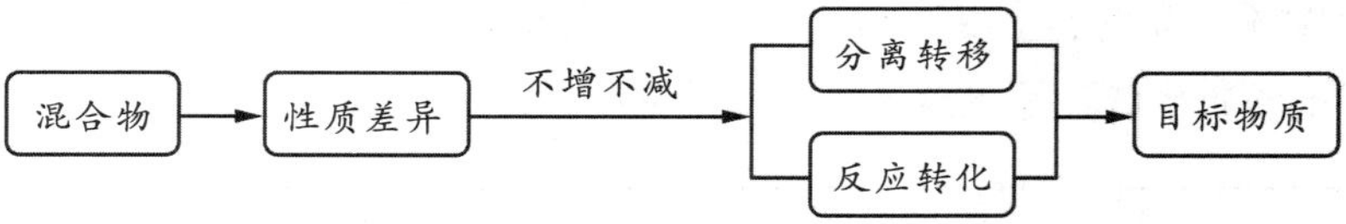

图 5-2-36

（1）铜粉中混有少量的铁粉，用磁铁吸引除去。该方法属于上述模型中的________（填“分离转移”或“反应转化”）。

（2）根据“性质差异”，铜粉中混有少量的氧化铜可用足量稀盐酸除去，原因是______能与稀盐酸反应。

（3）上述模型中“不增不减”是除杂原则，“不增”是指不增加新杂质，“不减”是指不减少目标物质质量。除去氯化钠中的杂质氯化钡，小科采用反应转化的方法，原理是 $BaCl_2+K_2SO_4 = BaSO_4\downarrow+2KCl$，从反应的生成物有 KCl 可知，这种方法是不正确的，原因是不符合除杂中的__________（填“不增”或“不减”）原则。

（4）将氯化钠中的杂质 $BaCl_2$ 除去，实质上是除去钡离子。2.08 克 $BaCl_2$ 中钡元素的质量为______克。

答案 （1）分离转移 （2）氧化铜（CuO） （3）不增 （4）1.37

【评析】 本题以“物质除杂”的思维模型作为问题情境，结合学生所学习的物质变化、金属的活动性、酸和盐的性质、化学式计算等内容，考查学生理解模型和应用模型的能力。从问题和具体解决方案中提炼思维模型，可指导解决一类问题，是一种批量解决问题的思路。通过解题的过程，能引导师生在平时的教学中要善于分析并归纳总结，具有建构思维模型解决问题的意识,能从本质上认识事物。

例33　小金设计了一款在缺氧环境或高浓度有毒有害气体环境中逃生时使用的自救呼吸器。其设计思路如图甲所示,自救呼吸器的结构如图乙所示(其中箭头方向表示气体流动方向)。

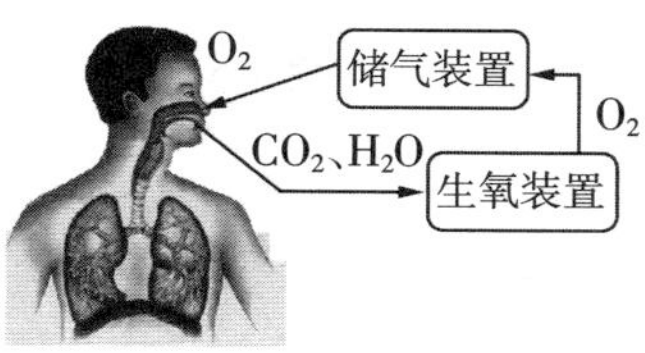

甲

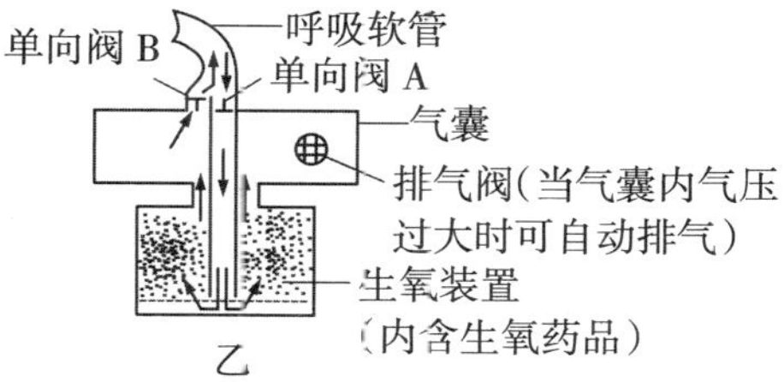

乙

(1) 呼吸气路的设计:自救呼吸器使用时,需用鼻夹夹住鼻子,用嘴咬合呼吸软管进行呼吸。在正常呼气时,单向阀 A 和 B 的开闭情况是______(填“A 打开,B 闭合”或“A 闭合,B 打开”)。

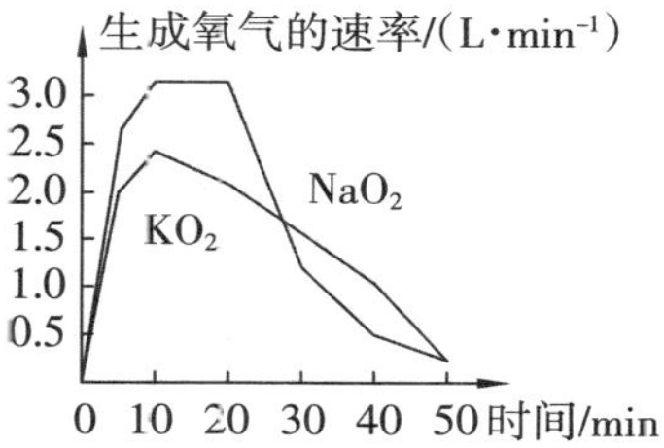

丙

图 5-2-37

(2) 生氧药品的选择:小金查阅资料发现超氧化物(用 MO_2 表示,其中 M 为+1 价)可与人呼出气中的 CO_2、H_2O 反应生成 O_2,其反应的化学方程式为:

$$4MO_2+2H_2O = 4X+3O_2\uparrow$$

$$4MO_2+2CO_2 = 2M_2CO_3+3O_2$$

X 的化学式为________。

500g 超氧化钾(KO_2)和 500g 超氧化钠(NaO_2)的生氧性能如图丙所示。小金依据人正常呼吸时需要生氧药品的生氧速度不低于 1L/min,并结合自救呼吸器的结构和生氧药品的生氧性能,选取了 KO_2 作为生氧药品。选取 KO_2 的优点是________________(写出 1 点即可)。

(3) 影响自救呼吸器有效防护时间的因素有________(填序号)。

①生氧药品的质量　　②外界有毒有害气体浓度

③外界氧气浓度　　④生氧药品的种类

答案　(1) A 打开,B 闭合　(2) MOH　生氧速度波动较小,使用时间

较长，氧气浪费较少(合理即可) (3) ①④

【评析】 该题以设计“自救呼吸器”项目进行试题统整，融核心知识的考查于生产、生活实际问题的解决中，第(1)题考查对模型的解读，指向工程设计的理解；第(3)题考查学生基于呼吸器工作原理，综合分析呼吸器有效防护时间的影响因素，指向解决真实问题的决策能力。试题符合科学课程的理念，凸显科学学习的生活价值，充满挑战性和趣味性，对教学有较好的导向性。

例34 目前，全球平均气温较工业化前已上升了1.1℃，其主要原因是自然界中的碳平衡被破坏。2020年9月22日，我国政府承诺：中国将力争于2030年前实现CO_2排放达到峰值，2060年前实现碳中和，即通过各种方式抵消排放的CO_2量，重新实现碳平衡。图5-2-38是碳循环和碳中和策略的示意图。

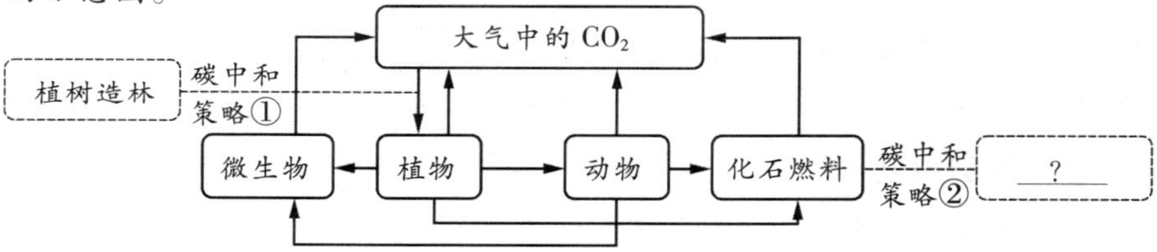

图5-2-38

(1) 人类进入工业化社会后，化石燃料的大量使用是碳平衡被破坏的主要原因之一。对此可采取的碳中和策略②有__________。

(2) 要实现我国政府提出的目标，除图中策略外，还可用化学方法人工捕获，如将空气通入氢氧化钾溶液反应生成碳酸钾和水。写出用氢氧化钾捕获CO_2的化学方程式：__________。

(3) 2020年12月下旬，我国部分地区出现多年未遇的极寒天气，因此有人质疑：今年天气这么冷，地球气温真的在上升吗？对于这样的质疑，你是否认同？请说明理由。

答案 (1) 节能减排，改善能源结构等

(2) $2KOH + CO_2 = K_2CO_3 + H_2O$

(3) 答题要素：肯定全球气温整体上升的趋势；局部的、短时的极端天气都属于个例，个例具有一定的偶然性；不能用个例作为否定整体的依据，即极端异常天气不能作为否定气温整体上升的事实。

【评析】 本题以“碳中和”作为背景素材，围绕二氧化碳处理过程，创设了真实、有意义的问题情境，从碳中和的本质中感悟“变化与平衡”的跨学科概念，帮助学生树立珍惜资源、爱护环境、合理使用化石燃料的可持续发展观念。其中第(3)题的设问具有一定的开放性，要求学生运用科学态度理性看待问题，考查学生信息的获取和分析能力、应用科学知识进行解释和评价的能力，试题有利于提升学生的发散性思维和辩证思维。本题以社会热点问题为素材，体现了STSE理念，有利于培养学生的科学态度与社会责任，形成节能低碳、绿色环保的生活方式。

例35 1852年，法拉第经过深入的思考和大量的尝试，建立了“力线”的概念。他认为在磁极周围充满了力线，依靠力线将磁极间的作用联系起来。他还利用细铁屑把这种所谓的“力线”形象地呈现出来。小科进行了如下实验：①在玻璃板上均匀地撒上一层薄薄的细铁屑；②把玻璃板放在条形磁铁上，观察细铁屑的分布情况；③轻敲玻璃板，再观察细铁屑的分布情况。请回答：

(1) 如图5-2-39所示为实验步骤③得到的细铁屑分布情况。请你在图上对应的位置画出经过A点的磁感线。

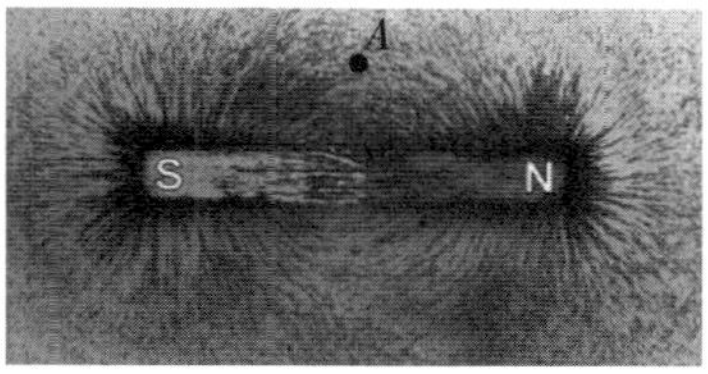

图5-2-39

(2) 实验步骤②中未敲玻璃板，“力线”不能通过细铁屑呈现出来，而步骤③中轻敲玻璃板后，“力线”能通过细铁屑呈现出来。上述原因分别是什么？

答案 (1) 如图5-2-40

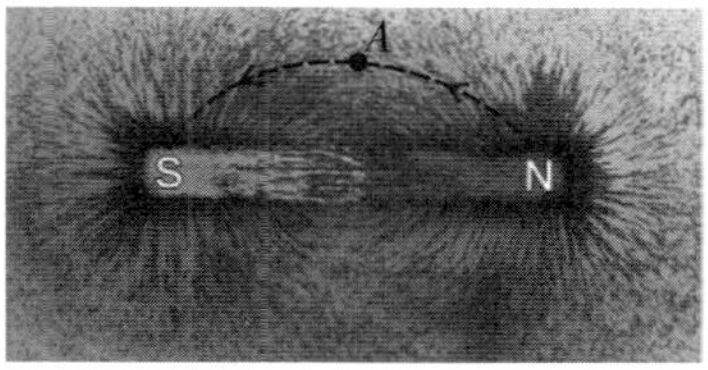

图5-2-40

(2)

采分点	答题要点	参考答案
细铁屑受磁力及原因	能说出细铁屑在磁场中被磁化	把撒有细铁屑的玻璃板放在条形磁铁上后，每一颗细铁屑都会被磁化，磁体会对细铁屑产生磁力的作用
解释未敲玻璃板时，“力线”不能通过细铁屑呈现出来的原因	能说出细铁屑受到磁力，不足以克服摩擦而改变位置或排列方向	由于细铁屑与玻璃表面之间存在摩擦，离磁极较近的细铁屑会被吸引到磁极附近，而离磁极较远的细铁屑受到的磁力较小，不足以克服摩擦而改变位置或排列方向，所以细铁屑排布尚无规律

续表

采分点	答题要点	参考答案
解释轻敲玻璃板时，“力线”能通过细铁屑呈现出来的原因	能说出轻敲玻璃板导致细铁屑与玻璃板间弹力减小，甚至短暂分离，细铁屑受磁力作用而改变位置或排列方向	轻轻敲动玻璃板，玻璃板受力而振动，细铁屑由于惯性保持静止状态，使细铁屑与玻璃板间弹力减小，甚至短暂分离。此时，被磁化的每一颗细铁屑在磁力的作用下，会围绕磁铁呈辐射状有规律地排列起来，把磁体周围的磁场在一个平面上的分布情况形象地模拟出来

【评析】 本题以法拉第建立“力线”的科学史为背景，将研究磁场的性质实验用新颖的方式呈现，不仅考查了磁感线模型，还要求学生结合所学的磁感线、惯性、摩擦力、力的作用效果等知识，对实验原理进行深入分析并用科学的语言进行有逻辑的表达。试题体现了对科学知识的深入理解、综合运用和科学解释能力的考查，注重学生的反思性学习和知识的系统化建构，关注科学观念和科学思维，凸显素养立意。

例36 加拿大一枝黄花是我国重点管理的外来入侵物种。调查台州市目前的植被情况，发现各地均有较多生长。兴趣小组收集到加拿大一枝黄花的相关资料：

①多年生植物，终年常绿，株高通常 1 米以上，甚至达到 3 米，能在贫瘠的土壤生长。

②每棵植株大约能产生 2 万颗细小种子，易随风扩散；能利用根或茎快速繁殖。

③能分泌抑制其他植物生长发育的物质，影响农作物的产量和质量，并已造成多种野生植物灭绝。

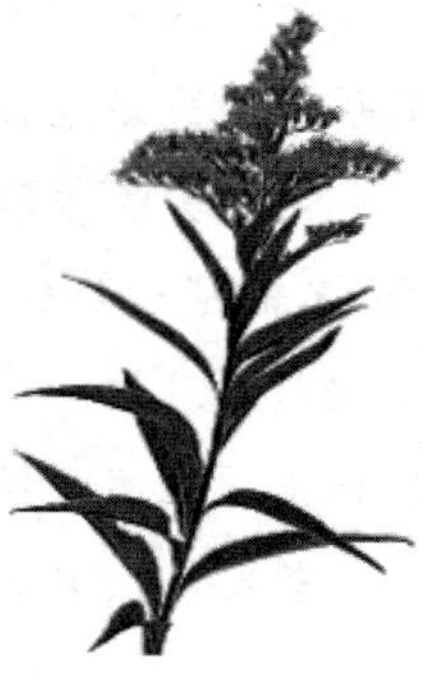

图 5-2-41

（1）台州市内所有加拿大一枝黄花的总和属于________（填“种群”“群落”或“生态系统”）。

（2）阅读上述资料，结合相关知识，分析加拿大一枝黄花对本地生态造成巨大威胁的原因。________。

答案 （1）种群 （2）答题要点：①适应能力强；②繁殖能力强；③易成为优势种群；④竞争力强，获得更多的物质和能量；⑤超过了本地生态系统的自动调节能力

【评析】 本题以入侵生物加拿大一枝黄花为命题素材，要求学生通过

阅读材料、提取信息、关联概念，经过逻辑推理后科学、规范地解释自然现象。试题作答要求学生关联加拿大一枝黄花的繁殖能力强、适应能力强、获得养料和光能多、是优势种群和破坏当地生态平衡等诸多科学事实，回答其对本地生态系统造成巨大威胁的原因。考查内容涉及"生命系统的构成层次""生物与环境的相互关系""生命的延续与进化"等诸多核心概念，有利于学生形成"物质与能量""系统与模型""稳定与变化"等跨学科概念。试题还引导师生关注外来物种的生态入侵，增强生态安全意识。

例37 小丽在商场里买到一个有趣的玩具——"喝水鸟"(如图甲)：只要往头部滴一次水，且鸟身前面放一杯水，就能实现"低头'喝'水——抬头——又低头'喝'水——又抬头……"反复运动(如图乙)。仔细观察发现，"喝水鸟"由玻璃制成，鸟身由一支点承托，头部、玻璃管和底部连通并充满乙醚(易挥发，易液化)，且整体密封。请运用所学知识解释"喝水鸟"能反复运动的原因。

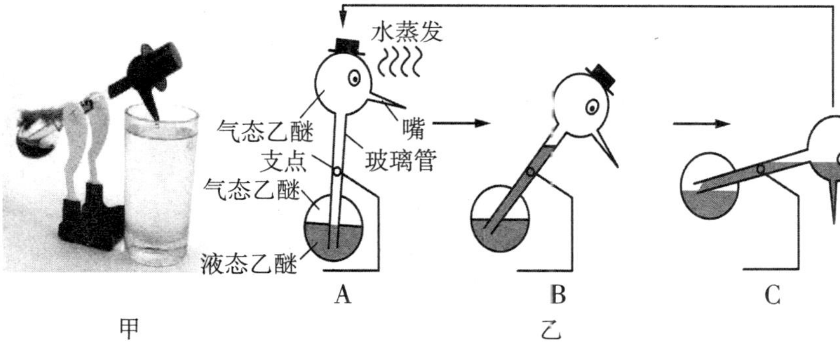

图 5-2-42

答案 水蒸发吸热，头部乙醚蒸气发生液化，气压下降，液柱上升；若把"喝水鸟"转动看成杠杆，随着液态乙醚上升，动力逐渐变大，动力臂也增大，阻力逐渐变小，阻力臂也变小，使鸟身绕支点顺时针转动，即低头"喝水"；随着前倾角度变大，底部乙醚越来越少，当玻璃管下端管口部分露出液面后，底部气体沿管壁上升，液体在重力作用下回流，使鸟身逆时针转动，实现抬头。

【评析】 本题以一个有趣的玩具——"喝水鸟"，作为背景素材，结合非连续性文本展示"喝水鸟"的结构，立足于物态变化、杠杆平衡、受力分析等核心知识和能力的考查，要求学生结合所学知识解释其原理。试题不管从选材到呈现方式，都十分活泼生动、有趣，且“喝水鸟”反复运动的原因之间具有较强的逻辑性，对解释说理题的命制具有一定的借鉴意义。

例38 人体在不同的外界环境中，对热的感觉有不同的程度，散热越困难时往往会感觉到越热。人的热感与气温、相对湿度的关系如图所示。

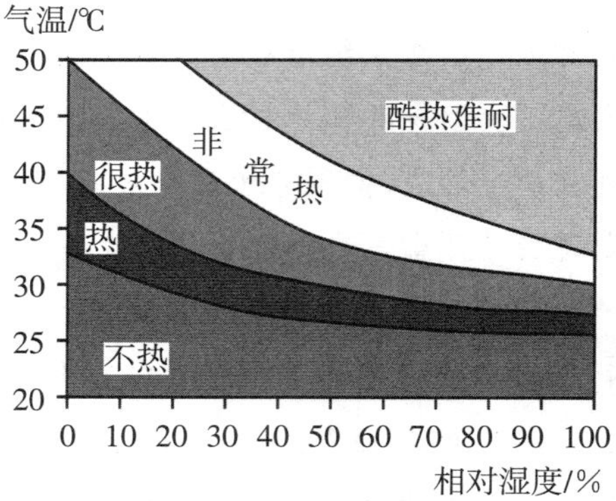

图 5-2-43

据图 5-2-43 判断，在 25℃和 35℃时，哪种气温下相对湿度对人体的热感影响较大？请综合运用所学知识对这两种温度时，相对湿度对人体的热感影响情况作出解释。

答案 高水平的回答：能正确判断，并能系统运用体温调节的相关知识作出比较分析。

示例：在 35℃气温下，相对湿度对人的热感影响更大。因为气温为 25℃时，人体主要靠皮肤直接散热来调节体温，散热快慢取决于皮肤与环境的温差，所以相对湿度对人的热感影响不大。气温为 35℃时，人体主要靠汗液蒸发来散热，相对湿度越大，汗液蒸发越困难，导致人体散热越困难，所以觉得更热。

中上水平的回答：能正确判断，并能结合体温调节的部分要素进行分析。

示例：在 35℃气温下，相对湿度对人的热感影响更大。气温为 25℃时，人体主要靠皮肤直接散热来调节体温。气温为 35℃时，人体主要靠汗液蒸发来散热。

中下水平的回答：能正确判断，但无法结合体温调节的要素进行分析。

示例：在 35℃气温下，相对湿度对人的热感影响更大。温度越高受相对湿度影响越明显。

低水平的回答（不给分）：不能正确判断，不能结合体温调节的要素进行分析。

示例：在 25℃气温下，相对湿度对人的热感影响更大。

【评析】 本题以人体在不同的外界环境中对热的感觉不同为背景，用图文结合的情境综合考查多种信息的分析处理能力、体温调节、影响蒸发因素、多点关联思维能力、逻辑表达能力。问题的情境学生有生活体验，体现 STSE 理念。对“相对湿度对人体的热感影响情况作出解释”的评分标准体现了 SOLO 分类评价思想，按思维层次评分，正确把握初中毕业生应达到多点关联结构的思维发展水平，对教学中注重发展学生的思维层次，具有导向作用。

例39 如图 5-2-44，某同学用食盐、水和一支装有沙子的薄壁塑料管来测量新鲜鸡蛋的密度，步骤如下：

(1) 室温下，将食盐晶体慢慢加入水中，充分搅拌，当观察到________现象时，所得溶液为饱和溶液。

(2) 将新鲜鸡蛋放入上述饱和溶液中，鸡蛋处于漂浮状态。然后慢慢加水，当鸡蛋处于________状态时，鸡蛋的密度等于食盐溶液的密度。

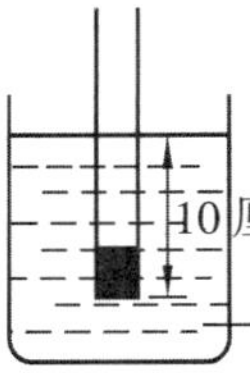

图 5-2-44

(3) 把鸡蛋从食盐溶液中取出，将总质量为 10.5 克、底面积为 1 厘米^2 的塑料管放入该食盐溶液中，直立漂浮时测得液面下塑料管的长度为 10 厘米，如图 5-2-44 所示。该新鲜鸡蛋的密度为多少？

答案 (1) 食盐晶体不能继续溶解 (2) 悬浮

(3) $G_{物}=m_{物}g=1.05\times10^{-2}$ 千克 $\times10$ 牛/千克 $=0.105$ 牛

因为塑料管漂浮在液面，所以 $F_{浮}=G_{物}=0.105$ 牛。

塑料管排开液体的体积：$V_{排}=Sh=10$ 厘米 $\times1$ 厘米$^2=10$ 厘米$^3=10^{-5}$ 米^3

根据 $F_{浮}=\rho_{盐水}gV_{排}$，得

盐水的密度：$\rho_{盐水}=\dfrac{F_{浮}}{V_{排}g}=\dfrac{0.105\text{牛}}{10^{-5}\text{米}^3\times10\text{牛/千克}}=1.05\times10^3$ 千克/米^3

$\rho_{鸡蛋}=\rho_{盐水}=1.05\times10^3$ 千克/米^3

该新鲜鸡蛋的密度为 1.05×10^3 千克/米^3。

【评析】 本题素材源自教材中的“盐水浮鸡蛋”和“自制密度计的制作及使用”。密度计的制作考查了学生的实践和创新能力，利用自制密度计测量鸡蛋的密度不仅考查了密度、阿基米德原理、浮沉条件等核心知识，还体现了“等效替代”的学科思想方法。“测量固体和液体的密度”是 7～9 年级

学生必做的48个探究实践之一，试题立足于《课程标准》规定的探究实践，进行适度的改编，力图引导教师在日常教学中注重实验设计原理以及物理思想方法的教学，并引导学生学以致用，从“注重解题”向“注重解决实际问题”转化。

例40 实验室制取二氧化碳时，选择合适溶质质量分数的盐酸，有利于减少盐酸浪费。小明分别取400克溶质质量分数为7.3%、14.6%、21.9%的盐酸与足量的石灰石反应，进行A、B、C三组实验，产生二氧化碳的快慢与时间的关系如图5-2-45所示，算得盐酸利用率如表(盐酸利用率是指收集到的气体体积理论上所需要的盐酸量与实际消耗的盐酸总量的比值)。

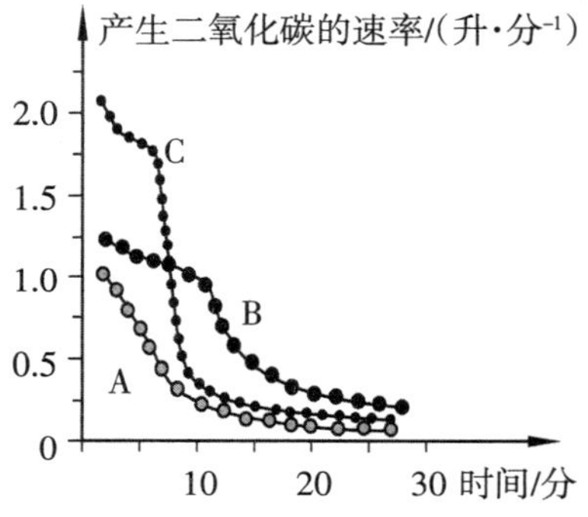

图5-2-45

盐酸利用率与盐酸溶质质量分数的关系

组别	A	B	C
盐酸溶质质量分数	7.3%	14.6%	21.9%
盐酸利用率	82.5%	81.5%	72.1%

(1) 小明在实验过程中发现，发生装置中的锥形瓶外壁发烫。推测图中C组在第5～10分钟时反应快速变慢的主要原因是________________。

(2) 小明用400克盐酸进行A组实验，可收集到二氧化碳气体约多少升？(盐酸与石灰石反应的化学方程式为：$2HCl+CaCO_3 = CaCl_2+H_2O+CO_2\uparrow$，常温常压下二氧化碳的密度约为2克/升)

(3) 实验中，小明想在10分钟内制取10升二氧化碳气体，综合考虑各种因素，选用哪种溶质质量分数的盐酸更合适？请说明理由。

答案 (1)盐酸溶质质量分数越大，越易挥发；反应越快，消耗的盐酸越多；温度升高加快盐酸挥发。上述结果引起盐酸溶质质量分数快速减小，故反应快速变慢

(2) 参加反应的稀盐酸溶质质量：m=400克×7.3%×82.5%=24.09克

设生成二氧化碳的质量为x。

$2HCl + CaCO_3 \xlongequal{\quad} CaCl_2 + H_2O + CO_2\uparrow$

73　　　　　　　　　　44

24.09 克　　　　　　　x

$\frac{73}{24.09克}=\frac{44}{x}$　　　　$x=14.52$ 克

$V=\frac{m}{\rho}=\frac{14.52克}{2克/升}=7.26$ 升

可收集到二氧化碳气体 7.26 升。

(3) 选 B，前 10 分钟反应快慢适中，盐酸利用率较高，能满足收集 10 升二氧化碳

【评析】 “二氧化碳的制取和性质研究”是 7～9 年级学生必做的 48 个探究实践之一。本题以教材中的重要实验为背景素材，以图文并茂的生动直观形式展示探究“盐酸的利用率与盐酸溶质质量分数的关系”的实验结果，并将实验结果的分析与应用设置为问题情境，能较好地考查学生对非连续性文本的阅读和分析能力，以及结合所学知识分析、解决并解释实际问题的能力。试题各个环节逻辑性强，对学生的思维和能力要求较高，具有较强的区分度。

例41 市场上有一种“茶垢净”，遇到热水后会产生氧气，并能深入微小的缝隙快速去除茶垢。

(1) 向“茶垢净”中倒入热水，收集一瓶氧气，将带火星的木条伸入，能观察到________。

(2) 如图 5-2-46 所示是一台简易制氧机，A 瓶中装有“茶垢净”、二氧化锰和水，氧气可从 B 瓶盖子上的出气孔排出，供人呼吸。A 瓶的导管伸入 B 瓶水中的目的是________(写出 1 点)。

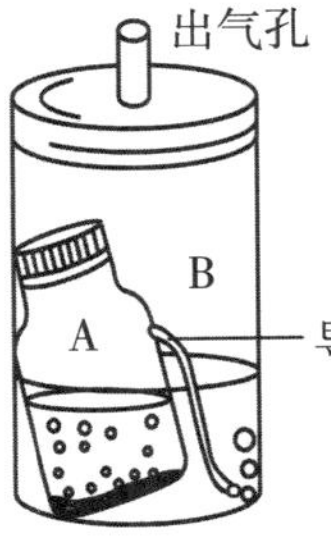

图 5-2-46

(3) 现有一瓶“茶垢净”，其制氧量相当于 119 克过氧化氢分解产生的氧气量。某人吸氧时需要制氧机提供每分钟 0.5 升的氧气，请算一算，用这瓶“茶垢净”制得的氧气，最多能供他持续吸氧多长时间？(氧气密度取 1.4 克/升)

答案 (1) 木条复燃 (2) 净化气体(或观察产生气体的速率)

（3）设生成的氧气的质量为 m。

$$2H_2O_2 \xlongequal{MnO_2} 2H_2O + O_2\uparrow$$

68　　　　　　32

119 克　　　　m

$\frac{68}{32}=\frac{119克}{m}$　　　　$m=56$ 克

$V=\frac{m}{\rho}=\frac{56克}{1.4克/升}=40$ 升

$t=\frac{40升}{0.5升/分}=80$ 分

用一瓶茶垢净制得的氧气能供该人持续吸氧 80 分钟。

【评析】 本题以市场的“茶垢净”作为背景素材，从研究“茶垢净”的原理，到简易制氧机的制作，从而与所学的氧气的性质和制取建立联系。第(1)题考查氧气的检验方法；第(2)题考查学生能否将氧气的排水法收集进行迁移应用，或者能否根据试题情境中的实际情况（供人呼吸）分析问题；第(3)题考查化学方程式计算和密度公式的应用，均属于核心知识的考查。

例42 学习了项目化课程后，小宁自制一支能测液体密度的仪器。如图甲所示，取一根两端开口、粗细厚薄均匀的匀质塑料管 MN，N 端用合金块封口，再通过计算在塑料管外壁标上刻度线和刻度值，仪器就完成制作。如图乙所示，当仪器竖直漂浮在待测液体中时，液面所对应的刻度值就是待测液体的密度大小。已知塑料管长 $l_1=30cm$，质量 $m_1=3g$，塑料管横截面的外圆面积 $S=1.2cm^2$；合金块高 $l_2=2cm$，质量 $m_2=18g$。请计算：

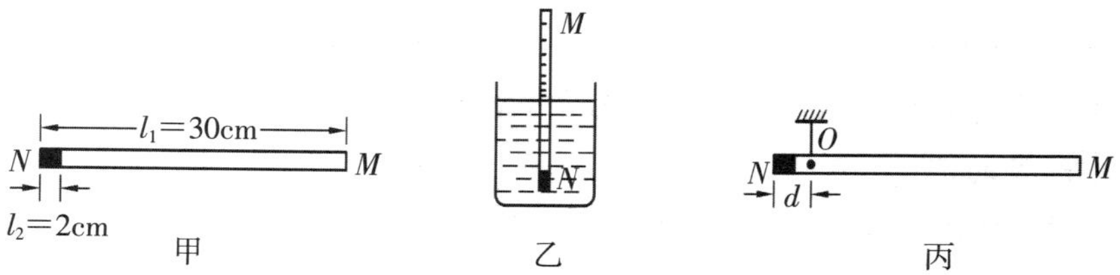

图 5-2-47

（1）该仪器所受的重力。

（2）该仪器竖直漂浮在水中，受到的浮力大小及浸入水中的深度。

（3）该仪器竖直漂浮在水中，水对该仪器底部的压强大小。

(4) 为了找出该仪器的重心，小宁用细线将它悬挂起来，使其水平平衡，如图丙所示。重心 O 点离 N 端的距离 d 为________cm。

(5) 物体浮力作用点位于物体浸入液体部分的几何中心。该仪器的浮力作用点位于重心及以下时，将会在液体中倾倒，难以测量。从理论上分析，该仪器竖直漂浮在某种液体中时，如果浮力作用点恰好与该仪器重心重合，那么该液体的密度为________g/cm^3。(计算结果精确到 $0.1g/cm^3$)

答案 (1) $m=m_1+m_2=3g+18g=21g=0.021kg$

$G_{总}=m_{总}g=0.021kg\times10N/kg=0.21N$

该仪器所受的重力为 0.21N。

(2) 该仪器正常工作时处于漂浮状态。$F_{浮}=G_{总}=0.21N$，由 $F_{浮}=\rho gV$，

得 $V_{排}=\dfrac{F_{浮}}{\rho_{液}g}=\dfrac{0.21N}{1.0\times10^3kg/m^3\times10N/kg}=2.1\times10^{-5}m^3$

$h=\dfrac{V_{排}}{S}=\dfrac{2.1\times10^{-5}m^3}{1.2\times10^{-4}m^2}=0.175m$

该仪器漂浮在水中受到的浮力为 0.21N，浸入水中的深度为 0.175m。

(3) $p_{底}=\dfrac{F_{向上}}{S_{底}}=\dfrac{G_{总}}{S_{底}}=\dfrac{0.21N}{1.2\times10^{-4}m^2}=1750Pa$

该仪器漂浮在水中时水对该仪器底部的压强为 1750Pa。

(4) 3　(5) 2.9

【评析】 本题以项目化学习的活动成果——“密度计”作为背景素材，立足于“物质的运动与相互作用”和“能的转化与相互作用”两个核心概念，主要考查浮力和杠杆。其中第(1)(2)(3)题分别考查重力、浮力和压强的基础计算；第(4)题表面上是“找重心”，但“起点低，落点高”，学生需抽象出一个杠杆模型才能顺利解决；第(5)题回归到了密度计作为一种测量仪器，它的用途是测量液体密度，本小题学生需先利用题目中“浮力作用点位于物体浸入液体部分的几何中心”这一关键信息求出 $V_{排}$，再根据阿基米德原理才可求解。纵观本道解答题，用到的公式及相关计算都不难，但是对学生的高阶思维和模型建构都提出了较高要求，各小题的难度梯度设计合理，很好地甄别了不同思维层次的学生。

例43 温州地区常受台风侵袭。为测量风速，小明设计了一台简易风速仪，其工作原理如图甲所示。装有挡风板和滑片 P 的轻质滑块与轻质弹

簧套在滑杆 MN 上，弹簧左端固定，右端与滑块相连。挡风板的挡风面积为 0.2 米^2，均匀电阻丝 AB 长为 20 厘米，阻值为 10 欧，电源电压 U_0 恒为 6 伏，保护电阻 R_0 为 14 欧，电压表量程 0～3 伏。弹簧弹力 F 与弹簧长度改变量 x 的关系如图乙所示。无风时，滑片 P 在 A 处。有风时，滑块移动，稳定后读出电压表示数，计算并查阅下表数据可知风速及风级。

表中风压 p 是指与风向垂直的受风面上单位面积增加的压力(即单位面积受到的风力)。测量时保证风垂直吹在挡风板上，不计一切摩擦阻力。

风级	一级	二级	三级	四级	五级	六级
风速 v/(米·秒$^{-1}$)	0.3～1.5	1.6～3.3	3.4～5.4	5.5～7.9	8.0～10.7	10.8～13.8
风压 p/帕	0.055～1.4	1.6～6.8	7.2～18	18.9～39	40～72	72.9～119

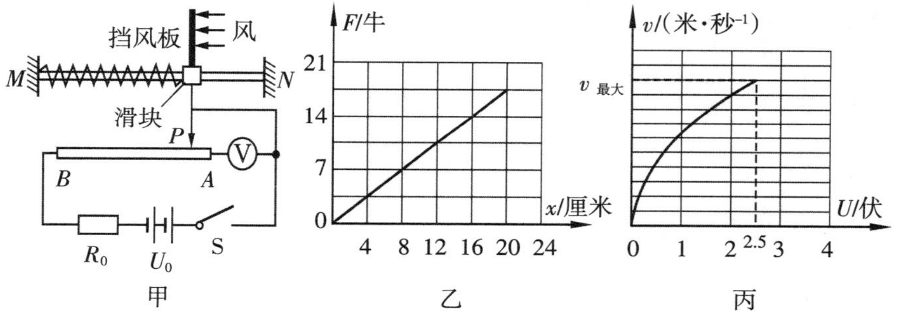

图 5-2-48

(1) 在滑片 P 左移的过程中，电路的总电阻________(填“变大”“不变”或“变小”)。

(2) 当电压表示数 U 为 2 伏时，风速仪所测的风为几级？(写出计算过程)

(3) 小明想在风速仪的电压表上直接标出风速，查阅资料后获知该挡风板所受的风力与风速的平方成正比。经计算，他画出了风速 v 与电压表示数 U 的关系曲线，如图丙所示。后因保护电阻 R_0 损坏，他将其换成了阻值为 5 欧的电阻，请你在图丙坐标系中大致画出更换电阻后的风速 v 与电压表示数 U 的关系曲线，并在曲线上标出所能测量的最大风速的对应点 Q。

答案 (1) 不变 (2) $I=\dfrac{U_0}{R+R_0}=\dfrac{6\text{ 伏}}{(10+14)\text{欧}}=0.25$ 安

$R_{AP}=\dfrac{U}{I}=\dfrac{2\text{ 伏}}{0.25\text{ 安}}=8$ 欧

$\frac{8\text{欧}}{x}=\frac{10\text{欧}}{20\text{厘米}}$ 解得 $x=16$ 厘米

查图乙得：$F=14$ 牛，$p=\frac{F}{S}=\frac{14\text{牛}}{0.2\text{米}^2}=70$ 帕

据表可知，风级为五级。

当电压表示数为 2 伏时，风速仪所测的风为五级。

(3) 如图 5-2-49

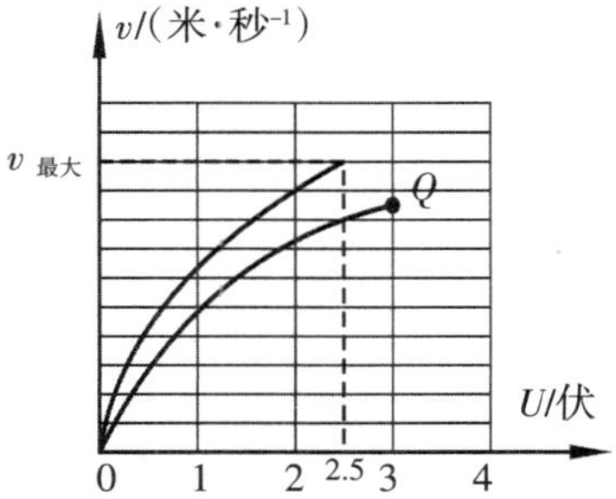

图 5-2-49

【评析】 试题以制作“简易风速仪”过程中的问题解决为情境，立足工程、技术及数学有机融合，考查学生对电路分析、利用欧姆定律、压强公式计算、图文信息获取、数形转换思想应用以及工艺改进等能力，凸显能力立意。试题能促进学生以现实事物进行整体认知和全面价值判断，有利于考查学生的科学素养，体现 STEM 理念。尤其是试题第(3)题以作图解答的方式考查了学生对电路动态变化的理解，真正达到了考查学生“创造”水平的高阶思维。

例44 我省实施“清凉工程”，为每个教室安装了空调。

(1) 安装一台额定电压为 220 伏、最大功率为 5500 瓦的空调，需要给教室单独铺设输电线。通过计算说明，应选择允许通过最大电流至少为多少的导线。

(2) 某台空调制冷时消耗的功率为 2340 瓦，若连续制冷 0.5 小时，消耗多少电能？

(3) 为落实节能降耗，某同学设计并安装了如图甲的自动控制模拟电路，实现当气温升至 30℃时，衔铁才能被电磁铁吸下，接通空调线路。热敏

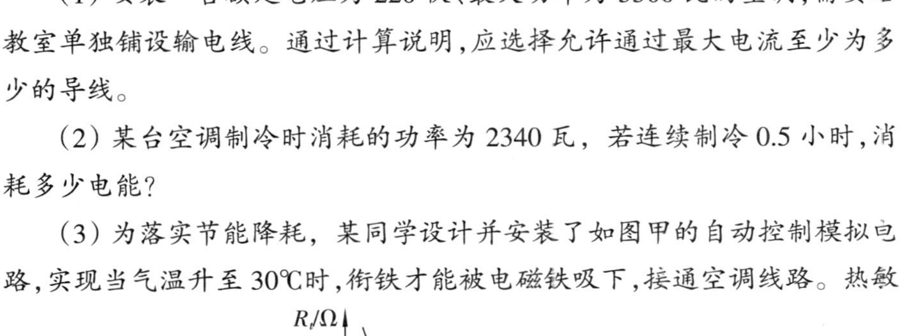

甲 乙 丙

图 5-2-50

电阻 R_t 的阻值随温度变化情况如图乙。

实际使用中发现：当气温在 30℃上下波动时，空调线路会频繁接通和断开，影响空调的正常使用。因此该同学在图甲的基础上增加了一个定值电阻 R_0（如图丙），实现了空调线路接通后，气温降低至 26℃以下时才自动切断，回升至 30℃后才重新接通。请计算 R_0 的阻值，并说出“气温从 30℃降低至 26℃时，空调线路不断开”的工作原理。（电路改进前后，衔铁刚被吸下时，电磁铁线圈中的电流大小不变；线圈电阻忽略不计）

答案 （1）$I=\frac{P}{U}=\frac{5500\text{瓦}}{220\text{伏}}=25$ 安

应选择允许通过最大电流至少为 25 安的导线。

（2）$W=Pt=2.340$ 千瓦×0.5 小时=1.17 千瓦时

消耗电能 1.17 千瓦时。

（3）根据图乙可知，当温度为 30℃时，$R_t=20$ 欧。根据图甲可知，衔铁刚被吸下时线圈的电流：

$$I_1=\frac{U}{R_t}=\frac{3\text{伏}}{20\text{欧}}=0.15\text{ 安}$$

当温度降为 26℃时，$R_t'=30$ 欧，此时流过 R_t 的电流：

$$I_2=\frac{U}{R_t'}=\frac{3\text{伏}}{30\text{欧}}=0.1\text{ 安}$$

$$R_0=\frac{U}{R_0}=\frac{3\text{伏}}{0.15\text{安}-0.1\text{安}}=60\text{ 欧}$$

工作原理：气温升至 30℃时，衔铁被吸下，R_t 和 R_0 并联工作。气温从 30℃下降到 26℃，由于 R_0 的作用，线圈的电流一直大于 0.15 安，衔铁一直被吸引，空调线路不断开。

【评析】 试题以“我省实施清凉工程，为每个教室安装了空调”为背景，以“利用并改进电磁继电器安装空调自动控制器”为驱动性问题，引导学生经历明确问题、设计方案、实施计划、检验作品、改进完善和发布成果这一完整的“工程设计与物化”流程。命题与评价引导教学开展基于 STEM 教育的项目化学习，培养学生动手、动脑和表达的能力，实现学生深度学习、自主建构科学概念，真正发展核心素养。其中第(3)题为较难题，有利于甄别选拔，有利于响应党中央二十大提出的“培养拔尖创新人才”的重大教育举措。

参考文献

【1】赵德成.表现性评价应用中的问题[J].课程·教材·教法,2016(1):53-59.

【2】中华人民共和国教育部.义务教育科学课程标准(2022年版)[M].北京:北京师范大学出版集团,2022.

【3】Richard J.Stiggins.促进学习的学生参与式课堂评价[M].国家基础教育课程改革“促进教师发展与学生成长的评价研究”项目组,译.北京:中国轻工业出版社,2005.

【4】王蕾,佟威.能力考查:PISA命题对高考命题的启示[J].清华大学教育研究,2015(11):93-98.

【5】姜南,张军朋.PISA情境化试题及其启示[J].新课程学习,2013(2):122-123.

【6】雷新勇.大规模教育考试:命题与评价[M].上海:华东师范大学出版社,2006.

【7】王后雄.教育考试的理论与方法[M]. 北京:北京大学出版社,2011.

【8】张银惠.“评改创”:科学教师提升自主命题能力三步曲[J].教学月刊,2014(9).

【9】张银惠.初中科学表现性评价的研制[J].中国考试,2016(9).

【10】胡卫平,刘守印.义务教育科学课程标准(2022年版)解读[M].北京:高等教育出版社,2022.

【11】吉尔伯特·萨克斯,詹姆斯·W·牛顿,著.王昌海等,译.董奇,审校.教育和心理的测量与评价原理(第四版)[M].南京:江苏教育出版社,2011.

【12】陈秉初,陈志伟.中学科学教学论[M]. 北京:科学出版社,2012.

【13】课程教材研究所.义务教育科学课程标准(2022年版)解读[M].北

京：高等教育出版社，2022.

【14】甘耀平.例析原创性实验试题命制中情境材料的获取途径［J］.中学生物学，2016(2)：63.

【15】张圣红.借助创新试题做好四个引导［J］.物理教学，2023(6)：6–7.

【16】金京生，张策.基于 PTA 量表的科学探究能力评价［J］.化学教与学，2022(5)：8–13.

【17】蒋永贵，金京生.以评促探：基于标准的科学探究评价工具设计与应用［M］.杭州：浙江大学出版社，2021.

【18】陆璟.PISA 测评的理论和实践［M］.上海：华东师范大学出版社，2013.